Dietrun Lübeck
Psychologie in der Sozialen Arbeit

Dietrun Lübeck

Psychologie in der Sozialen Arbeit

Die Autorin

Dietrun Lübeck, Dr. phil., Dipl.-Psych., ist Professorin im Studiengang Soziale Arbeit der Evangelischen Hochschule Berlin sowie Studiengangsleiterin des Masterstudiengangs Beratung in der Sozialen Arbeit.

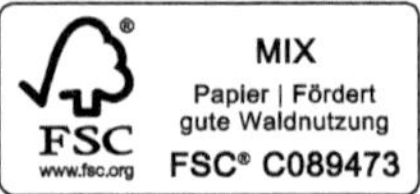

Dieses Buch ist erhältlich als:
ISBN 978-3-7799-3801-9 Print
ISBN 978-3-7799-4831-5 E-Book (PDF)

1. Auflage 2020

in der Verlagsgruppe Beltz · Weinheim Basel
Werderstraße 10, 69469 Weinheim

Herstellung und Satz: Ulrike Poppel
Druck und Bindung: Beltz Grafische Betriebe, Bad Langensalza
Printed in Germany

Weitere Informationen zu unseren Autor_innen und Titeln finden Sie unter: www.beltz.de

Inhalt

Einführung

Sozialarbeiter*innen arbeiten mit und für Menschen in sozialen Problemlagen und versuchen dabei, ihre „Fälle“ so gut wie möglich zu verstehen und zu unterstützen. Dabei stellen sie sich oft folgende Fragen: Wie denkt dieser Mensch?, Wodurch ist er so geworden?, Warum handelt dieser Mensch so?, Wohin wird er sich entwickeln, wenn er so fühlt? – und: Womit kann diesem Menschen geholfen werden? Diese Fragen zielen darauf ab, menschliches Handeln zu *beschreiben*, zu *erklären*, zu *verstehen*, *vorherzusagen* und zu *beeinflussen*. Genau für diese Fragen ist die Psychologie die „einschlägige Bezugswissenschaft“ und so kann die Soziale Arbeit von psychologischen Sicht- und Herangehensweisen, Theorien und Forschungsbefunden profitieren, auch wenn sich die Sozialarbeitswissenschaft zunehmend ein eigenes Profil „erarbeitet“ hat.

Die Psychologie versteht sich als empirische Wissenschaft und untermauert damit eine wissenschaftlich begründete und reflektierte sozialarbeiterische Berufspraxis. Auch in der Sozialarbeitswissenschaft werden verschiedene Arten von Erkenntnissen und Wissensbeständen differenziert (z. B. von Spiegel 2013, S. 48ff): beispielsweise *Beschreibungswissen* (vor allem für Diagnostikzwecke), *Erklärungswissen* (nach dem „Warum?“), *Wertwissen* (als Beurteilungswissen für Entscheidungen) sowie *Veränderungswissen* (üblicherweise unter Einsatz bewährter Methoden). Sowohl die Psychologie als auch die Soziale Arbeit sind also mit vergleichbarem Anspruch daran interessiert, menschliches Handeln zu verstehen, zu erklären und zu beeinflussen. Wie die Psychologie diesen Anspruch verfolgt, soll Gegenstand dieses Buches sein.

Stellen Sie sich zunächst folgende Situationen vor, der Sie als Sozialarbeiter*in begegnen könnten:

1. Manche Schüler*innen interessieren sich für die entwickelten Angebote der Schulstation nicht. Warum? Wie können vom Schulsozialarbeiter begründete Angebote entwickelt werden, die wahrgenommen werden und mehr zur Teilnahme motivieren?
2. Eine Wohngruppenbetreuerin in der Kinder- und Jugendhilfe beschließt, sich dafür einzusetzen, dass ein Kind aus ihrer Wohngruppe wieder bei seinen Eltern leben solle. Wie begründet und auf welcher Grundlage rechtfertigt sie ihre Entscheidung?
3. Ein junger, einsamer Mann ruft nachts im psychosozialen Krisennotdienst an, weil er mit seiner depressiven Stimmung nicht mehr zurechtkommt. Wie kam er zu dieser Entscheidung? Wie kann er begründet und reflektiert unterstützt werden?

Die Psychologie kann nun ihren „Koffer auspacken“ und sämtliche (vorläufigen) Antworten auf die eingangs erwähnten Kernfragen hervorholen: *Wie* denken diese drei Menschen?, *Wodurch* sind sie so geworden?, *Warum* denken, erleben und handeln sie jetzt so?, *Wohin* werden sie sich entwickeln? – und: *Womit* oder wodurch kann diesen Menschen geholfen werden? In der Praxis sind natürlich nicht all diese Fragen immer gleichermaßen von Interesse, sondern es kristallisieren sich üblicherweise oft vordergründige Fragestellungen, wie in den Beispielen angedeutet, heraus. Aber nicht nur die Psychologie könnte ihren gutgefüllten „Koffer auspacken“, sondern auch andere Disziplinen (z. B. die Soziologie, die Erziehungswissenschaften, die Soziale Arbeit), und jede*r Sozialarbeiter*in zeigt ihre bzw. seine Professionalität, wenn sie oder er bezogen auf die jeweiligen *Einzelfälle in spezifischen Kontexten* Bezug auf *mehrere Theorien* zu nehmen weiß und entsprechend vielschichtig die an sie herangetragenen Fälle zu interpretieren und ihnen zu begegnen vermag (vgl. von Spiegel 2013, S. 54). Das ist ausgesprochen anspruchsvoll und soll an dieser Stelle nur andeuten, dass an Sozialarbeiter*innen die besondere Erwartung herangetragen wird, all diese Wissensbestände sichten und einzelfallbezogen anwenden zu können – vor dem Hintergrund ihres mittlerweile eigenen Professions- und Disziplinverständnisses (vgl. www.DGSA.de).

Die Beantwortung der oben aufgeworfenen drei fallbezogenen Fragen kann nicht unter Rückgriff auf ausschließlich psychologische Antworten inhaltlich angemessen und vollständig gelingen. Diese Erkenntnis ist nicht neu, sondern hat auch in der Sozialen Arbeit zur Etablierung verschiedener Modelle und Konzeptionen geführt, die diesem Umstand Rechnung tragen. Beispielhaft seien hier für den Anfang das Biopsychosoziale Rahmenmodell (Engel 1977; Pauls 2013), der Person-in-Environment-Ansatz (Kondrat 2008; Karls & Wandrei 1992) und der ökologisch-systemtheoretische Ansatz (Bronfenbrenner 1981) erwähnt, die allesamt die Erkenntnis aufgreifen, dass menschliches Erleben und Handeln nicht allein durch intrapsychische Vorgänge „geschieht“ und erklärbar ist. Diese Rahmenmodelle und -ansätze werden später noch einmal aufgegriffen und erläutert.

Man könnte annehmen, dass die Psychologie die Soziale Arbeit vor allem mit Erklärungswissen versorgt. Dann würde allerdings übersehen werden, dass auch andere Wissensebenen „psychologisch tangiert“ sind: Wenn beispielsweise die „Zustandsbeschreibung“ eines Menschen mithilfe psychologischer *und* sozialer Diagnostik vorgenommen wird (vgl. Beschreibungswissen), wenn humanistische Grundannahmen (vgl. Wertwissen) als handlungsleitend gelten sollen oder wenn in einem multiprofessionellen Team überlegt wird, ob dieser Mensch Beratung, Psycho- oder Sozialtherapie, soziale Teilhabestrukturen, Medikamente *und/oder* ganz andere Formen der Begleitung und Unterstützung braucht, um eine Veränderung in seiner Lebenslage herbeiführen zu können (vgl. Veränderungswissen).

Egal, was Sie in diesem Buch lesen: Versuchen Sie einzuordnen, um welche Art Information und Wissensbestand es sich hierbei handelt und was davon wissenschaftlich belegt ist. *Wissenschaftliche Theorien* erfüllen letztendlich den Zweck, das eigene erfahrungsbezogene und plausible Alltagswissen („*Küchentischpsychologie*") zusätzlich um wissenschaftlich gewonnenes Aufklärungs- und Orientierungswissen anzureichern. Sie tragen nicht immer angemessenen dem Einzelfall Rechnung, können sie jedoch bei der systematischen Abbildung zentraler Zugangsdimensionen zum Fall und somit bei der professionelleren Urteilsbildung unterstützen (vgl. von Spiegel 2013, S. 53).

Soziale Arbeit kann als Unterstützung einer daseinsmächtigen Lebensführung von Individuen und Gruppen verstanden werden, wobei deren soziale Probleme auf Probleme der *Verhältnisse* und auf Probleme des *Verhaltens* zurückzuführen sind (Röh 2013, S. 15). Da sich die Psychologie insbesondere mit menschlichem Denken, Erleben und Handeln befasst, sind ihre Beiträge stärker mit sozialpädagogischen Anliegen assoziiert, d. h. menschliches Handeln zu begleiten und zu verändern, sodass weniger soziale Probleme auftauchen oder entstehen. Hier wird an *Probleme des Verhaltens und an der Lebensführung* angeknüpft und auf Bildung, Erziehung und Kompetenzerwerb gesetzt (vgl. Röh 2013, S. 15). Jedoch sind auch die Ungerechtigkeit und Exklusion hervorrufenden Probleme der Verhältnisse bzw. gesellschaftlichen Zustände mit psychologischen Fragestellungen konvergiert, spätestens sobald dadurch die individuellen Erlebens- und Verhaltensaspekte der jeweiligen Individuen geprägt sind (vgl. Anhorn & Balzereit 2016). Auf diesen Umstand hat insbesondere die *Kritische Psychologie* nachdrücklich hingewiesen (vgl. Holzkamp 2012).

Da sich psychisches Geschehen also nicht im Vakuum abspielt, sondern immer in und um Individuen, die sich in konkreten Situationen befinden, äußern sich die inneren Prozesse des Erlebens, Wahrnehmens, Denkens, Motiviertseins und Fühlens sowie äußerlich sichtbaren Verhaltens – je nach Person (mit ihrem aktuellen Entwicklungsstand und in ihrer Individualität) und je nach Kontext – stets unterschiedlich. Nolting & Paulus (2018, S. 40ff) sprechen in diesem Zusammenhang von vier bzw. fünf grundlegenden Aspekten des psychischen Systems, die sie wie folgt zusammenfassen *(4+1-Modell)*:

- aktuelle *Prozesse* (des inneren Erlebens und Verhaltens),
- die jeweilige *Person* (als einzigartiges Individuum, als „Persönlichkeit"),
- die *Entwicklung* der Person und
- die jeweilige *Situation* (als externer Kontext).
- Sie weisen ferner darauf hin, dass wenn mehr als ein Mensch bei der Betrachtung von Interesse ist, zusätzlich *interpersonale Bezüge* als Phänomene *zwischen Menschen* zu berücksichtigen sind.

Wenn Sozialarbeiter*innen also mit bestimmten Erlebens- und Verhaltensweisen konfrontiert sind, kann die Berücksichtigung der fünf Aspekte eine erste Strukturierungshilfe geben und dabei praxisnah berücksichtigen, dass jeder Mensch immer „irgendwie" psychisch aktiv, einzigartig und veränderlich ist und immer in variierenden Kontexten lebt. Klassiker monokausaler Erklärungsansätze, wie „Er hatte eine schwere Kindheit." oder „Sie war schon immer so.", sind nach dem 4+1-Modell folglich unzulänglich. Um die drei eingangs skizzierten Fragestellungen also adäquat bearbeiten zu können, sind also alle fünf Aspekte zu beachten. Wo immer Sie in diesem Buch also gerade lesend und nachdenkend unterwegs sind, versuchen Sie dabei einzuordnen, um welche(n) Aspekt(e) es sich gerade – im Zusammenspiel mit anderen Aspekten – handelt. Abbildung 1 stellt die fünf Aspekte bezogen auf das zuvor erwähnte Beispiel des jungen einsamen Mannes dar.

Wann immer Ihnen beim Lesen des Buches die „Übersicht" abhandenkommt, könnten Sie sich das 4+1-Modell als großes 3D-Puzzle vorstellen, bei dem fünf Puzzleteil-Sammlungen vor Ihnen liegen – als mentale Inseln – und sich alle weiteren Ausführungen hier und da als neue Teile des Puzzles „anlegen" lassen. Vielleicht hat sich zum Ende des Buches ein reichhaltiges, buntes „Bild" für Sie ergeben, das die vielfältigen psychologischen Zugänge zur Sozialen Arbeit veranschaulicht (vgl. Schumacher 2011). Ein perfektes, fertiges Bild bzw. vollständiges Puzzle wird es allerdings nie geben, da auch die Psychologie nicht alle menschlichen Aspekte beschreiben, erklären, vorhersagen kann und weil viele Puzzleteile an verschiedenen Stellen angelegt werden können. So können Sie vielleicht im Verlauf der Buchlektüre für die vielen, verschiedenen Fallbeispiele, die in dem Buch auftauchen, mindestens zwei Theorien mit je unterschiedlichem Erklärungszugang zur Fallthematik hinzuziehen (vgl. Hochuli Freund & Stotz 2011, S. 216ff; von Spiegel 2013, S. 54). Entsprechend wird angeregt, die *Fallbeispiele* in diesem Buch zunächst an der Stelle, wo sie auftauchen, zur jeweiligen Theorie in Beziehung zu bringen und anschließend an anderer Stelle im Buch Querbezüge herzustellen, um sich in der gleichzeitigen Berücksichtigung mehrerer theoretischer Zugänge und methodischer Ansätze zu üben. Hinweise hierfür werden im Buch gegeben.

 *„Was hat das Ganze jetzt mit mir zu tun?"*

In diesem Buch werden jene Beiträge aus der Psychologie *exemplarisch* herausgegriffen, die insbesondere für das Studium der Sozialen Arbeit und die anschließend breiten Einsatzmöglichkeiten in der Praxis als fruchtbar angesehen werden. Sie sollen veranschaulichen, dass sich die Beschäftigung mit psychologischen Aspekten, Theorien und Konstrukten lohnt, um gut begründete und reflektierte Soziale Arbeit zu praktizieren. Notwendig ist hierfür ein *zweifacher*

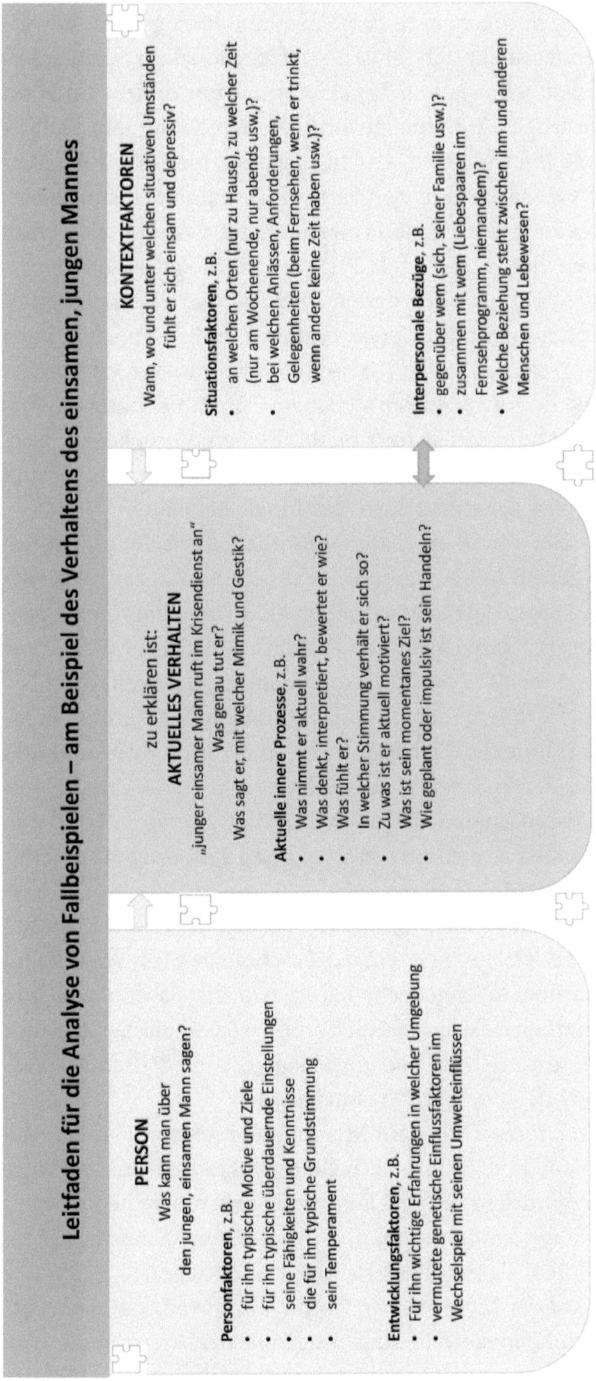

Leitfaden für die Analyse von Fallbeispielen – am Beispiel des Verhaltens des einsamen, jungen Mannes

PERSON

Was kann man über
den jungen, einsamen Mann sagen?

Personfaktoren, z.B.
- für ihn typische Motive und Ziele
- für ihn typische überdauernde Einstellungen
- seine Fähigkeiten und Kenntnisse
- die für ihn typische Grundstimmung
- sein Temperament

Entwicklungsfaktoren, z.B.
- Für ihn wichtige Erfahrungen in welcher Umgebung
- vermutete genetische Einflussfaktoren im Wechselspiel mit seinen Umwelteinflüssen

zu erklären ist:

AKTUELLES VERHALTEN

„junger einsamer Mann ruft im Krisendienst an"
Was genau tut er?
Was sagt er, mit welcher Mimik und Gestik?

Aktuelle innere Prozesse, z.B.
- Was nimmt er aktuell wahr?
- Was denkt, interpretiert, bewertet er wie?
- Was fühlt er?
  In welcher Stimmung verhält er sich so?
- Zu was ist er aktuell motiviert?
  Was ist sein momentanes Ziel?
- Wie geplant oder impulsiv ist sein Handeln?

KONTEXTFAKTOREN

Wann, wo und unter welchen situativen Umständen
fühlt er sich einsam und depressiv?

Situationsfaktoren, z.B.
- an welchen Orten (nur zu Hause), zu welcher Zeit (nur am Wochenende, nur abends usw.)?
- bei welchen Anlässen, Anforderungen, Gelegenheiten (beim Fernsehen, wenn er trinkt, wenn andere keine Zeit haben usw.)?

Interpersonale Bezüge, z.B.
- gegenüber wem (sich, seiner Familie usw.)?
- zusammen mit wem (Liebespaaren im Fernsehprogramm, niemandem)?
- Welche Beziehung steht zwischen ihm und anderen Menschen und Lebewesen?

Abbildung 1: Integrierendes Modell zu grundlegenden Aspekten des psychischen Systems (nach Nolting & Paulus 2018, S. 275)

Blick – nach *außen* und nach *innen*: d. h. zum einen auf die sogenannten Adressat*innen und zum anderen auf sich selbst als „professionelle*r Sozialarbeiter*in“. Daher sind die *Fallbeispiele und Reflexionsfragen* in diesem Buch oft auf beiden Ebenen angesiedelt. Auf eine ausführliche Arbeit mit den Fallbeispielen ist das vorliegende Buch allerdings nicht ausgelegt, hier sei für den Anfang auf Müller (2017) verwiesen. Auf den Zugewinn, durch Selbstbeobachtung und Selbstreflexion auch die eigene Professionalität und sich als *Person als Werkzeug* zu erkennen, hat von Spiegel (2013, S. 135) hingewiesen.

Von Spiegel (2013, S. 247) hat auch darauf hingewiesen, dass sich „gute“ und „schlechte“ Praxis oft anhand ihrer Begründungen und Rechtfertigungen unterscheidet. Dementsprechend greifen *Begründungen* auf wissenschaftliches Erklärungswissen zurück. *Rechtfertigungen* stehen im Zusammenhang mit den ausgehandelten oder gesetzten Zielen und methodischen Vorgehensweisen, die wiederum durch Motive, Anliegen und Wertestandards beeinflusst sind und in Wechselbeziehung zu denen der Adressat*innen stehen.

Teil A dieses Buches gibt vor allem Material für die *Rechtfertigung* professionellen Handelns, die Teile B bis E insbesondere für die *Begründungen* an die Hand. Hochuli Freund & Stotz (2011) beschreiben als Strukturmerkmale professionellen Handelns in der Sozialen Arbeit die diffuse Allzuständigkeit für komplexe Probleme, die doppelte Loyalitätsverpflichtung (zur dreifachen Loyalitätsverpflichtung bzw. Triplemandat: Staub-Bernasconi 2007), die Nichtstandardisierbarkeit des Handelns, die Herausforderung durch Koproduktion und die *Involviertheit der Professionellen als ganze Person*. Diese Punkte werden in der Sozialarbeitswissenschaft ausführlich diskutiert, Kapitel 22 und Teil F tangieren zumindest das letzte Strukturmerkmal unter Einbezug ausgewählter psychologischer Konstrukte.

Nach Lektüre dieses Buches sollten Sie verschiedenste Ideen im Kopf haben, wie und wodurch die Soziale Arbeit von der Psychologie profitieren kann. Sie sollten aber auch darüber nachgedacht haben, wo die Psychologie ihre Grenzen hat und sozialarbeitswissenschaftliche und soziologische Zugänge mit Blick auf bestimmte soziale Probleme einschlägiger sind. Zusammenfassend lassen sich also folgende „Buchziele“ festhalten:

- Schärfung einer *ganzheitlichen Sicht* auf Menschen in schwierigen Lebenslagen und mit Problemen, d. h. ihre aktuellen psychischen *Prozesse*, ihre *Individualität*, ihren aktuellen *Entwicklungsstand* und mögliche Entwicklungswege, ihre jeweilige *Situation* und ihre *interpersonalen Bezüge*. Hierfür dient das 4+1-Modell als stets begleitende „Handtasche“.
- Übung in der *Anwendung theoretischer Zugänge auf konkrete Fälle* bei gleichzeitiger Reflexion, inwieweit diese Zugänge der *Begründung* und *Rechtfertigung* des eigenen sozialarbeiterischen Handelns dienen können. Hierfür werden Ihnen durch das Buch hinweg unterschiedlichste Fallbeispiele vorgestellt und Fragen zum Nachdenken angeboten.

- Aneignung eines *zweifachen Blicks*: auf „die anderen“ (i. d. R. Klient*innen, Adressat*innen, Nutzer*innen, Kund*innen, Patient*innen usw.) und auf sich selbst und nach innen, um „gute“ Soziale Arbeit leisten und aufrechterhalten zu können. Hierfür tauchen in den einzelnen Abschnitten Reflexionsfragen zum Innehalten und gedanklichen Anwenden auf.

Teil A

Sozialarbeiter*innen gehen mit verschiedenen Perspektiven in die psychosoziale Arbeit

1 Paradigmatische Zugänge – Sichtweisen auf menschliches Erleben und Verhalten

Auch in der Psychologie existieren verschiedene Sichtweisen, wie menschliches Erleben und Verhalten erklärt werden kann. Diese Sichtweisen oder theoretischen Zugänge sind in ihren Ansätzen so verschieden, dass gerne von *Paradigmen* gesprochen wird. Darunter wird ein jeweils allgemein anerkannter Konsens über inhaltlich gebündelte Annahmen verstanden, der für eine Vielzahl von Fragestellungen Lösungen anzubieten verspricht. Anhänger*innen eines Paradigmas haben bildlich gesprochen eine bestimmte Brille auf, durch die sie die Welt mit ihren Phänomenen sehen und erklären. Setzen sie eine andere Brille auf, sehen und erklären sie die gleiche Welt mit einem anderen Blick. Ein Paradigma ist solange anerkannt, bis Phänomene auftreten, die mit der bis dahin benutzten Brille nicht „gesehen" wurden. Meist werden dann neue Theorien aufgestellt, die zwischen den Trägern der unterschiedlichen Brillen ausgefochten werden. Setzt sich dann eine neue Brille bzw. Lehrmeinung durch, spricht man vom Paradigmenwechsel. Wer mehr dazu lesen möchte, sei auf das klassische Werk von Thomas Kuhn (1967) verwiesen.

Wenngleich sich in der Psychologie längst Entspannung dahingehend breitgemacht hat, dass es weniger um ein „Entweder-oder" der verschiedenen Sichtweisen oder Paradigmen gehen kann, sondern vielmehr um ein „Sowohl-als-auch", da jede Sichtweise einen oder mehrere wichtige Aspekte menschlichen Erlebens und Handelns gut begründet hervorhebt, lohnt sich der differenzierende Blick auf die verschiedenen Zugänge durchaus. Denn aus den verschiedenen paradigmatischen Erklärungsansätzen ergeben sich in der Folge unterschiedliche Handlungsimplikationen dahingehend, wie diesem oder jenem Phänomen zu begegnen ist. Und damit können die Paradigmen handlungsleitend auch für die Praxis einer begründeten und reflektierten Sozialen Arbeit sein. In der Psychologie haben die Paradigmen insbesondere die Entwicklungspsychologie, die Pädagogische Psychologie und die Klinische Psychologie, aber auch die Persönlichkeitspsychologie geprägt. Sie werden daher in den Teilen B bis D erneut aufgegriffen. Im Laufe der letzten 130 Jahre waren unterschiedliche Paradigmen vorherrschend. Wer mehr zu den „historischen Schwankungen“ lesen möchte, sei beispielsweise auf Thomas & Feldmann (2002) verwiesen, die sich auf entwicklungspsychologische Themen beziehen.

Beispiel 1

Ihre Kollegin in einer Erziehungsberatungsstelle findet, dass Kinder heutzutage frech und ungezogen sind, weil sie von ihren Eltern keinen Respekt gegenüber Erwachsenen lernen und der sinnvolle Einsatz von Bestrafung zu wenig genutzt werde. Kein Wunder, dass sie ihre ungezähmten Triebe beliebig ausleben könnten, statt sich altersadäquat zu vernünftigen Wesen zu entwickeln. Und wenn wir Erwachsenen nicht als geeignete Vorbilder aufträten, würden die Kinder auch nie lernen, wie man sich richtig benimmt. Das „Selbstentfaltungsgerede irgendwelcher Reformpädagogen“ würde jedenfalls zu nichts Brauchbarem führen. Letztendlich sei das nicht nur ein Problem in den Familien, sondern müsste auch in größeren Kontexten diskutiert werden. Aber Fakt sei, dass Kinder bis zur Pubertät gelenkt werden müssen, egal welche biologischen Voraussetzungen sie mitbringen.

Was würden Sie ihr als Kollegin, die sich in psychologischen Paradigmen gut auskennt, antworten?

Um es vorwegzunehmen: Die Kollegin mischt verschiedene Sichtweisen. Damit trägt sie dem Umstand Rechnung, dass es verschiedene Zugänge gibt, menschliches Erleben und Handeln (hier: kindliches Verhalten im Allgemeinen) zu verstehen. Allerdings nimmt sie keine (erkennbare) Einordnung ihrer Annahmen vor, sodass sie darauf aufbauend ihre Erziehungsberatung begründen und reflektieren kann. Diese Einordnung soll im Folgenden vorgenommen werden. Der Scheinwerfer wird hier auf die Psychologie gerichtet, womit biologische und soziologische Zugänge entsprechend im Schatten stehen, wenngleich sie ebenso fruchtbare Zugänge zum Fallbeispiel eröffnen können. Vorgestellt werden fünf einschlägig psychologische Paradigmen, die die Diskurse in der Psychologie maßgeblich geprägt haben. Zusammengefasst sind diese auch bei Nolting & Paulus (2009, Kap. 6) und bei Mietzel (2002) beschrieben, deutlich ausführlicher bei Kriz (2001).

Das *tiefenpsychologische Paradigma* geht auf Siegmund Freuds (1856-1939) psychoanalytische Konzeption des „psychischen Apparats“ zurück (Freud 1940/1994). Wenngleich die Tiefenpsychologie in vielfältiger Weise Weiterentwicklungen erfahren hat, so bleibt als Essenz die Überzeugung übrig, dass menschliches Erleben und Handeln nicht immer bewusst von statten geht, sondern durch das sog. Unbewusste beeinflusst wird. Maßgeblich hierfür sind Persönlichkeitsstrukturen, die durch die biografisch frühe Verinnerlichung zwischenmenschlicher Beziehungen entstehen. Insofern lässt sich das „Tief" darauf beziehen, dass Antworten auf die Fragen nach dem Warum von Erleben und Handeln *tief* im Unbewussten und *tief* in der Vergangenheit zu suchen sind. Im angloamerikanischen Sprachgebrauch wird hier eher vom psychodynamischen Paradigma gesprochen. Damit wird die Dynamik des von Freud beschriebenen Wechselspiels zwischen den drei Persönlichkeitsinstanzen Es, Ich und Über-Ich betont. Das Es verkörpere die weitgehend unbewussten Triebe (Eros und Thanatos), die als Lebens- und Zerstörungskräfte (Libido und Destrudo) auf sofortige Befriedigung zu drängen versuchen, womit sie nicht immer mit umweltseitigen Anforderungen im Einklang stehen. Das Ich hat hier die Aufgabe, den sofortigen Lustgewinn aufzuschieben oder anders zu befriedigen, sofern dies geboten ist. Das Über-Ich steht für die im Laufe der Sozialisation angeeigneten Werte und Moralvorstellungen, die das Gewissen ausmachen. Letztendlich kann man das sog. Ich als vermittelnde Instanz zwischen den Trieben (Es) und dem Gewissen (Über-Ich) eines Menschen verstehen. Um diese Vermittlungsarbeit leisten zu können, kann sich das Ich verschiedener Abwehrmechanismen bedienen, um unerwünschte Impulse ins Unbewusste zu bringen. Der bekannteste ist die Verdrängung, aber Freud formulierte zahlreiche weitere Abwehrmechanismen, z. B. die Projektion, die Sublimierung oder Verschiebung. Damit gelangt man wiederum zur Betonung der *tief verborgenen psychischen Kräfte* und *frühkindlichen Erfahrungen* (insbesondere in den verschiedenen psychosexuellen Phasen: oral, anal, phallisch, genital), die es zu erkunden gilt, wenn man menschliches Erleben und Handeln verstehen möchte. Es könnte also gut sein, dass die Kollegin in ihrem Statement vor allem das Es der Kinder sieht, wenn sie von ungezähmten Trieben spricht.

Wann haben Sie zuletzt die Erfahrung gemacht, dass Ihr Ich zwischen Ihrem Es und Ihrem Über-Ich verhandeln musste und was hat es dabei unternommen?

Das *behavioristische bzw. verhaltenstheoretische Paradigma* geht insbesondere auf John B. Watson (1978-1958) und Burrhus F. Skinner (1904-1990) zurück. Hiernach sind weniger die Erlebenswelten eines Menschen von Interesse, weil sie als innere Prozesse wissenschaftlicher Analyse nicht zugänglich seien, sondern die sichtbaren und somit erfassbaren *Verhaltensweisen* eines Menschen ausschlaggebend für dessen Betrachtung. Dabei werden sämtliche Verhaltensweisen auf Lernprozesse zurückgeführt. Der Mensch ist also das, was er gelernt hat, und seine Individualität liegt in seiner individuellen Lerngeschichte begründet. Hierfür werden insbesondere *drei Lernprozesse* – die klassische Konditionierung, die operante Konditionierung, das Lernen am Modell – hinzugezogen, wobei letzterer erst durch Weiterentwicklungen hin zur Annahme sozial-kognitiver Einflussfaktoren (sog. „kognitive Wende") hinzugekommen ist. Einflussreichster Vertreter ist hier Albert Bandura (1979).

Klassisches Konditionieren meint das Herstellen einer neuartigen Verbindung zwischen einem (ursprünglich neutralen) Reiz und einem dann konditionierten Reflex. Der berühmte Pawlowsche Hund mag vielen Leser*innen ein Begriff sein, doch wie steht es um die Übertragung dieses Vorgangs auf menschliches Verhalten? Wenn ein Mensch beispielsweise beim Geräusch einer Feuerwehrsirene Herzrasen bekommt, würde man sagen, dass das – physiologische – Verhalten (Herzrasen) durch die Kopplung des ursprünglich neutralen Reizes (Sirene) mit einer bedrohlichen Situation (z. B. ein Unfall) zustande gekommen ist. Diese Kopplung führt dazu, dass das Herzrasen als Verhaltensreaktion auch ohne die Situation (Unfall) beim Hören einer Sirene ausgelöst wird.

Welche automatisch auftretenden sichtbaren Verhaltensweisen kennen Sie von sich, die neutral betrachtet nichts Konkretes mit der aktuellen Situation zu tun haben (z. B. physische Nervosität beim Gedanken an eine bestimmte Situation, Appetit auf ein Getränk beim Anblick einer Bar)?

Beim *Operanten Konditionieren* geht man davon aus, dass Verhalten über die anschließenden Konsequenzen reguliert wird. Wenn die Konsequenzen die Auftretenswahrscheinlichkeit eines Verhalten erhöhen, spricht man von *Verstärkern*, wenn die Konsequenzen die Auftretenswahrscheinlichkeit eines Verhaltens verringern, spricht man von *Bestrafung*. Dabei werden vier Arten von Konsequenzen unterschieden:

- Verhalten, das belohnt wird, tritt häufiger auf (*positive Verstärkung*).
  Beispiel: Die Kollegin aus dem Fallbeispiel äußert sich nach wohlmeinenden Nicken und bestätigenden Äußerungen von Kolleg*innen häufiger zu ihren Hypothesen über Kinder.
- Ein Verhalten wird verstärkt, weil unangenehme Folgen entfernt werden (*negative Verstärkung*).
  Beispiel: Die Kollegin behält ihre Äußerungen bei oder baut sie aus, da niemand sie dabei „ausbremst" und die Kolleg*innen nicht (mehr) etwas Korrigierendes sagen.
- Verhalten, das bestraft wird, tritt weniger auf (direkte/*positive Bestrafung*).
  Beispiel: Die Kollegin unterlässt ihre Äußerungen, da ihr gesagt wurde, dass ihre Überlegungen nicht richtig oder unvollständig sind.

- Verhalten, das nicht belohnt (ignoriert) wird oder dem der Entzug positiver Konsequenzen folgt, tritt weniger auf (indirekte/*negative Bestrafung*). *Beispiel:* Die Kollegin unterlässt ihre Äußerungen, weil sich keiner dafür zu interessieren scheint oder weil sie seitdem nicht mehr die Praktikant*innen einarbeiten darf, was sie sehr gerne macht.

Gerade in pädagogischen Zusammenhängen werden diese Lernprozesse mittels positiver und negativer Verstärkung und Bestrafung häufig zur Grundlage genommen, denn die Schlussfolgerung, die sich daraus ergibt, ist: Belohne und beachte erwünschtes Verhalten, bestrafe oder ignoriere unerwünschtes Verhalten, gerade wenn Kinder oder Jugendliche bestimmtes Verhalten lernen sollen. Die Empirie unterstützt weit mehr die erste Schlussfolgerung, wenn es um Nachhaltigkeit der Lernprozesse geht als die zweite Schlussfolgerung, d. h. Studien haben gezeigt, dass Kinder, die beachtet und belohnt werden, länger und ausdauernder das gewünschte Verhalten zeigen als wenn sie für unerwünschtes Verhalten bestraft werden. Weitere Studien zeigten allerdings auch, dass Belohnungen zum Nachlassen eigenständig auftretender Verhaltensweisen führen und damit die sog. intrinsische Motivation reduzieren können (Überblick in z. B. Mazur 2006; Edelmann & Wittmann 2012).

Fallen Ihnen Beispiele ein, in denen Sie Dinge vor allem deshalb getan haben, weil Sie dafür belohnt wurden, oder nicht mehr getan haben, weil keiner sich dafür interessiert hat?

Letztendlich zeigte sich, dass die Psychologie nicht um die Berücksichtigung innerer Prozesse, wie Denken, Motivation und Fühlen, herumkommt, wenn sie menschliches Handeln und Erleben zu ihrem Gegenstand erklärt. Menschen sind keine programmierbaren Maschinen, ihr Verhalten lässt sich nicht durchweg über Belohnungssysteme steuern.

Wann haben Sie das letzte Mal etwas getan, obwohl Sie wussten oder ahnten, dass es nicht belohnt oder gar bestraft wird? Und wann haben Sie sich zuletzt etwas angeeignet, indem Sie sich so verhalten haben, wie Sie es bei jemand anderem beobachtet haben, z. B. wie man ein Formular ausfüllt oder einer vermeintlichen Autorität gegenüber auftritt?

Die zwei Beispiele greifen den dritten Lernprozess auf, das *Lernen am Modell*: Menschen entwickeln Verhaltensweisen, weil sie sich diese von anderen abschauen. Durch das „Lernen am Modell“ ist der Mensch in der Lage, sich auch komplexe soziale Handlungen anzueignen. Das beobachtete Modell kann dabei sowohl eine konkrete Person als auch beispielsweise eine Person in einem Film oder Buch sein. Dabei gelten als wirksame Prinzipien für gelingendes Modelllernen: eine aufmerksame (wirkliche) *Wahrnehmung* des beobachteten Verhaltens, *Nachbesprechung* des Wahrgenommenen für bessere Behaltensleistungen, Einbringen*können* der für die Nachahmung notwendigen Verhaltensweisen (Reproduktionsfertigkeit) und die *Motivation*, das beobachtete Verhalten auch zeigen zu wollen (vgl. Borg-Laufs 2011). Wenn man also mit dieser Brille menschliches Erleben und Verhalten verstehen möchte, schaut man sich die Lernerfahrungen und -ermöglichungen an, die ein Mensch macht und erfahren hat. Allerdings würde man dem Erleben wenig Beachtung schenken, es würde sozusagen im Schatten stehen. Die Kollegin aus dem Beispiel hat hier offensichtlich Vorgänge der operanten Konditionierung und des Modell-Lernens im Kopf gehabt, als sie über Bestrafung sowie Lenkung und Erwachsene als Vorbilder nachdachte.

Wie wichtig es ist, die inneren Prozesse – vor allem das Denken – eines Menschen zu erkunden, um sein Erleben und Handeln zu verstehen, haben die Vertreter*innen des *kognitiven Paradigmas* herausgestellt. Hier ist es schwieriger, konkrete Personen zu benennen. Zum einen, weil es sich hierbei um eine sehr breite Strömung handelt, zum anderen, weil sich in den Weiterentwicklungen der bereits skizzierten Paradigmen auch kognitive Aspekte finden lassen, z. B. in der sog. tiefenpsychologisch verorteten Ich-Psychologie von C.G. Jung (1875-1961), der auch mit der humanistischen Sichtweise in Verbindung gebracht wird, oder dem Kognitiven Behaviorismus nach Bandura (*1925). Wer mehr zur „kognitiven Wende“ lesen möchte, sei auf Gardner (1989) verwiesen. Wer dennoch mit einem Pionier kognitiver Zugänge anfangen möchte, ist mit Jean Piaget (1896-1980), der Ihnen im Zusammenhang mit entwicklungspsychologischen Fragestellungen über den Weg laufen wird, gut beraten (Piaget 2003). Er beschrieb Stadien der Entwicklung des kindlichen Denkens und formulierte grundlegende Prozesse, die Menschen kognitiv vollziehen, wenn sie sich mit den Anforderungen ihrer Umwelt auseinandersetzen (z. B. Schema, Struktur, Assimilation, Akkomodation und Äquilibration). Kognitivistische Vertreter*innen gehen davon aus, dass das Verhalten von Menschen durch komplexe Handlungspläne und -steuerungen bestimmt wird, die auf komplizierte Denk-, Wahrnehmungs-, Informationsverarbeitungsprozesse zurückgehen. Daher wird in diesem Zusammenhang eher von Handeln als von Verhalten gesprochen, um den Aspekt der *kognitiven Selbststeuerung* zu betonen (nach Nolting & Paulus 2018). Setzt man also die Brille der Kognitivist*innen auf, würde man den Scheinwerfer darauf lenken, was zwischen Reizaufnahme und Verhalten passiert, wie Menschen Informationen aktiv verarbeiten und ihnen Bedeutung beimessen, wie sie eine kognitive Ordnung der Wirklichkeit (so es denn eine gibt) herstellen und wie sie sich als erkennendes Subjekt zeigen (nach Nolting & Paulus 2018, S. 216ff). Wer hier zu der Auffassung tendiert, dass Menschen sich letztendlich ihre (individuelle) Wirklichkeit und Wissensbestände selbst konstruieren, würde sich vermutlich der kognitiven Strömung der sog. *Konstruktivist*innen* zugehörig fühlen. Eine anregende Einführung in konstruktivistische Annahmen kann bei Paul Watzlawick (1976) nachgelesen werden, der eindrücklich darlegt, dass unsere „Wirklichkeiten" vor allem über zwischenmenschliche Kommunikation konstruiert sind.

Wann haben Sie das letzte Mal festgestellt, dass Ihr Gegenüber einen Sachverhalt völlig anders wahrgenommen und interpretiert hat als Sie?

In dem Beispiel scheint die Kollegin wenig auf eine kognitiv-gefärbte Argumentation zurückzugreifen, also diese Brille nicht aufgesetzt zu haben. Dennoch stellt sie uns eine Konstruktion darüber vor, wie sie „Kinder im Allgemeinen" wahrnimmt und interpretiert.

Auch das *humanistische Paradigma* vereint eine Vielzahl an Strömungen und Vertreter*innen unter einem sehr breiten Dach. Zu den Klassiker*innen zählen Charlotte Bühler (1893-1974), Abraham Maslow (1908-1970), Carl Rogers (1902-1987), Fritz Perls (1893-1970) und Viktor Frankl (1905-1997). Im Gegensatz zum Kognitivismus, zu dem sich letztendlich viele Überschneidungen finden lassen, betont der Humanismus emotional-motivationale Komponenten und die *Ganzheit* von Kognitionen, Emotionen und Motivationen als Zugänge *bewussten Erlebens* (nach Nolting & Paulus 2018, S. 220ff). Als Schlüssel zum Verstehen menschlichen Erlebens und Verhaltens wird die jedem Menschen innewohnende Tendenz zur *Selbstverwirklichung* als treibende Kraft bzw. *Wachstumsmotiv* verstanden. Damit verbunden sind *menschliche Grundbedürfnisse*, die nach Befriedigung streben. Maslow (1994), der vielen bekannt ist für die von ihm formulierte sog. Bedürfnispyramide, ging davon aus, dass die innere Natur des Menschen gut und es daher besser sei, sie zu fördern und zu ermuntern, statt sie zu unterdrücken. Diese innere, gute Natur sei zwar schwach bzw. leicht zu überwältigen durch Gewohnheit, Druck und falsche Haltung, aber sie bliebe immer bestehen und dränge nach Verwirklichung. Rogers (1972) nannte dies die Fähigkeit zur *Selbstaktualisierung*. Existentialistische Vertreter innerhalb der humanistischen Strömung hingegen beschreiben die angesprochene Selbstverwirklichung als *Aufgabe*, der sich jedes Individuum stellen könne und müsse, um Lebenssinn zu erfahren. Einer ihrer bekanntesten Vertreter, Viktor Frankl (1985), sieht den Schlüssel zum Verstehen unseres Erlebens und Handelns in der zu bewältigenden, auch beängstigenden Aufgabe, sich im Leben entscheiden und Verantwortung übernehmen zu müssen und somit zum Schöpfer seiner selbst zu werden. Tun wir dies nicht, erleben und handeln wir nicht authentisch und führen ein krisenanfälliges, krankmachendes, sinnleeres Leben. Setzen wir also diese humanistische Brille auf, sehen wir menschliches Erleben und Handeln im Lichte des menschlichen Bedürfnisses nach Selbstverwirklichung und seiner Fähigkeit zur Selbstaktualisierung. Perls et al. (1988) betonten in diesem Zusammenhang, dass das Leben einzig im Hier und Jetzt stattfinde und dem Menschen entsprechend dazu verholfen werden solle, seine *aktuellen* Bedürfnisse, Wünsche und Ängste wahrzunehmen und zu akzeptieren.

Worin fühlen Sie sich in Ihrem momentanen Leben in Ihrem Bedürfnis nach Selbstentfaltung unterstützt und worin aufgehalten? Welche Auswirkungen hat dies aus Ihrer Sicht auf Ihr aktuelles Befinden?

Die Kollegin aus dem Beispiel scheint diese Brille noch nicht (bewusst) aufgesetzt zu haben, zumindest äußert sie sich recht distanziert zu reformpädagogischen Ansätzen, die meist ihre Wurzeln im humanistischen Paradigma haben.

Seit geraumer Zeit hat das *systemische Paradigma* zunehmend an Bedeutung gewonnen. Setzen wir die systemische Brille auf, rücken wir die Beziehungsstrukturen zwischen Menschen in den Mittelpunkt der Betrachtung und Erklärungen. Hierbei wird der *personalen Ebene* weniger ausschließliche Aufmerksamkeit gewidmet als in den anderen Paradigmen, sondern vielmehr die *interpersonale Ebene* (über wahrgenommene Beziehungsstrukturen, beispielsweise zwischen zwei Personen, von denen eine Person Schwierigkeiten hat oder macht) und die *Systemebene* (über die komplexen Verflechtungen in nichttrivial lebenden Systemen, wie Familien) als Schlüssel zur Erklärung von psychischen Phänomen herangezogen (vgl. Nolting & Paulus 2018, S. 223f). Den Kontexten eines Menschen wird hier also maßgebliche Bedeutung zugesprochen, wobei insbesondere die Familie mit ihren *Beziehungen* und mitunter dysfunktionalen *Familienregeln* sowie Bemühungen um einen Gleichgewichtserhalt (*Homöostase*) den Schlüssel zum Verstehen des Erlebens und Handelns ausmacht. Dabei sind sämtliche Perspektiven aller von einem Problem betroffenen Systemmitglieder einzuholen (*Multiperspektivität*) und wird das Systemmitglied, das das Problem vermeintlich hat (z. B. ein Kind, das sich in der Schule auffällig benimmt), lediglich als sog. „*Symptomträger*" in einem Familiensystem aufgefasst, das aus dem Gleichgewicht geraten ist (z. B. weil sich die Eltern ständig streiten oder eine Trennung ansteht, ein anderes Kind ausgezogen ist oder ein Großelternteil durch eine Erkrankung anders im System wirkt). Wer sich hierzu und den verschiedenen systemischen „Schulen" mehr belesen möchte, sei auf von Schlippe & Schweitzer (2016) verwiesen. Die Kollegin aus dem Fallbeispiel hebt ebenfalls die Bedeutung von Familie hervor. Damit greift sie zumindest implizit die *systemischen Perspektive* auf, indem sie die interpersonalen Bezüge und systemischen Wechselwirkungen zwischen mehreren Individuen berücksichtigt.

Auch hier können Sie darüber nachdenken, wann Sie sich das letzte Mal in bestimmter Weise verhalten haben, weil das in Ihrer Familie üblich ist und von Ihnen erwartet wird, obwohl Sie wissen, dass Sie sich in anderen sozialen Zusammenhängen (z. B. Ihrer WG oder Seminargruppe) anders verhalten würden. Wer hat in Ihrer Familie die Rolle des „Problemfalls" oder „Schwarzen Schafs"? Und: Wie würden Ihr Vater oder Ihre Mutter diese Frage beantworten?

Beziehen wir die Ausführungen auf das Beispiel, in dem Ihre potenzielle Kollegin in der Erziehungsberatungsstelle einen bunten Strauß an Erklärungen für kindliches Verhalten im Allgemeinen angeboten hatte, so dürften Sie nun ihre Erklärungen den verschiedenen Paradigmen zuordnen können. Vermutlich werden Sie einige Erklärungsansätze nicht zuordnen können oder haben selbst weitere eigene Ideen hierzu. Geht man davon aus, dass nicht nur das Aufsetzen der verschiedenen Brillen und eine Integration der verschiedenen psychologischen Sichtweisen bereichernd sein kann (vgl. Grawe 2004; Petzold 2004), um menschliches Erleben und Handeln angemessen zu verstehen, sondern im Sinne einer *biopsychosozialen Denkweise* (vgl. Engel 1977) auch sozio-kulturelle/soziale und biologische Zugänge zu berücksichtigen sind, dann ergeben sich daraus eine Vielzahl an weiteren Zugangsoptionen zum Fallbeispiel. Einem *biologischen Zugang*, der über die Neurowissenschaften und Biopsychologie den organischen (hirnorganisch, neurologisch, endokrinen, genetischen) Grundlagen psychischer Phänomene des Erlebens und Handelns nachgeht, misst die Kollegin aus dem Fallbeispiel kaum Bedeutung bei. Aber sie hebt die Bedeutung „größerer Zusammenhänge" hervor. Damit bringt sie die *soziokulturelle Perspektive* ein, die stark die interpersonalen Bezüge, systemischen Wechselwirkungen zwischen mehreren Individuen und Systemen sowie gesellschaftlichen sozialen Umstände in den Fokus der Betrachtung menschlichen Erlebens und Handelns rücken (vgl. auch Bronfenbrenner 1981).

Sofern Sie sich mit den Mainstream-Paradigmen, die seit vielen Jahrzehnten jeweils mit unterschiedlich starker Resonanz die psychologische Fachwelt dominieren, vertraut gemacht haben und sich dabei hier und da unwohl fühlen, weil in ihnen zu wenig die erwähnten gesellschaftlichen Verhältnisse, in denen Menschen erleben und handeln, berücksichtigt werden, sei auf die Programmatik der *Kritischen Psychologie* verwiesen, die maßgeblich auf Klaus Holzkamp (1927-1995) zurückgeführt wird. Dreh- und Angelpunkt dieser Perspektive ist die *Handlungs- und Erlebnisfähigkeit des Individuums als praktische Verfügung des Menschen über seine Lebensbedingungen* (vgl. Holzkamp 1985). Es geht hierbei also um die von der Kollegin im Beispiel angesprochenen „größeren Kontexte", nämlich die gesellschaftlichen Verhältnisse. Wer hierzu weiterlesen möchte, dem sei die Reihe „texte kritische psychologie" ans Herz gelegt, aus der Band 8/II für die Reflexion der Paradigmen am einschlägigsten ist (Brenssell & Weber 2017).

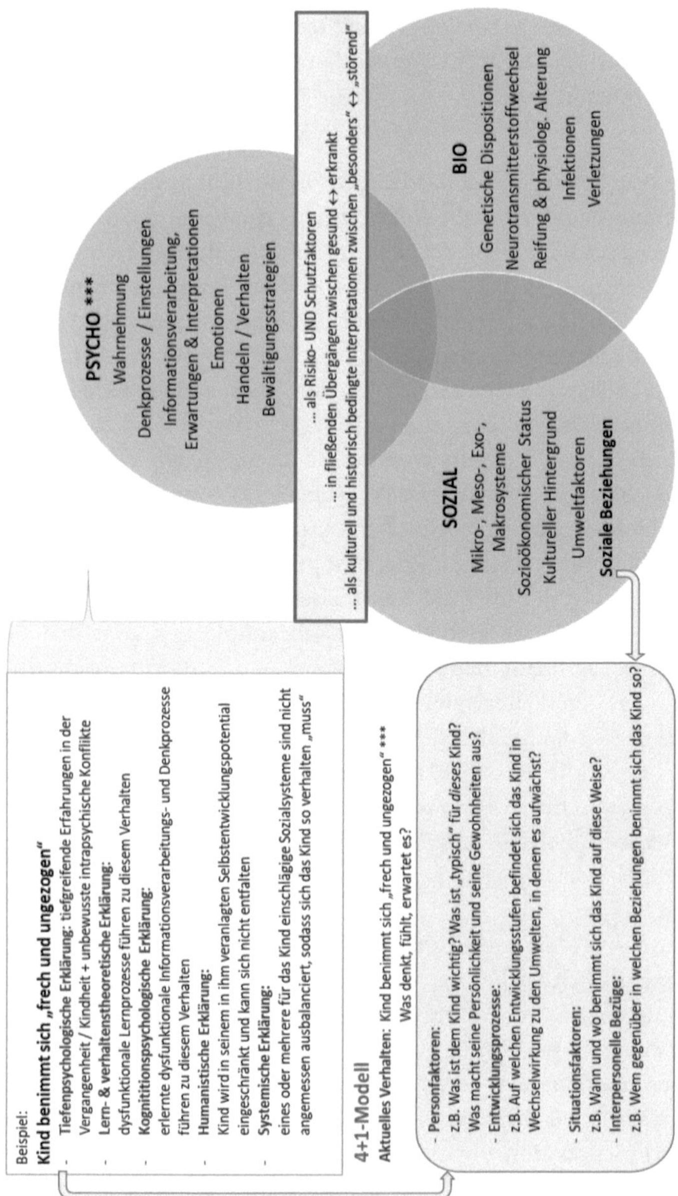

Abbildung 2: Biopsychosoziale Einordnungen

2 Anlage und Umwelt

Im folgenden Kapitel wird der oft gestellten Frage nachgegangen, welche Rolle laienhaft gesprochen „die Gene" und „die Erziehung" spielen, wenn es um die Erklärung der Entwicklung eines Individuums geht. Würden Sie mehr den genetischen, anlagebedingten Einflüssen Gewicht beimessen, könnten Sie sich als *Endogenist*in* bezeichnen. Halten Sie die umweltseitigen Einflüsse für ausschlaggebender, würde man Sie entsprechend als *Exogenist*in* betiteln (vgl. Flammer 2009).

*Würden Sie sich selbst eher als Endogenist*in oder als Exogenist*in bezeichnen? Warum?*

Je endogenistischer eine Auffassung gerät, desto mehr geht sie mit dem Risiko verminderter Chancengleichheit für alle einher. Je exogenistischer der Standpunkt ausfällt, desto größer wäre die Chance für entwicklungsförderliche Verbesserungen durch systematisch optimierte Umweltbedingungen, aber umso größer auch das Risiko, dass durch falsche Hoffnungen oder überzogene Erwartungen an die umweltseitigen Möglichkeiten pädagogisch arbeitende Professionelle frustriert werden.

Um es vorwegzunehmen: In der hierzu einschlägigen wissenschaftlichen Literatur wird immer wieder betont, dass die Gegenüberstellung von Anlage und Umwelt (*nature versus nurture*) dem Entwicklungsgeschehen nicht gerecht werde, weil es sich um eine interaktive und gleichzeitige Wirkung von beiden und weiteren Einflussfaktoren handelt, die ihrerseits eine recht unübersichtliche Menge an Komponenten umfasst. Menschliches Erleben und Verhalten und deren Entwicklung sollte also als *Ergebnis des Zusammenspiels von Genen und Umwelt* sowie *Prozess zwischen Anpassung, Aufgabenbewältigung und Selbstentwicklung* (vgl. Köckeritz 2004) verstanden werden.

Beispiel 2

Zwischen einigen Lehrer*innen und Mitarbeiter*innen der Schulstation gibt es Meinungsverschiedenheiten darüber, ob man überhaupt die Entwicklung der Kinder über die Umwelt (z. B. Schule) beeinflussen könne oder die Zukunft der Kinder letztendlich schon weitgehend über ihre Gene festgelegt sei.

Wenngleich alle anerkennen, dass die Umwelten der Kinder „irgendeine" Rolle haben dürften, erscheint es Ihnen angebracht, das Zusammenspiel zwischen Anlagen und Umwelt differenzierter zu beleuchten und sich dabei auf die „Umwelten" des Kindes konkreter zu beziehen, schließlich sind Sie Sozialarbeiter*in.

Die Frage nach einem „Entweder-oder“ („Gene“ oder „Erziehung“) lässt sich also nicht sinnvoll beantworten und es kommt vielmehr auf die Formen des Zusammenspiels an, wie die Mitarbeiter*innen aus dem Beispiel bereits anerkennen. So soll im Folgenden zunächst geklärt werden, was überhaupt unter Genen, Anlagen und Umwelten verstanden wird, um anschließend auf die Formen des Zusammenspiels von Anlagen und Umwelten eingehen zu können.

Der Einfachheit halber können *Anlagen* als Gene (sog. *Genotyp*) verstanden werden, die ererbt sind und weiter vererbbar sind. Damit ausgeklammert werden z. B. genetische Spontanmutationen, nichtnormative Chromosomenkombinationen bei der Eibefruchtung (z. B. Trisomie 21) oder Strahlenschädigungen, die auch das Erbgut bestimmen, allerdings nicht von den Eltern vererbt wurden. *Erkennbar* im Miteinander wird der Genotyp über den sog. *Phänotyp*, also dessen *sichtbare Realisation* beispielsweise über Erscheinungsbild, Eigenschaften und Verhalten. Wichtig ist hier zunächst die Unterscheidung zwischen Kompetenz und Performanz: *Kompetenzen* entstehen im Lebenslauf, wenn sie als genetische Voraussetzungen auf geeignete Umwelt- und Lernbedingungen treffen. *Performanzen* (konkretes Verhalten) setzen Kompetenzen voraus, ergeben sich aber nicht notwendigerweise aus ihnen. Der Unterschied wird vielleicht klar, wenn Sie an Ihre letzte Prüfung denken. Möglicherweise haben Sie ausgeprägte Kompetenzen für diese Prüfung erworben (durch ein passendes Zusammenwirken Ihres Genotyps mit adäquater umweltseitiger Förderung), konnten diese aber in der konkreten Prüfungssituation nicht zeigen (Performanz). Von dieser Performanz auf Ihre Kompetenz zu schließen, wäre also nicht in jedem Fall gerecht, und ein Rückschluss auf Ihre genetische Ausstattung erst recht verkürzt. Menschen sind also häufig kompetenter als sie es in der Performanz „zeigen“, beispielsweise weil die aktuellen Umweltbedingungen die „Kompetenzentfaltung“ in irgendeiner Weise behindern.

Die *Erblichkeitsforschung* hat einiges unternommen, um den Einfluss der Gene auf menschliches Erleben und Verhalten (Verhaltensgenetik) herauszuarbeiten. Sie ist dabei methodisch auf Zwillingsforschung und Adoptionsstudien angewiesen und hat dabei zum Teil aufsehenerregende Befunde in die Diskussion eingebracht (z. B. Bouchard et al. 1990). Gene spielen eine nicht unerhebliche Rolle, sie erklären bei grundlegenden Persönlichkeitsmerkmalen 40-50% der Unterschiedlichkeit zwischen Menschen. Wichtig ist allerdings: *Erblichkeit ist eine Populationsstatistik. Sie hat keine direkte Bedeutung für den Einzelfall.* Selbst dann, wenn für ein Merkmal eine hohe Erblichkeit in der Population (Bevölkerung) gefunden wurde, kann daraus nicht geschlossen werden, dass Unterschiede zwischen verschiedenen gesellschaftlichen Gruppen oder Individuen auf genetische Faktoren zurückzuführen sind. Ferner sagt die Erblichkeit eines Merkmals nichts über dessen Stabilität über die Lebensspanne aus. Unter Umständen können auch belastende Anlagen (Genotyp) durch den Einsatz von geeigneten Mitteln an ihrer phänotypischen Realisation gehindert werden (z. B. spezielle Diät bei Phenylketonurie). Wer sich hierzu weiter vertiefen möchte, sei auf Flammer (2009, S. 29ff) verwiesen. Neuere Forschungen – zur sog. *Epigenetik* – haben gezeigt, dass es molekulare Mechanismen gibt, die zu einem stärkeren oder schwächeren Auslesen von Genen führen, ohne dass die dort gespeicherte Information verändert wird, und zwar unter dem Einfluss äußerer Faktoren (Überblick hierzu mit Fokus auf Kinderpsychologie: Schmidt et al. 2012). Selbst Erblichkeit kann also nicht allein über „angeborene Gene" sinnvoll diskutiert werden, weil selbst hier auf Zellkernebene die umweltseitigen Einflüsse eine Rolle spielen.

Ein viel rezipierter Ansatz zur differenzierten Darstellung der sehr unterschiedlichen *Umwelten*, in denen sich menschliches Erleben und Verhalten abspielt, stellt die systemökologische Konzeption von Uri Bronfenbrenner (1917-2005) dar. Im Rahmen dieser Konzeption werden folgende Systeme aufgeführt (Bronfenbrenner 1981): Die *Mikrosysteme* bestehen aus den Beziehungen zwischen einem Menschen und seiner unmittelbaren Umgebung (z. B. die Familie, in der ein Kind aufwächst). Die *Mesosysteme* beinhalten die Wechselbeziehungen zwischen den Mikrosystemen (z. B. zwischen der Familie und den Nachbarkindern, mit denen das Kind häufig spielt). Unter *Exosystemen* werden solche Systeme – meist organisationaler Natur – verstanden, die einen Einfluss auf einen Menschen haben, obwohl er nicht mit ihnen direkt in Verbindung steht (z. B. der Arbeitsplatz eines Elternteils). Weiterhin gibt es das *Makrosystem*, das die Wertvorstellungen und Weltanschauungen einer Gesellschaft, in der ein Mensch lebt, mit ihren Gesetzen, Gebräuchen, Ressourcen der Kultur widerspiegelt und sich damit auf die Aktivitäten und Wechselwirkungen der Mirko-, Meso- und Exosysteme auswirkt. Schließlich sei noch das *Chronosystem* zu berücksichtigen, das sich nicht einen spezifischen Kontext bezieht, sondern die Zeitdimension, d. h. die damit einhergehenden dynamischen Veränderungen, von denen ein Mensch betroffen ist (z. B. ob ein Kind in Kriegszeiten aufgewachsen ist). Wenn die Sozial-/Pädagog*innen aus dem Fallbeispiel 2 also über Umwelt als Einflussfaktor sprechen wollen, dürfte es hilfreich sein zu klären, auf welche Umwelt(en) sie sich beziehen.

*Welchen Systemen würden Sie die Sozial-/Pädagog*innen zuordnen, wenn Sie über umweltseitige Einflussfaktoren auf Kinder nachdenken?*

Der Genotyp wird also meist erst im Lauf der Entwicklung phänotypisch sichtbar, und dies auch nur in Interaktion mit spezifischen Umweltbedingungen (z. B. eine besondere Fremdsprachenbegabung oder „Neigung" zu Alkoholmissbrauch). So scheint es also sinnvoll, sich im Folgenden verschiedenen *Formen des Zusammenspiels von Anlagen und Umwelten* zu widmen. Es wurde bereits angesprochen, dass seit einigen Jahren unter epigenetischer Perspektive diskutiert wird, wie genetische Vorgänge einer Regulation durch Lebensereignisse unterworfen sind (z. B. Bauer 2004; Walter & Hümpel 2017). Damit einher geht die Erkenntnis, dass auch Denken, Erleben, Handeln nicht nur die phänotypische Sichtbarwerdung des Genotyps sind, sondern umgekehrt Mechanismen auf Zellebene auch durch umweltseitige Einflüsse beeinflussbar sind. So soll nun nicht weiter der Frage nach der Richtung der Einflüsse nachgegangen, sondern verschiedene Varianten des Zusammenspiels erläutert werden.

Im Sinne Bronfenbrenners (s.o.) würde man sagen, dass jedes Mal, wenn ein Mensch Rollen oder Rahmenbedingungen in seinem Leben übernimmt/ablegt, sich die Bandbreite seiner Mikrosysteme ändert. Diese Verschiebungen (sog. ökologische Übergänge) in den Kontexten geschehen lebenslang und sind oft wichtige Wendepunkte für die Entwicklung (z. B. Schulanfang, Elternschaft, Umzug, Arbeitsplatzwechsel). Somit ist der *Mensch als Produkt UND Produzent seiner Umwelt* anzusehen. Dieser Gedanke ist insofern wichtig, weil er deutlich macht, dass Menschen ihren Umwelten nicht nur ausgeliefert sind, sondern diese auch *gestalten*, Mensch und Umwelten also als Netzwerk voneinander abhängiger Wechselwirkungen zwischen biologischen, sozialen und psychischen Faktoren zu betrachten sind.

*Welche ökologischen Übergänge durch Variation Ihrer Mikrosysteme haben Sie in Ihrem bisherigen Leben gemeistert? Wie sind Sie hier als „Produkt" und als „Gestalter*in" Ihrer Umweltsysteme in Erscheinung getreten?*

Flammer (2009, S. 39ff) unterscheidet modellhaft vier Formen des Zusammenspiels zwischen Anlage(n) und Umwelt(en):

(1) Sog. *Schwellenmodelle* zeigen auf, dass für jede psychische Funktion minimale externe Voraussetzungen gegeben sein müssen, auf denen Entwicklung sowie menschliches Erleben und Verhalten erst aufbaut. Entsprechend sind gewisse Umweltschwellen als externe Anregungsschwellen mitunter notwendig, z. B. ein Minimum an sozialem Kontakt für die Kommunikationsentwicklung.

(2) Hingegen weisen sog. *Obergrenzenmodelle* darauf hin, dass irgendwann alle Entwicklungsmöglichkeiten und -chancen ausgereizt sind und das mögliche Maximum erreicht ist (durch anlagebedingte körperliche Konstitution und neurologische Leistungsfähigkeit, aber auch external: z. B. Trainingszeit). Diese extern bedingten Obergrenzen können im Übrigen auch unter der Überzeugung diskutiert werden, dass für viele Menschen anlagebedingt mehr erreichbar gewesen wäre, wenn die externen Ober-

grenzen (beispielsweise durch Krieg, Armut, Behinderung) nicht so niedrig gewesen wären.

Wo haben Sie in Ihrem Leben die Erfahrung von Anregung und Übungsgelegenheit als Zugangsschwelle, aber auch von Begrenzung Ihres anlagebedingten „Potenzials" gemacht?

(3) Die Formulierung von sog. *sensiblen Phasen* ist auch im alltagssprachlichen Gebrauch zu finden. Im Kontext hier ist damit gemeint, dass sich gewisse Anlagen nur dann in der Entwicklung auswirken können, wenn die passenden Umweltanregungen zu einer ganz bestimmten Zeit erfolgen. Auf biologische Entwicklungsfenster, wann z. B. welche Umwelteinwirkungen für eine gesunde physiologische Entwicklung erfolgen oder unterbleiben sollten, soll hier nicht weiter eingegangen werden (vgl. Heubrock & Petermann 2000), sondern lediglich erlebens- und verhaltensnähere Aspekte aufgegriffen werden: Aufbauend auf der Beobachtung, dass junge Graugänse bis zu ihrer Geschlechtsreife jenem Lebewesen folgen, das sie zu einem bestimmten frühen Zeitpunkt ihrer Entwicklung sehen, ist von einer sog. „*Prägung*" auszugehen, worunter unauslöschliches Lernen während einer genau begrenzten „kritischen Periode" verstanden wird (vgl. Lorenz 1965). Solche psychologischen Prägungsphänomene lassen sich bei Menschen kaum in dieser Deutlichkeit finden. Eher wird von einer graduellen Abnahme (z. B. des Erwerbs einer akzentfreien Mutter- oder Fremdsprache) ausgegangen und dass späteres Lernen dann schwieriger und weniger erfolgreich gelingt (z. B. bei sog. Kindern, die sozial vollkommen isoliert aufwuchsen).

(4) Abschließend soll das sog. *Modell der sozialen Passung* skizziert werden: Hierbei wird die „genetische Kontrolle" des Ausmaßes, in dem Individuen Umwelten ausgesetzt sind, diskutiert, weil angenommen wird, dass scheinbare Umwelteinflüsse letztendlich genetisch vermittelt sind (Scarr & McCartney 1983). Es werden drei Beziehungen zwischen Genotyp und Umwelt unterschieden: In den ersten Lebensjahren dominiere das *passive* Beziehungsmuster. Das heißt, Kinder „erben" von ihren Eltern eine Familienumwelt, die (auch) zu ihren Genen passt (z. B. die Umweltgestaltung). In Zug der weiteren Entwicklung geht dieses in ein *evokatives/reaktives* Beziehungsmuster über. Das heißt, Kinder rufen in ihrer Umwelt Reaktionen hervor, die zu ihren Genen „passen"; z. B. erhält ein Kind Angebote aus der familialen Umwelt (z. B. eine Kletterwand im Kinderzimmer oder lichtdichte Vorhänge), die durch phänotypische Ausdrucksformen seines Genotyps hervorgerufen wurden (z. B. bewegungsaktiv oder lichtempfindlich beim Einschlafen). Im weiteren Entwicklungsverlauf (ab dem zweiten Le-

bensjahrzehnt) wird ein zunehmend *aktives* Beziehungsmuster angenommen. Das heißt, Menschen wählen, konstruieren, verändern ihre Umwelten dahingehend, dass sie mit ihren Genen übereinstimmen, zu ihnen „passen" (z. B. sich eine Wohnung suchen, in der man allein lebt, weil man sich so „genetisch vermittelt" wohler fühlt). Zu beachten gilt auch in diesem Zusammenhang weiterhin, dass die Gene nur ein Teil des sich entwickelnden menschlichen Systems sind. Entsprechend sind für jeden Genotyp verschiedenste Phänotypen möglich und darf der *Entwicklungsaspekt* im Zusammenhang mit Fragen nach Anlagen und Umwelten nicht außen vor gelassen werden (vgl. Petermann et al. 2004, S. 258ff).

Wie suchen Sie sich seit Ihrem Erwachsensein aktiv Umwelten aus, die vermutlich zu Ihrem Genotyp passen? Sofern Sie welche haben: In welchen Umwelten leben Ihre Geschwister, mit denen Sie sich einen Teil Ihrer Anlagen teilen?

Um noch einmal auf das Fallbeispiel zurückzukommen, lohnt sich die Beantwortung der soeben gestellten Fragen unter Rückbezug auf die Ausführungen zu den Varianten des Zusammenspiels von Anlagen und Umwelten und des aktuellen Entwicklungsstandes eines Kindes, aber auch noch einmal der geschärfte Blick auf die Umwelten, in denen ein Mensch sich entwickelt, sich und andere erlebt und sich verhält: Zu unterscheiden sind hier zum einen *geteilte Umwelteinflüsse* von Kindern (z. B. Geschwister oder Klassenkameraden), die auf alle Kinder vergleichbar wirken (z. B. Familien- oder Schulklima, Wohnumgebung, elterliche und erzieherseitige Werthaltungen und Anregungsbestrebungen), und zum anderen *nichtgeteilte Umwelteinflüsse*, die für jedes Kind (auch *einer* Familie oder *eines* Klassenverbundes) einzigartig sind und somit zu unterschiedlichen Entwicklungsverläufen führen (z. B. elterliche oder lehrerseitige Bevorzugung/Benachteiligung, kritische und zufällige Lebensereignisse, spezifische Kontakte außerhalb der Familie und der Schule). Auch für dieses Fallbeispiel kann also menschliches Erleben und Verhalten nur angemessen diskutiert werden, wenn biologische (z. B. anlagebedingte), psychologische (hier v. a. entwicklungspsychologische) und soziale (z. B. umweltseitige) Faktoren als jeweils einflussnehmend anerkannt und wechselseitig zueinander in Beziehung stehend gesehen werden und damit der Komplexität und Individualität kindlicher und späterer Entwicklungsverläufe Rechnung getragen wird. Zum Weiterlesen bieten sich hierzu Petermann et al. (2004, Kap. 6) an.

3 Was braucht der Mensch?

Was der Mensch braucht, beantworten verschiedene Disziplinen über ihre jeweils unterschiedlichen Zugänge. Ein Sozialrechtler oder eine Sozialpolitikerin würden wahrscheinlich mit den Sozialgesetzbüchern argumentieren, eine Medizinerin vielleicht mit einer angemessenen körperlichen Versorgung. Eine Philosophin mag Aristoteles zu Rate ziehen und bei Fragen nach einem guten Leben anknüpfen, ein Pädagoge würde möglicherweise die Bedeutung von Bildung und Erziehung betonen, eine Soziologin die Rolle funktionierender Gesellschaftssysteme, ein Sozialarbeiter die Wahrung von Menschenrechten, Ermöglichung von Teilhabe und Selbstbestimmung usw. usf. Im Folgenden soll der Frage nachgegangen werden, welche Antworten die Psychologie hierzu parat hat und was davon nützlich für die Soziale Arbeit sein dürfte.

Beispiel 3

Die Betreuerin einer Wohngruppe, in der minderjährige Mädchen leben, die von zu Hause weggelaufen sind oder auf Veranlassung des Jugendamtes dort untergebracht wurden, erlebt viele Erlebens- und Verhaltensauffälligkeiten der Bewohnerinnen. Oft fragt sie sich, warum die Mädchen sich so entwickelt haben und vor allem, was sie gebraucht hätten, um psychisch gesund und ausgeglichen aufzuwachsen.

Was denken Sie, welche psychosozialen Gegebenheiten junge Menschen brauchen? Wie kann hier inhaltlich begründet angeknüpft werden?

Einen Teil der Fragen können Sie bereits unter Rückbezug auf die Paradigmen (vgl. Kap. 1) grob beantworten. Sie wissen schon, dass es mehrere (paradigmatische) Antworten auf die Frage gibt, warum ein Mensch sich so oder so entwickelt hat und so oder so handelt. Sie wissen durch die Lektüre der Ausführungen zu anlage- und umweltseitigen Einflüssen auf die menschliche Entwicklung (vgl. Kap. 2) auch, dass zahlreiche Wechselwirkungen zu beachten sind und auch die Mädchen in der Wohngruppe nicht nur Ergebnis, sondern auch Gestalterinnen ihrer jeweiligen Umwelten sind bzw. im Prozess ihrer Entwicklung sein können. Die Frage, was Menschen brauchen, um gesund, motiviert und glücklich zu bleiben, beantworten nicht nur die Bezugswissenschaften der Sozialen Arbeit unterschiedlich, sondern es gibt hierzu auch innerhalb der Psychologie verschiedene Antworten, wenngleich sich für die Frage nach den sog. Grundbedürfnissen große Überschneidungen finden lassen.

Bevor Sie sich in die nachfolgende Lektüre vertiefen, bietet sich an, zunächst einmal für sich selbst zu überlegen, was Sie für sich brauchen – um glücklich, um (psychisch) gesund, um ausgeglichen und um motiviert zu sein und zu bleiben und sich (weiter-)entwickeln zu können. Was ist davon in Ihrem aktuellen Leben weniger, was mehr gegeben? Wie viel „darf" davon fehlen, bis Sie sich um sich Sorgen machen und/ oder externe Unterstützung in Anspruch zu nehmen?

Spätestens, wenn wir die Motivationslage seines Gegenübers verstehen und ihr adäquat begegnen möchten, so braucht es der Kenntnis von (psychischen) Grundbedürfnissen, da diese neben Erwartungen und Emotionen entscheidenden Einfluss auf die Motivationslage eines Menschen haben. Dass Menschen natürlich auch physiologische Grundbedürfnisse (Schlaf, Nahrung, ungiftige Umwelten usw.) haben, ist von den weiteren Überlegungen unbenommen, steht nur hier nicht im Vordergrund.

Zunächst ist zu klären, was unter Bedürfnissen und Bedarfen verstanden wird: *Bedürfnisse* werden hier als intrapsychische Grundlage von überdauernden Motiven verstanden und begründen dadurch motiviertes Verhalten. *Bedarfe* werden als angebotsorientierte Konkretisierung von Bedürfnissen definiert (Walther 2017, S. 24). Hiermit ist die Herausforderung an die Soziale Arbeit verbunden, Bedarfe herauszustellen und entsprechende Angebote zu entwickeln, die an den tatsächlichen Bedürfnissen der Adressat*innen anknüpfen.

Zunächst soll ein Klassiker der Bedürfnistheorien vorgestellt werden: Abraham Maslow (1908-1970), der mit der paradigmatischen Brille der Humanist*innen (vgl. Kap. 1) ein hierarchisches Modell menschlicher Bedürfnisse ausformuliert hat. Die Humanist*innen gingen davon aus, dass der Mensch ein Wachstumsmotiv der *Selbstverwirklichung* in sich trägt. Damit sich dieses Selbstverwirklichungsmotiv entfalten kann, müssen Maslow (1970) folgend allerdings zunächst sog. „Defizit-Bedürfnisse" hinreichend befriedigt sein: Physiologische Bedürfnisse, Bedürfnisse nach Sicherheit, Bedürfnisse nach Zugehörigkeit und Liebe (also sozialem Anschluss) und Individualbedürfnisse nach Anerkennung und Wertschätzung. Kurz vor seinem Tod ergänzte er das Modell um das Bedürfnis nach Transzendenz, das er noch über das Selbstverwirklichungsmotiv setzte. Menschliches Erleben und Handeln sei also durch diese Bedürfnisse motiviert.

Passen die hier aufgeführten Bedürfnisse zu Ihren eingangs aufgestellten Überlegungen, was Sie selbst brauchen?

Maslows Modell ist sehr verbreitet, obwohl es viele offene Fragen hinterlässt (nach Gerrig & Zimbardo 2014): Steckt in *jedem* Menschen das Bedürfnis, sein größtmögliches Potenzial zu verwirklichen? Was bedeuten für jeden Einzelnen Selbstverwirklichung und Transzendenz (in Anbetracht dessen, dass selbst aus Maslows Sicht die wenigsten Menschen diese Wachstumsbedürfnisse bewusst erleben)? Wo berücksichtigt Maslow auch „niedere" menschliche Bedürfnisse nach Macht, Dominanz und Aggression? Wie passt menschliches Handeln, bei dem Menschen sich trotz Hunger oder ohne sozialen Anschluss transzendenten Bedürfnissen widmen, in diese hierarchische Vorstellung? An dieser Stelle wird auf die sonst übliche Darstellung der sog. Bedürfnispyramide verzichtet, weil sie den Irrtum nahelegt, dass die von Maslow benannten Bedürfnisse hierarchisch aufeinander aufbauen. Er nahm hingehen vielmehr an, dass Menschen jederzeit gleichzeitig mehrere Bedürfnisse haben, jedoch die Intensität der Wahrnehmung bestimmter Bedürfnisse in Abhängigkeit vom aktuellen Entwicklungsstand (und seinen Möglichkeiten) eines Individuums variiere, sodass bestimmte Bedürfnisse dann in den Vordergrund geraten.

Bezogen auf das Beispiel würde ein Jugendamtsmitarbeiter spätestens dann handeln (müssen), wenn die Defizitbedürfnisse eines heranwachsenden Menschen nicht befriedigt werden, wenn ein Kind also nicht bekommt, was es mindestens braucht. Auch wären die Bedingungen in der Wohngruppe so zu halten, dass die Bedürfnisse der dort lebenden Mädchen erfüllt werden, sie sich also rundum *körperlich* wohl befinden können, vor Bedrohungen, Krankheit, Schmerzen, Wohnungslosigkeit usw. *geschützt* sind, soziale Kontakte haben und *Zuwendung* erfahren können sowie *Wertschätzung* und Anerkennung durch andere bekommen, um sich als erfolgreich, frei und unabhängig spüren zu können. Für die Bewohnerinnen wäre darüber hinaus anzunehmen, dass sie in sich auch Bedürfnisse nach *Selbstverwirklichung* und -entfaltung, vielleicht auch *Transzendenz*, tragen und damit einhergehend Wahrhaftigkeit, Schönheit, Individualität, Sinnhaftigkeit usw. für sich erfahren wollen – und entsprechend Bedarfe nach passenden Unterstützungs- und Begleitangeboten bestehen.

Nur wenige Autor*innen haben bislang explizit psychische Grundbedürfnisse im Kontext Sozialer Arbeit aufgegriffen (allgemein sozialarbeitswissenschaftliche Anknüpfungen finden sich am ehesten bei Obrecht 2006, der von „menschliche Grundbedürfnissen" spricht; mit spezifischem Bezug zur Klinischen Sozialarbeit: Sommerfeld et al. 2016, Lübeck 2017; mit spezifischem Bezug zur Arbeit mit Kindern und Jugendlichen: Borg-Laufs 2014, Borg-Laufs & Dittrich 2010). Alle beziehen sich auf die sorgfältige Herleitung und Ausformulierung psychischer Grundbedürfnisse von Klaus Grawe (2004, 2000), weil sie psychologischer Grundlagenforschung entspringt und hohe empirische Evidenz beanspruchen kann. Borg-Laufs & Dittrich (2010) weisen darauf hin, dass zur Befriedigung jener essentiellen psychischen Grundbedürfnisse die Lebensumstände und sozialen Bedingungen, in denen sich Menschen befinden, eine maßgebliche Rolle spielen. Damit haben zahlreiche Interventionen aus der Sozialen Arbeit unmittelbaren Einfluss auf die Befriedigung psychischer

Grundbedürfnisse. Ferner schlagen sie vor, die Orientierung an psychischen Grundbedürfnissen eben nicht nur in der Psychotherapie (wo sie bereits Bedeutung erlangt hat), sondern auch im sozialarbeiterischen Handeln (Beispiele ebenda) expliziter als übergeordnetes Ziel zu formulieren.

Vor diesem Hintergrund werden im Folgenden Grawes Annahmen vorgestellt, die ihre Wurzeln vor allem in der Psychotherapieforschung haben. Als *psychische Grundbedürfnisse* werden nach Grawe (2004) jene aufgefasst, „die bei *allen* Menschen vorhanden sind und deren Verletzung oder dauerhafte Nichtbefriedigung zu Schädigungen der psychischen Gesundheit und des Wohlbefindens führen“ (S. 185). Das heißt, das zum Beispiel in der Psychologie vielfach untersuchte Macht- und das Leistungsmotiv fällt hier raus, weil nicht davon auszugehen ist, dass sich *alle* Menschen in ihrem Wohlbefinden stark gemindert fühlen oder psychisch erkranken, wenn sie keine Macht haben oder Leistung anstreben.

Übergeordnetes Grundprinzip des intrapsychischen Funktionierens ist nach Grawe das menschliche Bestreben nach *Konsistenz.* Sie kann dadurch reguliert und erreicht werden, dass Menschen ihre Grundbedürfnisse zielgerichtet befriedigen können. Mit Konsistenz meint er die Übereinstimmung bzw. Vereinbarkeit der gleichzeitig ablaufenden neuronalen/psychischen Prozesse in einem Organismus. Konsistenz stellt also kein Bedürfnis (das durch Erfahrungen befriedigt oder verletzt werden kann) dar, sondern ein grundlegendes homöostatisches Prinzip der innerorganismischen Regulation bzw. einen angestrebten inneren Zustand. Daher ist Konsistenz eine Bedingung für gutes psychisches Funktionieren und damit auch für eine gute Befriedigung der Grundbedürfnisse und das Wohlergehen eines Menschen.

Das Bindeglied zwischen der Konsistenzregulation und der Bedürfnisbefriedigung ist das Konstrukt der *Kongruenz*, d. h. wenn Menschen die Übereinstimmung zwischen ihren aktuellen motivationalen Zielen und realen Wahrnehmungen erleben (Grawe 2004, 186ff). Grawe geht davon aus (S. 187), dass „die Ziele, die ein Mensch im Laufe seines Lebens herausbildet, letztendlich der Befriedigung bestimmter Grundbedürfnisse dienen“. Hierzu bedient sich der Mensch sog. *motivationaler Schemata*, die er entwickelt hat, um seine Grundbedürfnisse zu befriedigen oder sie vor Verletzung zu schützen. Grawe unterscheidet hier annähernde und vermeidende motivationale Schemata. Wächst ein Mensch in einer grundbedürfnisbefriedigenden Umgebung auf, wird er vor allem annähernde motivationale Ziele entwickeln und *Annäherungsschemata* verfestigen (z. B. beziehungsklärende Gespräche proaktiv suchen, Arbeitsbedingungen bei Unzufriedenheit zu beeinflussen versuchen). Wächst er in einer konstant grundbedürfnisverletzenden oder -bedrohenden Umgebung auf, entwickelt und verfestigt er eher *Vermeidungsschemata* (z. B. beziehungsklärenden Gesprächen aus dem Weg gehen, sich Krankschreiben bei Arbeitsunzufriedenheit), letztendlich um sich vermeintlich zu schützen (S. 188). Grawe unterscheidet vier psychische Grundbedürfnisse:

(1) das *Bedürfnis nach Orientierung und Kontrolle* (als Streben nach einem verstehbaren, möglichst vorhersehbaren und eigens beeinflussbaren Leben),
(2) das *Bedürfnis nach Lustgewinn/Unlustvermeidung* (als Streben danach, angenehme Zustände zu erleben und aversive Zustände zu vermeiden, wobei hier die subjektive Bewertung ausschlaggebend ist),
(3) das *Bindungsbedürfnis* (als langandauerndes emotionales Band zu nicht ohne weiteres austauschbaren Bezugspersonen) und
(4) das *Bedürfnis nach Selbstwerterhöhung/-schutz* (in dem Sinne, dass Menschen sich selbst als gut, wertvoll und anerkannt empfinden wollen).

Passt die Zusammenstellung dieser vier psychischen Grundbedürfnisse zu Ihren eingangs aufgestellten Überlegungen besser oder schlechter als Maslows Modell?

Grawe bezieht sich auf neurowissenschaftliche Erkenntnisse (ausführlich hierzu: Grawe 2004) und auf Epstein (1990), der im Rahmen seiner Cognitive-Experiential Self-Theory die gleichen Grundbedürfnisse herausgearbeitet hat. Sein gesundheitsorientierter Zugang gibt insbesondere der gesundheitsbezogenen Sozialen Arbeit eine Antwort an die Hand, warum Menschen psychisch erkranken und wie sie mit der Erkrankung und ihren Folgen umgehen (Lübeck 2017). In ihrer Reduktion auf überschaubare vier Grundbedürfnisse und Anerkennung ihrer Verwobenheit bezüglich ihrer Befriedigung (auch) mit sozialen Bedingungen sind seine Annahmen daher ein fruchtbarer Zugang, um die psychische Bedürfnislage eines Menschen zu erfassen. Was heißt das jetzt für unser Fallbeispiel? Man könnte die Auffälligkeiten im Erleben und Verhalten darauf zurückführen, dass die betreffenden Mädchen diese wesentlichen psychischen Grundbedürfnisse nicht in konsistenzermöglichender Weise befriedigen konnten. Manche haben möglicherweise permanent die Erfahrung einer nicht kontrollierbaren oder aversiven Umwelt gemacht, anderen wurde das tief verankerte Grundbedürfnis nach Bindung (Bowlby 1969) verwehrt und/oder sie haben ständig Rückmeldungen erhalten, dass sie „verkehrt" sind und nichts können. Je mehr die Umweltbedingungen die konsistente Befriedigung der psychischen Grundbedürfnisse unterbinden, desto inkongruenter werden diese wahrgenommen, was die Wahrscheinlichkeit erhöht, dass die betroffenen Mädchen eher vermeidende motivationale Schemata entwickeln, verbunden mit der Hoffnung, nicht „zerstört" zu werden. Grawes Theorie lässt sich entsprechend auf psychische Auffälligkeiten beziehen, verbunden mit der Frage, was dieser Mensch gebraucht hätte, um nicht psychisch zu erkranken oder in Krisen zu geraten. Sie wird daher noch einmal in Teil C aufgegriffen.

Ob die vier herausgestellten Grundbedürfnisse für jedes Fallbeispiel „ausreichen" würden, kann nicht abschließend beantwortet werden. So haben Lübeck & Böhmer (2017, 2018) diskutiert, inwiefern *Spiritualität* (verstanden als Gefühl der *Verbundenheit* und des *Einsseins* mit seinen Mitmenschen, der Natur, einer „höheren Macht", vgl. Bucher 2014) als einschlägige Dimension in der Sozialen Arbeit mehr zu berücksichtigen wäre, insbesondere im Kontext der Arbeit mit Menschen in psychosozialen Krisen. Die theoriebezogene und empirisch untermauerte Bearbeitung von Spiritualität als psychisches Grundbedürfnis (vgl. Maslows Annahme von Transzendenz!) steht bislang noch aus, wenngleich sich eine Vielzahl an Publikationen zur Bedeutung von Spiritualität dezidiert äußern (Armbruster et al. 2013; Bucher 2014; Krause 2015; Lübeck & Böhmer 2017); vgl. auch Kapitel 40.

Der Antwort auf die Frage, was der Mensch – psychisch – braucht, kann sich auch über die sog. *Selbstbestimmungstheorie der Motivation* (Deci & Ryan 1993/2008) genähert werden. Sie hat ihre Wurzeln in der Motivationspsychologie und Pädagogischen Psychologie und fragt stärker danach, was Menschen brauchen, um motiviert zu sein. Damit gehen folgende Annahmen einher: Menschen sind motiviert, wenn sie (aufgrund ihrer Grundbedürfnisse) etwas erreichen wollen und entsprechend intentional (absichtlich) handeln. Motivationale Handlungsenergie speise sich dabei aus drei Quellen: (1) physiologischen Grundbedürfnissen (vgl. sog. Triebe), (2) Emotionen und (3) psychischen Grundbedürfnissen. Psychische Grundbedürfnisse seien deshalb so bedeutsam, weil sie nicht nur die energetische Grundlage vieler Alltagshandlungen liefern, sondern auch unsere Prozesse der autonomen Steuerung von Trieben und Emotionen beeinflussen. Nimmt man an, dass jeder Mensch in sich die Hoffnung (oder gar das Ziel) auf Wohlergehen und persönliche Entwicklung hegt, so ist die Befriedigung dieser drei Grundbedürfnisse entsprechend als Voraussetzung zu sehen.

Beispiel 4

Die Mitarbeiter*innen eines gemeinwesenorientierten Nachbarschaftstreffs, der zum Ziel hat, junge und alte Menschen aus dem Kiez zusammenzubringen und ihnen soziale Teilhabe zu ermöglichen, hat verschiedene Angebote für die Anwohner*innen entwickelt. Diese werden zum Teil nicht gut nachgefragt oder die Teilnahme lässt nach den ersten Besuchen deutlich nach. Ein Mitarbeiter vermutet, dass die Angebote nicht zu den Leuten passen, eine andere Mitarbeiterin denkt, dass die Leute einfach ihre Ruhe haben wollen, und wer was wolle, würde schon kommen.

Wie können menschliche Grundbedürfnisse so befriedigt werden, dass sie unsere Motivation steigern? Wie kann hier inhaltlich begründet angeknüpft werden?

Deci & Ryan (1993) postulieren drei psychische Grundbedürfnisse: Das Erleben von

(1) *Kompetenz* als effektive Interaktion mit der Umwelt (positive Ergebnisse erzielen, negative verhindern können, und wirksam sein),
(2) *Autonomie* als selbsterlebte, freie Bestimmung des eigenen Handelns und selbstbestimmte Interaktionen mit der Umwelt und
(3) *soziale Eingebundenheit* im Sinne sozialer Zugehörigkeit.

Sie legen hier nicht wie Grawe ein übergeordnetes Prinzip des Konsistenzbestrebens zugrunde, sondern gehen in humanistischer Tradition von einem grundsätzlich neugierigen, entwicklungswilligen Menschen aus, der am besten zu motivieren ist bzw. sich motivieren kann, wenn Ziele und Tätigkeiten seine Grundbedürfnisse nach sozialer Eingebundenheit, nach eigenem Kompetenzerleben und nach Autonomieerfahrung befriedigen. Wenn Verhalten sich auf die Erfüllung dieser drei grundlegenden Bedürfnisse ausrichtet, ist es in der Regel intrinsisch (d. h. von innen) motiviert und somit (empirisch belegt) relativ robust gegen Rückschläge, Verzögerungen, Stagnation, d. h. auch hinderliche soziale Bedingungen.

Bezogen auf das Fallbeispiel zur „unmotivierten Anwohnerschaft" ließe sich mit Deci & Ryan begründet reflektieren, ob die bisherigen Angeboten so angelegt sind, dass die Teilnehmenden *darüber* ihre Bedürfnisse nach für sie angemessener sozialer Eingebundenheit, nach Kompetenzerfahrungen und nach Autonomieerfahrungen befriedigen können. Auf der konzeptionellen Ebene wäre entsprechend zu reflektieren, wie die Angebote angelegt sein müssen, dass sie Individuen anregende Geborgenheit geben und sie nicht durch die anderen „gestört" sind oder unangemessene Einsamkeitserfahrungen machen, dass die Teilnehmenden weder überfordert noch unterfordert werden und dass sie tatsächliche Einflussmöglichkeiten auf das haben, was dort passieren wird. Natürlich sind diese Überlegungen nicht ohne Berücksichtigung der vielen anderen Einflussfaktoren, die die Teilnahme an Unterstützungsangeboten beeinflussen, sinnvoll (von Anbietervariablen, z. B. Auftreten der Mitarbeiter*innen, bis Zugangsbarrieren, z. B. unpassende Öffnungszeiten), sie können jedoch *einen* theoretisch und empirisch belegten Zugang zu einer *begründeten und reflektierten Praxis* legen.

Auch wenn die drei vorgestellten psychologischen Zugänge zu der Frage „Was braucht der Mensch?" sich auf unterschiedliche Prämissen beziehen und in verschiedenen Anwendungsfeldern der Psychologie ihre Heimat haben, so lassen sich doch – wie Sie vielleicht schon festgestellt haben – deutliche *Parallelen in der Ausformulierung psychischer Grundbedürfnisse* finden.

Was wäre entsprechend Ihr Extrakt aus diesem Kapitel, wenn Sie gefragt werden würden, was ein Mensch – psychologisch betrachtet – braucht?

4 Kulturelle Färbungen

Vielleicht erschien Ihnen die eine oder andere Theorie zu „westlich" oder „europäisch" und Sie haben Ihre (berechtigten) Zweifel daran, dass die ausgewählten und vorgestellten Ansätze auf alle Menschen auf dieser Erde in ihren unterschiedlichen Kulturkreisen anwendbar sind. Maslows Bedürfnispyramide sollte beispielsweise dahingehend hinterfragt werden, ob die von ihm aufgestellte Hierarchie von Bedürfnissen auf jeden Menschen übertragbar ist oder nicht kulturelle und kontextuelle Einflüsse psychische Grundbedürfnisse maßgeblich beeinflussen. Auch bezogen auf sog. Fähigkeitstests (*ability assessments*), beispielsweise Intelligenztests, hat Greenfield (1997) thematisiert, dass diese nicht valide sind, wenn nicht kulturübergreifend, kulturvergleichend, kultursensitiv vorgegangen wird.

Die *kulturvergleichende Perspektive* in der Psychologie geht inter-/transkulturellen Unterschieden nach, die als Ursachen und Folgen menschlichen Erlebens und Handelns in Frage kommen. Sie leistet damit einen wichtigen Beitrag, (westlich geprägte) Generalisierungen über menschliche Erfahrungen zu relativieren, weil diese der Vielfalt kultureller Einflüsse nicht gerecht werden. Insofern ist nahezu jede Form von psychologischer Forschung und Theoriebildung gehalten zu prüfen und anzugeben, auf wen sie sich wie und spezifisch vor dem Hintergrund welcher kulturellen Modelle bezieht. Auch die Art und Weise, wie Forschung und Theoriebildung vorangetrieben werden, sind als Ausdruck kultureller Regeln, Gewohnheiten und Werte zu interpretieren (und unterliegen Schwankungen auch innerhalb jener Kultur).

Ein Pionier der Beachtung des Einflusses soziokultureller Faktoren ist Lew Wygotzki (1896-1934), der sich insbesondere mit dem kulturellen Einfluss auf die kognitive Entwicklung und dem Verhältnis von Denken und Sprechen zueinander beschäftigt hat (Wygotzki/Vygotskij 1934/2002). Wygotzki betonte im Sinne des *sozialen Konstruktivismus* die Abhängigkeit der Entwicklung eines Menschen von den sozialen Anregungen seiner Umwelt. Entsprechend sind zwei Einflussfaktoren zu beachten (nach Mietzel 2002, S. 26): die *Kultur* als Trägerin gemeinsamer Werte und Überzeugungen, die über gemeinsame Wissensinhalte und Erfahrungen verfügt, die über Generationen weitergegeben werden, sowie der *Kontext*, in dem sich ein Mensch konkret befindet. Dieser soziale Prozess des Austausches, gelenkten Lernens und Entdeckens eines Menschen in „seiner" Kultur und „seinen" Kontexten wird als Ko-Konstruktion bezeichnet. Das hieß für Wygotzki, dass fast alle Kompetenzen in soziale Erfahrungen eingebettet sind und sozial gestützte Kompetenzen individuellen Kompetenzen ontogenetisch vorauslaufen. Alles, was wir können, müssen wir vorab mithilfe kompetenterer Interaktionspartner*innen eingeübt haben.

 *Welche Implikationen ergeben sich aus Wygotzkis Annahmen für Sie als Sozialarbeiter*in? Welche Überschneidungen sehen Sie zu den Annahmen von Bronfenbrenner?*

Wygotzki führte den Begriff der *Zone nächster Entwicklung* ein und meinte damit die Unterscheidung zwischen dem, was ein lernender Mensch aktuell verstehen oder tun *kann*, und dem, was er bei gebotener Unterstützung (z. B. durch einen Tutor, ein Elternteil, eine Lehrerin) verstehen oder tun *könnte*. Sie ist also oberhalb des aktuellen Entwicklungsniveaus angesiedelt und stellt den Bereich dar, den sich ein Mensch (Wygotzki bezog sich vor allem auf Kinder und die Rolle von Schule und Sprache bei der kognitiven Entwicklung) als nächstes aneignen wird und wobei er Schritte der Aneignung durchläuft – von der Bewältigung einer Aufgabe durch Instruktion mittels informeller sowie formeller Erziehung durch die jeweiligen *Kulturträger* hin zu ihrer selbständigen Meisterung.

 *Fallen Ihnen hierfür Beispiele aus Ihrer Biografie ein? Wann und wie haben Sie beispielsweise welche Sportart gelernt und sind Sie wie und durch wen an welche Bücher herangeführt worden?*

Flammer (2009, S. 235) geht in diesem Zusammenhang davon aus, dass wenn man diese Theorie auf die Sozialgeschichte anwende, man an der aktuellen Gesellschaftsstruktur die zu erwartende Entwicklung der Individuen, besonders der jungen, ablesen könne.

Beispiel 5

Zwei Elternbegleiterinnen bieten zusammen einen Kurs für junge Eltern aus verschiedenen Kulturkreisen an. Ziel des Kurses ist es, im Sinne „Früher Hilfen" einen Beitrag zur Förderung der Beziehungs- und Erziehungskompetenz der Eltern zu leisten. Dabei stellen sie fest, dass die Teilnehmenden mit ihren Babys zum Teil sehr ähnlich, zum Teil recht verschieden umgehen und unterschiedliche Erziehungsziele diskutieren. Manche wollen, dass ihre Babys möglichst schnell durchschlafen, damit sie selbst mehr zur Ruhe kommen und auch bald wieder mehr für sich machen können. Andere finden, dass es wichtig sei, dass die Kinder gut in der Familie aufgehoben und nicht allein sind. Manche legen viel Wert auf Blickkontakt, viel Anregung über Spielsachen und eine kindbezogene Sprache, andere mehr auf Körperkontakt, emotionale Wärme und die Vermeidung negativer Emotionen. Doch allen geht das Herz auf, wenn ihre Babys sie anstrahlen.

 *Wie können sich die beiden Elternbegleiterinnen einen begründeten und reflektierten Zugang zu diesen Beobachtungen legen?*

Keller & Kärtner (2013) postulieren auf der Grundlage zahlreicher kulturvergleichender Studien Autonomie und Verbundenheit als urmenschliche Bedürfnisse (vgl. Kap. 3) und kulturelle Werte. Als Ergebnis wurden Prototypen kulturbedingter Entwicklungspfade nachgezeichnet (Keller 2011), wonach manche Kulturen eher die Verbundenheit im Sinne *hierarchischer Relationalität* (bzw. Zusammengehörigkeit), andere eher die *psychologische Autonomie* ihrer Mitglieder in den Vordergrund rücken. Damit in Verbindung kann die Unterscheidung zwischen kollektivistischen und individualistischen Kulturen (vgl. Greenfield & Suzuki 1998) gebracht werden, wonach *kollektivistische Kulturen Bindung* stärker als Unabhängigkeit betonen, mehr Wert auf *Gehorsam und Respekt* legen, vor allem *soziale* Intelligenz (geschickte, einfühlsame Interaktion) fördern, woraus sich eher verbundenheitsorientierte Entwicklungspfade ihrer Mitglieder ergeben. *Individualistische Kulturen* stellen eher *Unabhängigkeit* als Entwicklungsziel in den Vordergrund, fördern Unabhängigkeit und *Durchsetzungsfähigkeit* der eigenen Meinung sowie insbesondere *technische* Intelligenz (Umgang mit Gegenständen, Begreifen funktioneller Zusammenhänge), woraus eher autonomieorientierte Entwicklungspfade ihrer Mitglieder resultieren. Dazwischen existieren auch Mischformen kultureller Modelle, beispielsweise autonom-relationale Muster, wonach sowohl die Autonomieförderung als auch gemeinschafts- und hierarchiebezogene Sozialisationsziele als bedeutsam erachtet werden (vgl. Keller 2011). „Um die Diversität menschlicher Lebensläufe mit den damit verbundenen Wertvorstellungen und Normorientierungen verstehen zu können, müssen wir sprichwörtlich vorne anfangen“ (Keller 2011, S. 4). Sie resümiert entsprechend aus entwicklungspsychologischer Perspektive, dass Unterschiedlichkeit auch Gleichwertigkeit bedeuten muss. Bezogen auf das Fallbeispiel könnten die Erziehungsbegleiterinnen also der These nachgehen, dass die Eltern, die stärker ihre Bedürfnisse thematisieren („selbst mehr zur Ruhe kommen“, „mal wieder was für sich machen wollen“) stärker individualistisch geprägt sind, und die Eltern, die die gute Aufgehobenheit in der Familie und das Nicht-Alleinsein betonen, eher kollektivistisch geprägt argumentieren.

Erkennen Sie in den im Beispiel beschriebenen elterlichen Vorgehensweisen Strategien, die Sie nach Keller & Kärtner (2013) eher einem Lehrlings- oder eher einem Gleichberechtigungsmodell zuordnen würden (vgl. Abb. 3, S. 42)?

Neben aller Unterschiedlichkeit gibt es jedoch auch *Gemeinsamkeiten* in der frühkindlichen Entwicklung. So gibt es viele Hinweise darauf,

- dass die *Vokalisation*, die von den jeweiligen Pflegeperson verwendet wird (vgl. Papoušek 1994), eine vergleichbare Sprechmelodik in unterschiedlichen Sprachen hat,

- dass das *Fremdeln* (sog. Achtmonatsangst; Sroufe 1977) in vielen Kulturen auftaucht (aber bei kollektiven Kulturen abgemildert ist, weil das Kind dort kaum Fremden begegnet),
- dass es ein universelles *Ausdrucksverhalten und -verständnis der Grundemotionen* wie Freude, Überraschung, Ärger, Furcht, Trauer, Verachtung, Ekel zu geben scheint (z. B. Ekman & Friesen 1986),
- dass das *Bindungsverhalten* (attachment; Bowlby 1969) zwischen Kind und Pflegeperson als liebevolles, zärtliches, nährendes Verhalten der Pflegeperson (Fürsorgeverhalten) überall zu beobachten ist (wenngleich bezüglich Interpretation und Umsetzung kulturelle Spezifika erkennbar sind) und
- dass die *sensumotorische Entwicklung* eines Kindes in den ersten 15 Lebensmonaten, gedacht in kontinuierlichen, gerichteten Stufen der Abfolge, kulturell übergreifend vonstattengeht (es jedoch Unterschiede im Zeitpunkt der Einzelleistungen einer Entwicklungsstufe in Abhängigkeit von der kulturellen *Entwicklungsnische* gibt).

Ebenso wird im Sinne „biologischer Prädisposition" ein universelles psychosoziales Repertoire auf Seiten der Eltern angenommen: Dazu zählen ein stark verbreitetes Interesse an Babys und die Motivation, sich um sie zu kümmern, sowie die Fähigkeiten zur Kommunikation (vgl. Grußgesicht, Babytalk, intuitive Didaktik), zum Trostgeben (Responsivität) und zur Stimulation.

Festzuhalten bleibt abschließend, dass Kultur zu verstehen ist als „von Personen geteilte Deutungs- und Verhaltensmuster, die an ökonomische und soziale Ressourcen des Kontextes, in dem Menschen leben, angepasst sind." (Borke, Döge & Kärtner 2011, S. 10) und sich somit in den jeweiligen Kontexten als sinnvoll erwiesen haben. Damit ist Kultur weder statisch noch mit beispielsweise Herkunftsland, Religion oder Ethnie gleichzusetzen und sind kultursensitive Betrachtungen bei nahezu jedem psychologischen Aspekt des Erlebens und Verhaltens als „Querschnittsthema" unabdingbar.

Menschen entwickeln sich in sog. *Entwicklungsnischen* (Super & Harkness 1986), die gekennzeichnet sind durch

- *Settings* (z. B. Kita, Schule, Sportverein, Arbeitswelt), wobei ein Mensch stets mehreren Settings angehört,
- *Erziehungspraktiken* (formell z. B. in der Schule und informell, z. B. in der Familie) und
- *intuitive Erziehungstheorien* der Sozialisator*innen (als persönliche Überzeugungen über Entwicklung und Erziehung in Form sog. Ethnotheorien als Wissensbestand einer Kultur sowie Resultat eigener Konstruktionsbemühungen, beeinflusst durch Schulbildung und persönliche Erfahrung).

Lehrlingsmodell	BILD VOM KIND	Gleichberechtigungsmodell
- Verbundenheit relationale Zugehörigkeit - Soziale Kompetenzkonzepte Respekt, Gehorsam, Hilfsbereitschaft	**Sozialisationsziele**	- Unabhängigkeit psychologische Autonomie - Individuelle Kompetenzkonzepte: Selbständigkeit, Selbstbewusstsein
- Physische Reife - Soziale Kompetenz	**Bevorzugte Kompetenzen**	- Kognitive Reife - Abstrakte technologische Intelligenz
- Vertikal (hierarchisch gegliedert) Kind als Lehrling	**Art der Wissensvermittlung**	- Horizontal (auf gleicher Ebene) Kind als gleichberechtigter Interaktionspartner
- Physische Nähe, Körperkontakt - Emotionale Wärme - Lenkung und Leitung - Gehorsam	**Bevorzugter Sozialisationskontext**	- Blickkontakt - Kindbezogene Sprache - Objektspiel - Bezogen auf kindliche Initiativen
eher verbundenheitsorientierte Entwicklungspfade der Kinder	**FOLGE**	eher autonomieorientierte Entwicklungspfade der Kinder

Abbildung 3: Lehrlings- und Gleichberechtigungsmodell vom Kind (vgl. Keller 2011)

Das heißt, in diesen Nischen wird Kultur an ein Individuum weitergegeben, sie sind jeweils offene Systeme und stehen in Wechselwirkung zu anderen externalen Systemen. Mit fortschreitender Entwicklung wandeln sich Entwicklungsnischen, die zentralen Werte einer Kultur sorgen jedoch für Kontinuität über den ökologischen Wechsel hinweg. Entsprechend aufschlussreich erweist sich also stets eine kurze Recherche, aus welchem Kulturkreis die jeweils vorgestellten Theoretiker*innen selbst stammen und in welchen Kontexten sie geforscht haben.

Wie würden Sie entsprechend die Kultur, in der Sie aufgewachsen sind (Enkulturation als Hineinwachsen in eine Kultur, vgl. Oerter 2008, S. 91), und Ihre aktuelle Entwicklungsnische, in der Sie momentan leben, beschreiben? Inwiefern unterliegen Sie Akkulturationsprozessen, d. h. einem Wandel ursprünglicher kultureller Entwicklungsmuster infolge dauerhafter Kontakte mit neuen kulturellen Gruppen („sekundäre Enkulturation")? Welche inhaltlichen Bezüge können Sie zur systemökologischen Konzeption von Bronfenbrenner (vgl. Kap. 2) herstellen?

5 Zusammenfassung: Perspektiven und Einordnungshilfen

Sie haben sich in diesem Kapitel in vier wichtige Querschnittsthemen der Psychologie eingearbeitet, die – weil sie Querschnittsthemen sind – in den folgenden Kapiteln an verschiedenen Stellen erneut auftauchen werden, dann allerdings mit stärkerem Bezug zum jeweiligen Thema des Buchabschnitts (B bis E). Abbildung 4 (S. 44) soll noch einmal veranschaulichen, wo diese vier Querschnittsthemen im 4+1-Modell (vgl. Einführung) verortet werden können und *dass* sie Querschnittsthemen sind.

*Versuchen Sie abschließend, die vorgestellten Fallbeispiele in das Modell „hineinzudenken". Hierfür gibt es keine Musterlösungen, sondern verschiedene Varianten – auch weil Sie sich entweder auf die Sozialarbeiter*innen und deren Überlegungen oder die beschriebenen Menschen, denen Sie begegnen, konzentrieren können. Die Ausfüllung dieser Varianten (aktuelles Verhalten) hängt im Übrigen auch ab von Ihnen selbst als Individuum mit Ihrer bisherigen Entwicklung, Ihren aktuellen inneren Prozessen, umgeben von spezifischen situativen und interpersonellen Faktoren …*

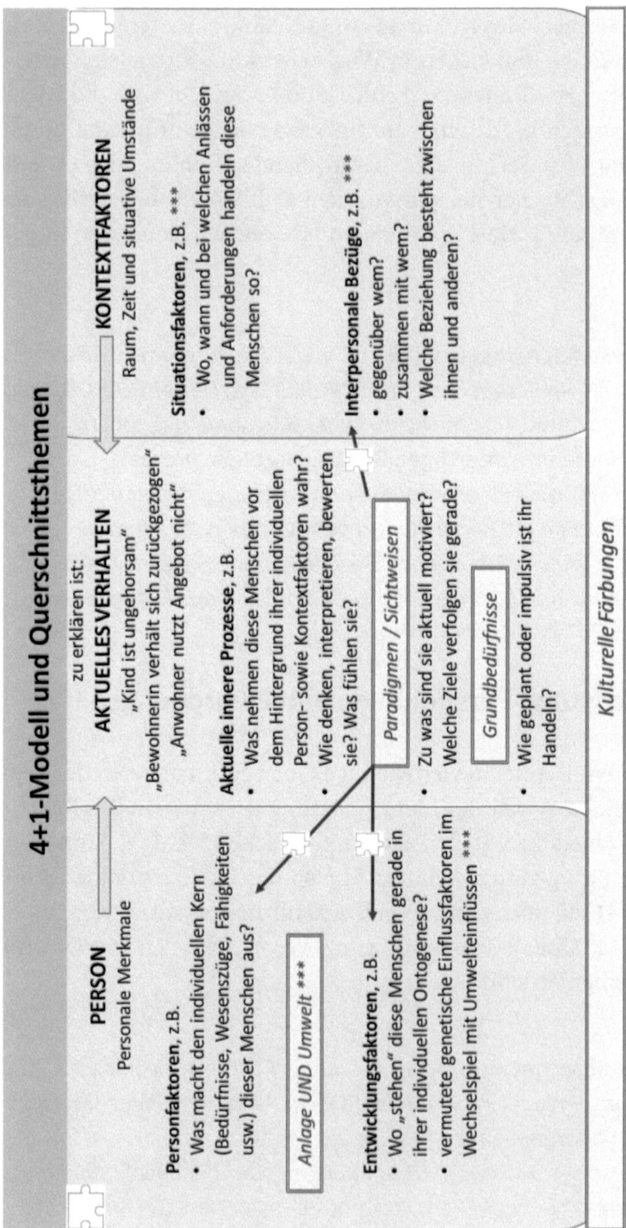

Abbildung 4: Einordnung der Querschnittsthemen im 4+1-Modell (vgl. Nolting & Paulus 2018, S. 275)

Teil B

Sozialarbeiter*innen arbeiten mit sich ständig entwickelnden Menschen

6 Was ist Entwicklung?

In diesem Teil des Buches soll der Tatsache nachgegangen werden, dass Menschen sich in ihrem Leben entwickelt haben, aktuell entwickeln und weiterentwickeln werden. Entsprechend wird im Folgenden einer der grundlegenden Aspekte des psychischen Systems aus dem 4+1-Modell aufgegriffen (vgl. Nolting & Paulus 2018), welches bereits in der Einführung angesprochen wurde, nämlich die ontogenetische Entwicklung eines Menschen. Mit *Ontogenese* ist in diesem Zusammenhang die Entwicklung eines Individuums von der Eizelle bis zum Tod gemeint.

In der Psychologie befasst sich damit insbesondere die Entwicklungspsychologie als Grundlagenfach, aber auch Anwendungsfächer, wie die Klinische Psychologie oder die Pädagogische Psychologie. Die *Entwicklungspsychologie* beschäftigt sich dabei mit *intraindividuellen Veränderungen des Verhaltens und Erlebens über die menschliche Lebensspanne* sowie mit *interindividuellen Unterschieden der intraindividuellen Veränderungen* (vgl. Wilkening et al. 2013, S. 27). Damit ist gemeint, dass sowohl die Entwicklung „innerer Vorgänge" (z. B. das Denken und Erleben) einzelner Menschen betrachtet werden kann als auch die Diversität von Entwicklungsverläufen unterschiedlicher Menschen (z. B. warum sich die Kinder in einer Klasse unterschiedlich entwickelt haben). Somit kann die Entwicklungspsychologie der Sozialen Arbeit in vielschichtiger Weise Begründungswissen an die Hand geben, denn sie beschäftigt sich (nach Mietzel 2002) sowohl mit der *Beschreibung* von Veränderungen im individuellen Lebenslauf (z. B. der Beschreibung der Entwicklung des Bindungsverhaltens in den ersten zwei Lebensjahren, vgl. Bowlby 1969), dem *Studium* verschiedener Bereiche in der Entwicklungspsychologie (z. B. biosozialer, kognitiver, psychosozialer Bereich), der *Erklärung* von Unterschieden in der Entwicklung (z. B. mit Blick auf Lebenserfahrungen wie sog. „kritische Lebensereignisse", vgl. Filipp & Aymanns 2018) als auch der *Optimierung* von Entwicklungsverläufen durch Ansätze zur Förderung von Entwicklung, Prävention und Behandlung von Entwicklungsstörungen (vgl. Petermann et al. 2004).

Wann würden Sie sagen, dass ein Mensch sich „ent-wickelt" (hat) und was wären für Sie Indikatoren, dass keine Entwicklung stattfindet?

Die Frage, was *Entwicklung* ist, wird in der Entwicklungspsychologie unterschiedlich beantwortet. Flammer (2009) diskutiert verschiedene Ansätze und legt dabei dar, welche Perspektive hierbei eingenommen wird: Entwicklung kann aufgefasst werden als

(1) Abfolge *alterstypischer Zustandsbilder* (als Beschreibung von sich ablösenden Zuständen, die sich aus Etappen des Lebensalters ergeben, z. B. das „Jugendalter"),
(2) *jede* Form von *Veränderung* menschlicher Fähigkeiten, Gewohnheiten, Werte usw. (als Betonung der *Dynamik* des Entwicklungsgeschehens, die in Verbindung mit Lernen gesehen werden müsse),
(3) *Reifung* (im Sinne einer vor allem organisch-biologisch gesteuerten Veränderung),
(4) *Veränderung zum Besseren oder Höheren* (im Sinne einer gerichteten, eher quantitativen, aber letztendlich zielfreien Entwicklung),
(5) *qualitative Veränderung* (als *strukturelle* Veränderung, die durch eine Weiterentwicklung der Organisation einzelner und mehrerer spezieller Elemente, wie Kompetenzen, Ansichten, Präferenzen, zustande käme),
(6) *universelle Veränderungen* (mit dem Anspruch, dass alle Menschen aller Kulturen und Kontexte die gleichen Entwicklungsveränderungen durchlaufen bzw. mit einer Sicht auf universelle Prozesse, wie den Muttersprach-erwerb) sowie
(7) als *Sozialisation* (mit Fokus auf die institutionellen Aspekte des Lebenslaufs und Prozesse der Integration in gesellschaftliche Strukturen).

Jede dieser Perspektiven betont unterschiedliche Aspekte des Entwicklungsgeschehens, daher dürfte eher eine „sowohl als auch"-Betrachtung fruchtbar sein als eine „entweder – oder"-Sichtweise. Flammer (2009, S. 22) resümiert, Entwicklung umfasse *alle nachhaltigen Veränderungen von Kompetenzen.* Das seien sowohl die einzelnen Veränderungen als auch jene kurzzeitigen Veränderungen, die weitere nach sich ziehen. Oerter & Montada (2008, S. 960) postulieren, dass diese Veränderungen *universell, differentiell oder individuell* sein können, d. h. mitunter für alle Menschen gelten können, für einzelne Personengruppen oder lediglich bei Einzelpersonen festzustellen sind. Wilkening et al. (2013, S. 20) fassen Entwicklung als ein *lebenslanges Zusammenspiel von Gewinnen (Zuwachs) und Verlusten (Abbau)* auf.

Welche Aspekte sind in Ihren Vorstellungen zur Frage, was menschliche Entwicklung ist, aufgetaucht? Passen Ihre Vorstellungen zu den gemachten Ausführungen?

So oder so ist die Frage nach den *Einflussfaktoren auf Entwicklung* nicht unerheblich von den in Teil A beschriebenen Themen tangiert: *Endogenistische Ansätze* betonen mehr den anlagebedingten Einfluss auf Entwicklung und das Ausmaß genetisch vorbestimmter Entwicklungsverläufe, die vor allem dem Konzept der Reifung folgen. *Exogenistische Ansätze* betonen den umweltseitigen Einfluss auf die menschliche Entwicklung und sind damit dicht am Themenkomplex Sozialisation dran, verknüpft mit Konzepten wie Kontext und Kultur. In diesem Zusammenhang wird häufig übersehen, dass neben endogenen und exogenen Einflussfaktoren auch *autogene Faktoren* eine erhebliche Rolle spielen, d. h. die verschiedenen Möglichkeiten der individuellen Selbststeuerung der eigenen Entwicklung. Geht man von einem seine Entwicklung und dynamische Umwelt aktiv gestaltenden Subjekt aus, kommen sogenannte *interaktionistische Ansätze*, die dynamische, reziproke Wechselwirkungen betrachten, hinzu. Köckeritz (2004) fasst entsprechend *Entwicklung als Anpassungsprozess, als Aufgabe und als Selbstentwicklung* auf. Bezogen auf den letzten Punkt soll Entwicklung noch einmal explizit als subjektives Geschehen gewürdigt werden, bei dem der Mensch als selbstreflexives Wesen sich zu seiner Umwelt und sich verhalten kann, also auch als Produzent seiner Entwicklung aufzufassen ist. Im Zusammenhang mit kritisch-psychologischen Diskursen (u. a. Holzkamp 1973) wurde hierzu herausgearbeitet, dass die Art der Wahrnehmung, Erkenntnis, Bewertung und Motivation eines sich entwickelnden Menschen ein proaktiver Aneignungsprozess ist, der im Sinne personaler Handlungsfähigkeit fungiert und auf die Sicherung der individuellen Existenz unter den konkreten Lebensbedingungen (und ihren Beschränkungen) abzielt. Menschen entwickeln sich in individuellen Lebensentwürfen als für sie sinnhaft bezogen auf die jeweiligen (auch nicht) sozialen Lebensbedingungen.

Dass Entwicklung nur unter Betrachtung des Wechselspiels *biopsychosozialer Einflussfaktoren* und *proaktiver Person-Umwelt-Interaktionen* zielführend definierbar ist, soll am Beispiel des *Lernens* illustriert werden. Dabei kann Lernen aufgefasst werden als „ein erfahrungsbasierter Prozess, der in einer relativ überdauernden Veränderung des Verhaltens oder Verhaltenspotenzials resultiert" (Bredenkamp & Bredenkamp 1991, S. 609; Zimbardo & Gerrig 2004, S. 243). Jeder Mensch bringt die Anlage mit, lernen zu können (universelle Prämisse). Auch die beschriebenen grundlegenden Lernprozesse (klassische Konditionierung, operante Konditionierung, sozialkognitives Lernen am Modell) dürften recht generalisierbar sein. Was ein Mensch aber wann und wie in seinem Leben lernt und welche *Kompetenzen* er damit entwickelt, hängt von den kulturellen und kontextuellen Rahmungen bzw. *Entwicklungsnischen* ab, innerhalb derer er sich entwickelt. Das heißt, die individuelle Entwicklung eines Menschen (z. B. eines Kindes, das nicht mehr zur Schule gehen möchte, oder eines jungen Mannes, der sich trotz familiärer Einbettung sehr einsam fühlt und depressiv wird) kann nicht hinreichend „verstanden" werden, wenn die wechselseitig-dynamische Einbettung in seinen Kontext und seine Kultur übersehen werden. Entsprechend sind hier im Sinne transdisziplinärer Überlegungen gedankliche Verlinkungen zu den in der Sozialen Arbeit einschlägigen Konstrukten *Lebenslage* als ökonomische, soziale und kulturelle Ausgangssituation für die Entwicklung eines Menschen (vgl. Böhnisch 2011) und *Lebenswelt* als die gegebenen Lebensverhältnisse und die alltäglichen Erfahrungen im Rahmen dieser Verhältnisse (vgl. Thiersch et al. 2010) angezeigt.

Entwicklung wird beeinflusst durch drei Einflussfelder (vgl. Baltes 1990; Staudinger 2007):

(1) *altersgebundene Einflüsse*, d. h. biologische und umweltbezogene Determinanten, die zum einen in einem engen Zusammenhang mit dem chronologischen Alter stehen und deshalb in ihrer zeitlichen Abfolge gut vorhersehbar sind und zum anderen für die meisten Individuen ähnliche Einflussrichtungen aufweisen (z. B. biologische Reifung und altersgestufte Sozialisationsereignisse, beispielsweise die Einschulung),

(2) *geschichtliche/kulturwandelgebundene Einflüsse*, d. h. Faktoren, die in Abhängigkeit von der historischen Entwicklung zu sehen sind, wie längerfristige Entwicklungen (z. B. Auswirkungen der Wiedervereinigung in Deutschland) und eher periodenspezifische Ereignisse (z. B. Kriege), und

(3) *nichtnormative Einflüsse*, deren spezifische Kennzeichen ihres Auftretens, ihres Auftretensmusters und ihrer Abfolge kaum auf die meisten Individuen übertragbar sind und keinem generellen und vorhersagbaren Verlauf folgen (z. B. Unfälle oder Erkrankungen als sog. kritische Lebensereignisse, Filipp & Aymanns 2018).

Entsprechend kann die Lernbiografie eines Menschen auch unter diesen Annahmen begründet und reflektiert werden: In bestimmten altersbezogenen Lebensabschnitten fallen Lernangebote auf mehr oder weniger fruchtbaren Boden (vgl. 1), Menschen machen in unterschiedlichen historischen Abschnitten unterschiedlichste Lernerfahrungen, z. B. weil kriegsbedingt keine Schule stattfand oder weil sich – beispielsweise (auch) im Zuge der Auflösung des DDR-Schulsystems – die Auffassungen, wie „richtige Pädagogik" vonstattengeht, wandeln (vgl. 2) und/oder sie in verschiedenen Schulsystemen beschult wurden, ihre Eltern oder deren wechselnde Partner andere Auffassungen darüber herantragen, wie wichtig Aus-/Bildung ist, oder sie eine besonders engagierte, motivierende Klassenlehrerin hatten und zufällig im Ferienlager auf ein jahrelang beflügelndes Buch gestoßen sind (vgl. 3).

Welche besonderen, alters- und kulturwandelgebundenen Einflüsse haben Ihre Lernbiografie maßgeblich beeinflusst?

Wer oder was die Entwicklung beeinflusst, lässt sich auch über die in Teil A skizzierten verschiedenen Paradigmen unterschiedlich beantworten: *Tiefenpsychologische Ansätze* fokussieren entsprechend auf die Bedeutung frühkindlicher Erfahrungen und unbewusster Prozesse für die Entwicklung. *Lerntheoretische/behavioristische Ansätze* würden Entwicklung explizit mit Lernprozessen verknüpfen. *Konstruktivistische Ansätze* würden autogene Faktoren besonders hervorheben und den sich entwickelnden Menschen als aktiv konstruierendes Wesen verstehen, das sich durch Assimilation und Akkomodation kognitiv und in Auseinandersetzung mit der Umwelt entwickelt. *Humanistische Ansätze* würden ebenfalls autogene Faktoren unterstreichen und davon ausgehen, dass sich Organismen von selbst entwickeln durch den Drang des Lebens nach Entfaltung, wobei der Mensch selbst „weiß", in welche Richtung seine Entwicklung verlaufen soll. *Systemische Ansätze* würde die sozialen Systeme, in denen ein Mensch aufwächst (meist das Familiensystem) und sich später als erwachsener Mensch „aufhält" (z. B. ursprüngliches und aktuelles Familiensystem, Paarbeziehung, Sozialbeziehungen und Netzwerke) als Ganzes betrachten, in dem das sich entwickelnde Individuum nur *ein* Teil von mehreren Teilen ist, die sich miteinander „ausbalancieren".

Hinzu kommen im Sinne biopsychosozialer Betrachtungsansprüche die weniger genuin psychologischen Zugänge: *biologisch-reifungstheoretische Sichtweisen*, die Entwicklung unter Rückgriff beispielsweise auf die Verhaltensgenetik (Vererbbarkeit menschlicher Verhaltensmerkmale), die Ethologie (vergleichende Verhaltensforschung in der Tradition Darwins) und Soziobiologie (Biologie des Sozialverhaltens) zu erklären versuchen, sowie *soziokulturelle und gesellschaftlich-soziologische Sichtweisen*, die menschliche Entwicklung im Wechselspiel mit soziokulturellen Einflussfaktoren und innerhalb verschiedenster Systemebenen als Kontexte und Kulturen beschreiben. Entsprechend kommen die Sichtweisen auch zu unterschiedlichen Schlussfolgerungen, was ein Mensch braucht (vgl. Kap. 3), um sich „gut" entwickeln zu können. Eine sozialpädagogische Einrichtung würde Interventionen unterschiedlich gewichten, je nachdem ob sie diese beispielsweise eher tiefenpsychologisch, eher verhaltenstheoretisch, eher humanistisch und/oder eher systemisch begründet sowie reflektiert und mit Blick auf konkrete Situationen rechtfertigt.

7 Life-Span-Development

Neben den im vorherigen Kapitel beschriebenen verschiedenen Zugängen zur Frage, wie menschliche Entwicklung definiert werden kann und von welchen Einflussgrößen auszugehen ist, hat sich seit den 1990er Jahren die Perspektive der „Lebensspannenpsychologie" (*life-span-development*) als allgemein anerkannte Metatheorie etabliert und soll im Folgenden entsprechend vorgestellt werden.

Beispiel 6

Sie arbeiten in einem offenen Jugendtreff und bekommen ein Gespräch zwischen den jugendlichen Besucher*innen mit. Lukas verkündet, jung sein sei toll. Es würde ständig bergauf gehen, man erlebe so viel und lerne immer wieder dazu. Ihm graue es vor dem Älterwerden, schon seine Eltern wären im „totalen Stillstand" und entwickeln sich überhaupt nicht weiter. Im Grunde genommen müsste man alles bis 40 „gerissen" haben, danach ginge es bergab. Tom, der gerade die Realschule abgebrochen hat, sagt, bei ihm ginge es schon jetzt bergab. Jenny, deren Großmutter gerade einen Herzschrittmacher bekommen und sich dazu noch verliebt hat, äußert Zweifel an Lukas' Thesen, weil sie findet, dass ihre Oma gerade „voll aufblühe".

 *Ihr Kollege fragt Sie auf dem Nachhauseweg, was Sie den Jugendlichen zu dem Thema „lebenslange Entwicklung" sagen würden.*

Einige der Argumente können Sie bereits mithilfe der in Kapitel 5 gemachten unterschiedlichen Ausführungen einordnen und zu Ihrer eigenen Auffassung in Beziehung setzen. Wovon geht darüber hinaus der Lebensspannenansatz aus? Zunächst einmal erkennt er explizit an, dass hingegen früherer Auffassungen Entwicklung nicht mit dem Eintritt ins Erwachsenenalter aufhört, sondern lebenslang geschieht. Dabei wird von folgenden Prämissen ausgegangen (Baltes 1990): Ontogenetische Veränderungen sind *multidirektional* und *multidimensional* zu betrachten. Es gibt dabei *altersabhängige und altersunabhängige Entwicklungsfaktoren* und es ist von einem *ständigen, dynamischen Wechselspiel zwischen Wachstum (Gewinn) und Abbau (Verlust)* auszugehen. Entwicklung muss *historisch und strukturell-kontextuell eingebettet* betrachtet und dabei die hohe Spannbreite der *intraindividuellen Plastizität* (Veränderbarkeit) *von Entwicklungsprozessen* berücksichtigt werden. Entwicklung über die Lebensspanne ist demnach ein Ensemble von biologischen, psychischen und sozialen Prozessen, wobei das „Entwicklungssubjekt" diesen Prozessen teils passiv ausgesetzt ist, teils – im Laufe seiner Entwicklung in zunehmendem

Maße – bewusst und gezielt Einfluss auf den Ablauf seiner Entwicklung nimmt (Brandtstädter 2007a, S. 34). Darüber hinaus ist *Entwicklung als Handlungsergebnis und Widerfahrnis* zu verstehen, d. h. dass sich im gesamten Lebenslauf erwünschte und unerwünschte, kontrollierte und unkontrollierte, vorhergesehene und unvorhergesehene Ereignisse mischen und Entwicklungsveränderungen in verschiedenen Funktionsbereichen stets Gewinne und Verluste implizieren. Der Versuch, diese Bilanz günstig zu gestalten, ist wesentliches Grundmotiv menschlicher Lebensaktivität. Auch wird *Entwicklung als reflexiver, selbstreferentieller Prozess* beschrieben, womit gemeint ist, dass sich in der Ontogenese Handlungs- und Reflexionspotenziale entwickeln, die selbst wiederum als gestaltende Faktoren auf die ontogenetischen Prozesse zurückwirken (Brandtstädter 2007, S. 57ff).

Bezogen auf das Fallbeispiel lässt sich also unter Rückbezug auf den Lebensspannenansatz festhalten, dass Lukas' Einschätzung vom „Abstieg ab 40" nicht zutrifft, mindestens unter Rückbezug auf die lebenslange *Multidirektionalität* (Zugewinne *und* Verluste) und *Multidimensionalität* (biologische, soziale *und* psychische Aspekte) von Entwicklung zu konkretisieren wären: Womit ginge es in welcher Dimension „bergab" (als Verlust)? Gehen mit bestimmten Verlusten auch Gewinne (mitunter auf anderen Dimensionen) einher und geschehen parallel dazu? Die Entwicklung von Jennys Großmutter gibt hierzu Hinweise: Der biologisch bedingte Verlust der vollen Funktionsfähigkeit des Herzens wird über einen Herzschrittmacher kompensiert und führt so zu neuer Lebensqualität und Entwicklungsmöglichkeiten. Ob die Veränderung in der sozioemotionalen Entwicklung (Verliebtsein) damit im Zusammenhang steht, davon unabhängig oder Ursache oder Folge ist, kann natürlich in der Kürze des Fallbeispiels nicht geklärt werden. Rückschlüsse auf die *Plastizität* menschlicher Entwicklung sind jedoch naheliegend. Tom beschreibt – im Zusammenhang mit einem nichtnormativen Lebensereignis (Realschulabbruch) – pauschal seine aktuelle Entwicklung unter der Wahrnehmung von „Verlusten". Es wird sich zeigen, welche Handlungs- und Reflexionspotenziale er bereits besitzt oder dadurch entwickelt, die seine weitere Entwicklung beeinflussen. Der Lebensspannenansatz würde jedenfalls nicht pauschal von einem „bergab" ausgehen, sondern annehmen, dass Tom zugleich auch „Gewinne" verzeichnen kann und im Sinne intraindividueller Plastizität viele Optionen für Entwicklungsprozesse zur Verfügung hat.

Wie würden Sie Ihren eigenen aktuellen Entwicklungsstand zusammenfassend auf die Lebensspannenperspektive beziehen? Warum sind die beschriebenen Annahmen so einschlägig für die Soziale Arbeit?

8 Entwicklungsaufgaben

Köckeritz (2004) hat als Überlegung vorgestellt, neben psychobiologischer Anpassung und subjektiver Selbstentwicklung *Entwicklung auch als Aufgabe* aufzufassen. Menschliche Entwicklung kann *als Abfolge von Herausforderungen*, denen es sich zu stellen gilt, betrachtet werden. Diese Herangehensweise beinhaltet eine Vorstellung von Veränderungen, die in Abhängigkeit vom Lebensalter bzw. damit zusammenhängenden internen (z. B. hormonellen) und externen (z. B. Berentung) Änderungsbedingungen auf einen Menschen zukommen. Wilkening et al. (2013, S. 174) haben Entwicklungsaufgaben definiert als altersspezifische Anforderungen, deren erfolgreiche Bewältigung zu Zufriedenheit und zu Erfolg bei späteren Aufgaben führt, während Misserfolg zur Unzufriedenheit des Individuums, der Missbilligung der Gesellschaft und Schwierigkeiten mit späteren Aufgaben führt. Die Vorstellungen darüber, welche Entwicklungsaufgaben Menschen zu erfüllen haben, speisen sich aus *drei Quellen*:

(1) physische Reife (individuelle Leistungsfähigkeit),
(2) kultureller Druck (Erwartungen der Gesellschaft) und
(3) individuelle Zielsetzungen oder Werte.

Welche Entwicklungsaufgaben meistern Sie aktuell und aus welchen Quellen speisen sie sich?

Beispiel 7

In Ihrem Träger ist eine Stelle für eine*n Sozialarbeiter*in neu zu besetzen und Sie sind mit im Team, das die Bewerbungsunterlagen sichtet. Dabei fällt Ihnen die Bewerbung von Herrn Sommer (43 Jahre) in die Hände, aus der (unter anderem) folgende Informationen zur Biografie hervorgehen: Realschulabschluss, abgebrochene Erzieherausbildung, 15 Jahre in Israel in einem Kibbuz gelebt, zurück nach Deutschland, Abitur auf dem zweiten Bildungsweg, Lehramtsstudium abgebrochen, Studium der Sozialen Arbeit mit „sehr gut" abgeschlossen (mit 40 Jahren), homosexuell, Vater von 2 Kindern in Israel (15 und 13 Jahre), Lebensunterhalt bislang als Verkäufer von Töpferwaren und Teilzeit in einem Schulhort als Erzieher sowie als Schulsozialarbeiter bestritten, lebt bei Berlin in einer Künstlerkommune und veröffentlicht regelmäßig Essays zum Thema „Identitätsarbeit als Lebensaufgabe".

Hat Herr Sommer aus Ihrer Sicht seine bisherigen Entwicklungsaufgaben „angemessen gemeistert"?

Havighurst (1900-1991) entwickelte das Konzept der Entwicklungsaufgaben bereits in den 1940er Jahren, um zu beschreiben, womit sich Personen zu einem bestimmten Zeitpunkt oder in einer bestimmten Phase ihres Lebens beschäftigen (müssen) (Havighurst 1972). Auch er ging schon davon aus, dass die erfolgreiche Bewältigung altersgebundener Aufgaben zentral für eine erfolgreiche Entwicklung ist, und nahm ein Stufenmodell an, in dem die von ihm beschriebenen Entwicklungsaufgaben unumkehrbar hierarchisch aufeinander aufbauen würden. Da Entwicklungsaufgaben sich, wie eingangs erwähnt, auch aus gesellschaftlichen Erwartungen und entsprechenden soziokulturellen Normen speisen, unterliegen sie historischen und kulturellen Veränderungen. Was Havighurst in den 1940er bis 1970er Jahren als Entwicklungsaufgaben ansah, würden heute viele Menschen nicht unbedingt teilen. So formulierte er beispielsweise für das frühe Erwachsenenalter (23-30 Jahre) folgende vier Entwicklungsaufgaben: Heirat, Geburt von Kindern, Arbeits-/Berufsleben bewältigen und Lebensstil finden. Settersten & Hagestad (1996a, 1996b) stellten empirisch trotzdem fest, dass (zumindest innerhalb des nordamerikanischen Kulturkreises, in dem sie befragten) ein hoher Konsens herrschte, wann Personen bestimmte Entwicklungsaufgaben erreicht haben sollen, nur dass das Ausmaß der Übereinstimmung der altersbezogenen Erwartungen je nach Aufgabe variierte, die Reihenfolge für Männer und Frauen jedoch nicht unterschiedlich war. Für das mittlere Erwachsenenalter (31-50 Jahre) beschrieb Havighurst drei wesentliche Entwicklungsaufgaben: Heim und Haushalt führen, Kinder aufziehen und die berufliche Karriere verfolgen. Bezogen auf das Fallbeispiel kann Herr Sommer zwar keinen „klassisch hierarchischen Aufbau" der Bewältigung der Entwicklungsaufgaben nachweisen, da er einige Entwicklungsaufgaben „off-time" (vgl. Neugarten 1972) gemeistert hat. Dennoch scheint er die meisten Entwicklungsaufgaben wahrzunehmen oder wahrgenommen zu haben.

Havighurst fasste unter „hohem Erwachsenenalter" Menschen ab 51 Jahren und älter und formulierte als Aufgaben: Energien auf neue Rollen lenken, Akzeptieren des eigenen Lebens und eine Haltung zum Sterben finden. Damit ging er vergleichsweise undifferenziert vor, was – in Anbetracht der *heutigen* Lebenserwartung in Deutschland – nicht so recht zum Lebensspannenansatz passt, der auch unter gerontopsychologischer Perspektive mindestens ein „junges Alter" (ca. ab Berentung) und ein „hohes Alter" (ca. ab 80/85 Jahren als sog. Hochaltrigkeit) unterscheidet, schließlich sind diesbezüglich schon allein wegen der langen Zeitspanne von bis zu 4 Jahrzehnten erhebliche biopsychosoziale interindividuelle Verläufe festzustellen (vgl. Baltes & Smith 2003).

Einen etwas anderen Zugang der Beschreibung, wie Menschen sich den Herausforderungen des Lebens stellen müssen, hat Erikson (1902-1994) gewählt. Er beschrieb die lebenslange psychosoziale Entwicklung eines Menschen anhand von acht Stufen, die durch unterschiedliche *Entwicklungskrisen* gekennzeichnet sind (Erikson 1982): (1) Vertrauen vs. Misstrauen im 1. Lebensjahr, (2) Autonomie vs. Selbstzweifel im 2.-3. Lebensjahr, (3) Initiative vs. Schuld im 4.-5. Lebensjahr, (4) Kompetenz vs. Minderwertigkeit vom 6. Lebensjahr bis zur Pubertät, (5) Identität vs. Rollendiffusion in der Adoleszenz (Jugendalter), (6) Intimität vs. Isolierung für junge Erwachsene, (7) Generativität vs. Stagnation für mittlere Erwachsene und (8) Ich-Integrität vs. Verzweiflung für ältere Erwachsene. Man kann also bei dieser Theorie sagen, dass sie eine frühe Variante einer Lebensspannenperspektive darstellt. Erikson verfasste seine Theorie in Fortsetzung der psychoanalytischen Theorie der psychosexuellen Phasen (oral – anal – phallisch – Latenz – genital) von Freud (1940/1994), allerdings mit einigen bedeutsamen Unterschieden: Während Freud die Entwicklung des Menschen durch *Es*-gesteuerte Triebwünsche angetrieben sah, nahm Erikson eine Umformulierung durch die Aufnahme psychosozialer Komponenten vor, indem er die verschiedenen Phasen mit spezifischen sozialen Interaktionen des Ich in Beziehung setzte. Ferner erweiterte er Freuds fünfstufiges Phasenmodell, das bis zur Pubertät ausformuliert ist, um drei weitere Stufen und damit auf den gesamten Lebenslauf. Die als gegensätzlich beschriebenen Pole beschreiben dabei Reaktionstendenzen als Ausdruck der Auseinandersetzung des Ichs mit den Herausforderungen der externen Realität. Menschen müssen also nach Erikson im Laufe ihres Lebens diese acht Entwicklungskrisen bewältigen. Wie eine erfolgreiche Bewältigung einer Krise im Einzelfall aussieht, fiel selbst Erikson nicht so einfach zu beschreiben, sodass er eher von einem Verhältnis zwischen geglücktem und nicht geglückten Anteilen sprach. Wäre das Gleichgewicht eher in Richtung zum Positiven (d. h. die jeweils erstgenannten Begriffe) geneigt, wären die Chancen für eine Überwindung späterer Krisen und eine ungehinderte Gesamtentwicklung günstiger (Erikson 1982). Dabei ging er von einer Invarianz der Stufenfolge aus, die einem sog. epigenetischen (hier gemeint als: vorgeordneten) Programm folge. Ferner befand er, dass seine Stufen universell seien. Hierfür führte er selbst zahlreiche interkulturelle und historische Untersuchungen durch, im Rahmen derer er feststellte, dass die (universell gleichen) Stufen durch unterschiedliche Erziehungsstile zu unterschiedlich gewichteter Bearbeitung der Krisen zu führen scheinen (vgl. Erikson 1984). Flammer (2009, S. 108) stellt die Frage, ob Erikson folgend der Mensch immer in der Krise sei. Er spricht sich für eine alternative Bezeichnung der von Erikson beschriebenen Krisen als *Lebensthemen* aus, die als Herausforderungen (Entwicklungsaufgaben) und Entscheidungen auf bestimmten Entwicklungsstufen anzugehen sind und letztendlich „mitschwingend" immer eine gewisse Bedeutung haben. Bezugnehmend auf die eingangs genannten drei Quellen von Entwicklungsaufgaben lassen sich für Eriksons Theorie folgende Entwicklungsprozesse ableiten (vgl. Flammer 2009, S. 109): „Die Aktualisierung der Stufenkonflikte als Entwicklungsmotor ist endogen angelegt, die Bearbeitung der Konflikte aber dem aktiven Individuum überlassen. [...] Die Natur stellt die (Entwicklungs-)Aufgaben, das Individuum und seine Bezugspersonen lösen sie." Herr Sommer aus dem Fallbeispiel dürfte als Mann im mittleren Erwachsenenalter aktuell also mit dem Entwicklungsthema *Generativität* befasst sein: Damit gemeint ist, dass Menschen in dieser „Entwicklungskrise" damit befasst sind, zum Beispiel (!) Kinder zu haben oder jüngere Menschen anderweitig zu begleiten (z. B. als Trainer in einem Verein), soziale Organisationen zu schaffen oder zu lenken, wissenschaftlich oder kreativ zu wirken oder sich hilfsbedürftiger Menschen anzunehmen. Letztendlich sind damit alle Aktivitäten gemeint, im Rahmen derer Menschen etwas an andere ab-/weitergeben, also die aktive Sorge um nachfolgende Generationen, um deren Lebensbedingungen und Chancen aufrechtzuerhalten und/oder zu verbessern.

Würden Sie sagen, dass Herr Sommer sich – vor dem Hintergrund der wenigen Informationen, die Ihnen vorliegen – sich der Entwicklungsaufgabe "Generativität" stellt?

Das Konzept der Entwicklungsaufgaben, vor allem die Aufzählung konkreter Aufgaben für spezifische Altersabschnitte, ist letztendlich allgemein-theoretisch nicht weiterentwickelt worden. Am ehesten lassen sich in detaillierteren Ausführungen zu einzelnen Altersabschnitten neuere Auflistungen finden (z. B. für die Kindheit und Jugend: Mattejat 2008; für das Jugendalter: Hurrelmann & Quenzel 2013), dennoch überwiegt der Tenor, dass von außen herangetragene Aufgaben in einer so dynamisch-pluralisierten und globalisierten Welt, wie wir sie heute erleben, nicht universell gültig formulierbar sind. Auch sind kulturabhängige und interindividuelle Unterschiede (beispielsweise zwischen Geschlechtern) zu erwarten und die interpersonelle Dimension nicht zu vernachlässigen (z. B. Entwicklungsaufgaben für Paare: Schneewind et al. 2000; Familienentwicklungsaufgaben: Jungbauer 2009, S. 24).

Solange Entwicklungsaufgaben als soziale Normsetzung aufgefasst werden (vgl. Grob et al. 1995), sind Auflistungen konkreter Entwicklungsaufgaben für bestimmte Altersabschnitte stets auch als aktuelles und veränderliches Abbild gesellschaftlicher Vorstellungen zu reflektieren. Einige Autoren (vgl. Wheaton & Gotlib 1997) haben sich aus der Perspektive der narrativen Biografieforschung mehr damit befasst, Entwicklung weniger als Lösen von Entwicklungsaufgaben zu sehen, sondern vielmehr als *Durchlaufen von Wendepunkten*, die jeweils zu Veränderungen der Entwicklungsrichtung eines Menschen beitragen. Solche Wendepunkte können durch alterskorrelierte, historische oder nichtnormative Ereignisse ausgelöst werden, aber auch durch scheinbar banale, kleine Ereignisse (z. B. jemanden auf einer Reise kennenlernen). Diese Herangehensweise trägt zwar der Multidirektionalität, Multidimensionalität und Plastizität lebenslanger Entwicklung Rechnung, erlaubt allerdings keine Vorhersagen von Entwicklungsprozessen (vgl. Lang et al. 2012, S. 36).

Abschließend soll dennoch überlegt werden, ob das Aufstellen von Entwicklungsaufgaben sinnvoll für eine angemessene Sicht auf Entwicklung ist. Folgt man Neugarten (1972), die mit dem Begriff der „*social clock*" argumentiert, so bieten Entwicklungsaufgaben als soziale Normen und Erwartungen einen Zeitplan des Lebenslaufs, der dem Individuum einen Vergleich ermöglicht, ob es „on time" oder „off time" ist und somit zielsetzend und lebensgestaltend wirken *kann*. Sie ging davon aus, dass eine zeitliche Passung des individuellen mit dem sozial erwarteten Lebenslauf durch entsprechende soziale Unterstützung und Verstärkung zur Stabilität der Persönlichkeit beitrage. Auch Hurrelmann & Quenzel (2013, S. 28f) fassen zusammen, dass Entwicklungsaufgaben der Entwicklung eine Richtung geben und sich niemand ihnen vollständig entziehen kann. Sie gehen (in westlich geprägten Industrienationen) von vier Entwicklungsaufgaben insbesondere für das Jugendalter mit schleichendem Übergang ins Erwachsenenalter aus:

(1) Qualifizieren für die Entwicklung intellektueller und sozialer Kompetenzen,
(2) Binden für die Entwicklung der Körper- und Geschlechtsidentität,
(3) Konsumieren für die Entwicklung von sozialen Kontakten und Entlastungsstrategien sowie
(4) Partizipieren für die Entwicklung eines individuellen Werte- und Normensystems.

Soziokulturell betrachtet gehen damit die Rollenerwartungen der Gesellschaft an ihre Mitglieder einher: Berufstätigkeits-, Familiengründungs- und Konsumentenkompetenz sowie bürgerschaftliche Kompetenz erwerben und erhalten (Hurrelmann & Quenzel 2013, S. 36f). Es handelt sich hierbei um eine eher sozialisationstheoretische Herleitung von Entwicklungsaufgaben, bei der davon ausgegangen wird, dass der Mensch als selbständiges Subjekt die lebenslange Aufgabe hat, Prozesse der *sozialen Integration* (Auseinandersetzung mit der äußeren Realität von sozialer Umwelt und ökologischer Lebenswelt) *und* der *persönlichen Individualisation* (Auseinandersetzung mit der inneren Realität von Körper und Psyche) in Einklang miteinander zu bringen (vgl. Hurrelmann & Bauer 2015).

*Teilen Sie diese Auffassung – auch mit Blick auf Ihre Lebenssituation und mit Blick auf das Fallbeispiel? Wie könnten Sie die vier fürs Jugendalter vorgestellten Entwicklungsaufgaben zu den in Kapitel 3 beschriebenen psychischen Grundbedürfnissen setzen? Welche Schlussfolgerungen resultieren daraus für Sozialarbeiter*innen, wenn sie mit Menschen arbeiten, die „off time" sind?*

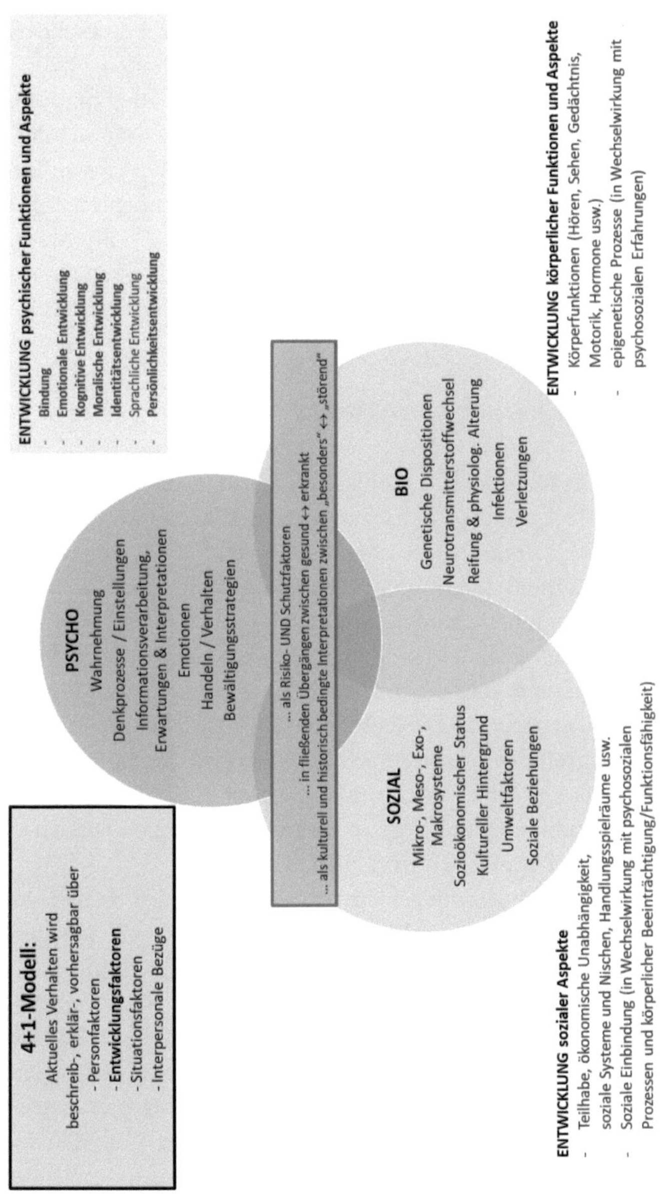

Abbildung 5: Einordnung Entwicklung psychischer Funktionen und Aspekte

Wir haben bereits mehrfach festgestellt, dass sich die biopsychosoziale Entwicklung eines Menschen auf sehr unterschiedlichen Ebenen bzw. in unterschiedlichen Qualitäten (Zuständen) vollzieht. Im Folgenden wird weiterhin der Scheinwerfer auf psychische und psychosoziale Aspekte gerichtet und an den offensichtlichsten Schnittstellen auf die Verlinkung auch zu biologischen hingewiesen. Es handelt sich um eine Auswahl der für die Soziale Arbeit besonders einschlägigen Aspekte, wie Sie Abbildung 5 (S. 57) entnehmen können.

Wer sich nur auf wesentliche Entwicklungsprozesse vom Säuglings- bis zum Jugendalter konzentrieren möchte, sei auf die verdichtete Zusammenfassung von Köckeritz (2004, S. 26ff) hingewiesen. Leser*innen, die sich einführend mit der *sozialen Entwicklung* im Überblick beschäftigen möchten, seien Jürgens (2015, Kap. 5.2) und Gerrig & Zimbardo (2014, Kap. 10.5) empfohlen. Sie behandeln beispielsweise die Bindungstheorie (vgl. Kap. 4) als *einen* Aspekt der Sozialen Entwicklung. Dieser wird im Folgenden exemplarisch vertieft.

9 Entwicklung des Bindungsverhaltens

In Kapitel 3 wurde bereits festgestellt, dass Bindung ein menschliches Grundbedürfnis ist, ohne dessen Erfüllung Menschen psychisch krank werden können (vgl. Grawe 2004). Mit *Bindung* (*bonding*, später als *attachment* bezeichnet) ist ein lang andauerndes, emotionales Band zu nicht ohne weiteres auswechselbaren Bezugspersonen gemeint (vgl. Bowlby 1975). Das Bindungsmotiv lässt sich insofern endogenistisch herleiten, dass ein neugeborenes Kind besonders in den ersten Lebensjahren, aber auch bis ins Jugendalter hinein, Schutz, Sicherheit und Unterstützung braucht, um sich entwickeln zu können und im Falle von umweltseitigen Gefahren zu überleben (vgl. Bierhoff & Rohmann 2003). Ethologisch betrachtet wird Bindung als arterhaltendes und angeborenes Bedürfnis verstanden, mit Pflegepersonen Kontakt aufzubauen und in Angstsituationen Zuflucht bei ihnen zu suchen.

Bindung ist nicht einfach da, sondern sie entwickelt sich bei Säuglingen bzw. Kleinkindern in vier Phasen (Vorphase bis zur 6. Lebenswoche – beginnende Bindung bis zum ca. 6. bis 8. Lebensmonat – eindeutige Bindung bis zum ca. 18. Bis 24. Lebensmonat – reziproke Beziehung ab dem ca. 2. Lebensjahr; vgl. Bowlby 1969) und mit unterschiedlicher Qualität. Aus der Qualität von Bindung ergeben sich verschiedene Eltern-Kind-Beziehungen ebenso wie sich frühkindliche Bindungserfahrungen auf spätere Paarbeziehungen auswirken (können). Die Bindungstheorie stellt also einen Zugang dar, über den Sozialarbeiter*innen das Beziehungsverhalten von Klient*innen (und sich selbst) verstehen und reflektieren können.

Beispiel 8

Im Jugendamt haben Sie als Sozialarbeiter*in indirekt mit Familie Müller zu tun, weil die Frage im Raum steht, ob deren Kinder psychosozial angemessen versorgt sind. Hintergrund ist, dass sich ein Kita-Erzieher irritiert an das Jugendamt gewendet hat, weil die jüngste Tochter der Müllers (14 Monate) überhaupt nicht auf die Eltern reagiere, wenn diese sie aus der Kita abholen oder sie hinbringen. Frau Müller beschwere sich aber nicht darüber, dass die Tochter sie ignoriere, sondern äußerte mal in einem Elterngespräch, dass sie irgendwie gar „keinen Draht" zu ihr habe, was der Kita-Erzieher aber aufgrund seiner eigenen Erfahrungen mit dem Mädchen nicht teilen konnte.

Welche ersten Rückschlüsse auf die Bindung zwischen der Mutter und der Tochter würden Sie ziehen? Zu welchen Menschen/Lebewesen fühlen Sie sich am gebundensten – und warum?

Greifen wir zunächst noch einmal die ethologische Sicht (z. B. Lorenz 1965) auf: Hier werden zum einen das *Bindungsverhalten* von Jungtieren und zum anderen das *Fürsorgeverhalten* der Eltern *als angeborene Verhaltensmuster* unterschieden. So lassen sich bei Babys angeborene Verhaltensmuster, wie der Greif- & Saugreflex, das sog. soziale Lächeln, Fremdeln und Trennungsangst und Mechanismen, wie Weinen, Lächeln, sowie das Kindchenschema (z. B. großer Kopf, große runde Augen, runde Wangen, kleine Nase, kleines Kinn) beobachten, die Fürsorgeverhalten (als angeborenes Zuwendungsverhalten) auslösen. Bindung zwischen Kindern und Eltern gilt entsprechend als wichtiger Überlebensvorteil in der menschlichen Evolution.

Als Vorläufer der Bindungsforschung werden Spitz und Harlow gesehen. Spitz (1945) beschrieb im Zuge von Beobachtungen von elternlosen Kindern in Hospitälern (2. Weltkrieg) das Phänomen des Hospitalismus, wonach Kinder, denen es an emotionalen Bindungen zu konstanten Bezugspersonen mangelte, Symptome von Kränklichkeit, psychischer und körperlicher Retardierung und eine höhere Sterblichkeitsrate zeigten. Harlow und Zimmermann (1959) beobachteten, dass Affenbabys bei der Wahl zwischen „Müttern" aus Drahtgestell mit Holzkopf, an der eine Milchflasche befestigt war und „Müttern", deren Drahtgestell mit weichem, kuscheligen Fell umgeben war, die Nähe zur „Fellmutter" (obwohl diese völlig passiv war) suchten. Nahrung konnte also kein alleiniger Erklärungsfaktor für Bindung sein. Es zeigte sich aber auch, dass „Kuscheligkeit" für normale Bindung und soziale Entwicklung auch nicht auszureichen schien: die isolierten Affen zeigten in ihrer weiteren Entwicklung auffälliges Sozialverhalten (apathisch oder sehr aggressiv) und vernachlässigten ihre eigenen Kinder.

Wenngleich von einem auch angeborenen Bindungsverhalten (als Bereitschaft, Bindungssignale auszusenden) ausgegangen wird, so hat sich die Bindungsforschung dahingehend entwickelt, dass die Eltern-Kind-Bindung beim Menschen weitgehend psychologisch und sozial bedingt gesehen und die konkrete Ausformung von Bindung zu konkreten Bezugspersonen als gelernt und sehr individuell aufgefasst wird. Bindung als wissenschaftliches Konzept wurde vor allem von Bowlby (1975) grundlegend formuliert. Er konzentrierte sich insbesondere auf die Entstehung von Bindung in den ersten zwei Lebensjahren zwischen Kind und Mutter. Seine Arbeiten wurden durch Ainsworth (1979) weitergeführt, die beobachtete, wie Kinder, die vorübergehend von ihrer Mutter getrennt werden und in Obhut einer fremden Person sind, auf die Wiederkehr ihrer Mutter reagieren. Daraus entwickelte sie eine Typologie von drei unterscheidbaren Bindungstypen: A = unsicher vermeidend, B = sicher und C = unsicher ambivalent, die mithilfe des von ihr entwickelten *Fremde-Situations-Tests* (*strange situation test*) eruiert werden können. Später wurde ein vierter Bindungstyp hinzugefügt (Main et al. 1985; Main 2009): D = unsicher-desorganisiert. Wichtig ist hier die Feststellung, dass gleiche Kinder zu verschiedenen Bezugspersonen unterschiedliche Bindungsmuster haben, es aber eine Hierarchie von Bezugspersonen zu geben scheint. Meist ist die Hauptbezugsperson im ersten Lebensjahr die Mutter, es kann aber auch der Vater, ein Großelternteil oder eine andere Bezugsperson sein. Der jeweilige Bindungstyp entsteht aus der spezifischen Interaktion zwischen Kleinkind und Bezugsperson, wobei es entscheidend auf die *Feinfühligkeit* der Bezugsperson ankommt, d. h. das unverzügliche, zuverlässige, konsistente Reagieren auf die Signale des Kindes und einfühlsame, herzliche, durchgängige an die momentanen Bedürfnisse des Babys bzw. Kleinkindes angepasste Verhalten (*Responsivität* und *Sensitivität*). Eine sichere Bindung entwickeln Kinder zu Bezugsperson, die sich entsprechend feinfühlig verhalten, also die kindlichen Signale *wahrnehmen* und adäquat *interpretieren* sowie prompt, verlässlich und angemessen *reagieren*.

Das sog. *Bindungsverhaltenssystem* ist nur dann aktiviert, wenn sich das Kind bedroht oder unwohl fühlt. Bei deaktiviertem Bindungsverhaltenssystem kommt das sog. *Explorationsverhaltenssystem* zum Tragen (d. h. das Kind erkundet aktiv seine Umwelt). Diese beiden Verhaltenssysteme können auch unter Zuhilfenahme der motivationspsychologischen Theorie über psychische Grundbedürfnisse von Deci & Ryan (1993; vgl. Kapitel 3) eingeordnet werden, da das Bindungsverhaltenssystem dem psychischen Grundbedürfnis nach Bindung entspringt und das Explorationsverhaltenssystem das Grundbedürfnis nach Autonomie- und Kompetenzerfahrungen ausdrückt.

Als komplementäres System zum Bindungsverhaltenssystem gilt das sog. Pflege- oder *Fürsorgeverhaltenssystem* der Bezugsperson (vgl. Berk 2011, S. 261ff). Im erwähnten Fremde-Situations-Test würde, wenn die Bezugsperson (z. B. Mutter) das Kinder kurzzeitig bei einer fremden Person lässt und dann wiederkehrt, ein *sicher gebundenes Kind* (B) die Nähe oder Kommunikation mit der Bezugsperson suchen (aktiviertes Bindungsverhaltenssystem), aber auch seine emotionale Betroffenheit offen ausdrücken und sich dann rasch wieder beruhigen und zum Beispiel weiterspielen (Explorationsverhaltenssystem). Dieses Kind hat gelernt, dass seine Bezugsperson sich in Notsituationen um es kümmert und kann so schnell wieder Mut fassen, sich mit seiner Umwelt auseinanderzusetzen. Ein *unsicher-vermeidend gebundenes Kind* (A) würde mit eher eingeschränktem Emotionsausdruck die Nähe zur Bezugsperson vermeiden und höchste Explorationsneigung zeigen. Dieses Kind hat die Erfahrung gemacht, dass es konsistent für das Zeigen von Bindungsverhalten abgewertet oder dabei ignoriert wird, und zeigt daher kein Bindungsverhalten (mehr). Ein *unsicher-ambivalent gebundenes Kind* (C) würde sich eher stark emotional betroffen mit einer Mischung aus Nähe-Suchen und ärgerlichem Kontaktvermeiden zeigen. Es würde mit Schreien und Gesten um Kontakt bitten und sich abwenden, wenn die Bezugsperson darauf eingeht, und hätte dabei Schwierigkeiten, sich wieder zu beruhigen. Dieses Kind hat erlebt, dass manchmal auf sein Bindungsverhalten eingegangen wird, manchmal aber auch nicht. Es kann sich folglich nicht auf die Bezugsperson verlassen und versucht, durch erhöhte Anstrengung Responsivität und Sensitivität zu erfahren. Ein *unsicher-desorganisiert/desorientiertes Kind* (D) würde die größte Unsicherheit zeigen und sich bei der Wiedervereinigung konfus, grimassierend, erstarrend, bizarr im Verhalten zeigen. Dieser Bindungstyp tritt gehäufter bei Kindern auf, die Misshandlungen erfahren haben.

Insgesamt wird auf der Grundlage nichtklinischer Studien davon ausgegangen, dass ca. 66% der Kinder sichere Bindungen aufweisen (Zimmermann 2007). In einer Zusammenfassung verschiedener Studien in Deutschland wurden im Durchschnitt 59% der Kinder als sicher gebunden, 29% der Kinder als unsicher-vermeidend gebunden, 8% der Kinder als unsicher-ambivalent beschrieben. Bezieht man allerdings Beobachtungsstudien mit D-Klassifikation ein, werden vor allem zulasten der Statistik sicher-gebundener Kinder (nur noch 43%) 12% der Kinder als unsicher-desorganisiert beschrieben (vgl. Gloger-Tippelt, Vetter & Rauh 2000). Im internationalen, aber auch intrakulturellen Vergleich zeigten sich sehr unterschiedliche Verteilungen in den Bindungstypen, entsprechend sind mit Blick auf die kultur- und kontextabhängige Entwicklung von Verhalten (also auch gezeigtem Bindungsverhalten) auch diese Statistiken mit Vorsicht zu genießen und relevante Einflussgrößen, wie vorherrschende Erziehungspraktiken, zu berücksichtigen. Entsprechend ist die Entwicklung von Bindung als interaktionistisches Geschehen aufzufassen und es kommt auf die *Synchronizität der Interaktion* zwischen Kind, Bezugsperson und Kontext an: Neben (a) der Qualität des Fürsorgeverhaltens der Bezugspersonen spielen (b) auch die Gelegenheit, eine enge Beziehung einzugehen, (c) Persönlichkeitseigenschaften (z. B. das angeborene Temperament) und zugeschriebene Merkmale (z. B. Krankheit, Behinderung) des Kindes sowie (d) der familiäre Kontext (z. B. Erwünschtheit des Kindes, soziale Sicherheit und Zeit für das Kind) eine Rolle (vgl. Berk 2011). Bezogen auf das Fallbeispiel zeigen sich hier also Hinweise darauf, dass die Tochter zu den Eltern ein anderes Bindungsverhalten entwickelt hat als zum Kita-Erzieher und dass es *Anzeichen* gibt, dass sie zur Mutter eher unsicher-vermeidend gebunden zu sein scheint. In der Praxis würde man natürlich nicht auf der Grundlage dieser spärlichen Informationen weitreichende Entscheidungen treffen und wäre eine sehr sorgfältige Diagnostik durch geschultes Personal notwendig. Allerdings kann das Wissen um die Auswirkungen (nicht) feinfühligen Verhaltens auf die Qualität von Bindungen begründend handlungsleitend sein und eine reflektierte(-re) Praxis ermöglichen.

Ist es für ein Kind und seine Entwicklung günstiger, ein sicheres Bindungsverhalten entwickelt zu haben? Viele Studien zeigten, dass eine sichere Bindung positiv mit anderen entwicklungsrelevanten Konzepten wie z. B. Sozialverhalten oder Selbstkonzept zusammenhängt (z. B. Thompson 1999). Wichtig ist allerdings auch, zu erkennen, dass ebenso eine unsicher-vermeidende oder unsicher-ambivalente Bindung als sinnvolle Anpassungen an die jeweiligen Aufwachskontexte und aktuellen Bezugspersonen zu werten ist. Lediglich der „desorganisierte" Bindungstyp wurde als ein möglicher Risikofaktor identifiziert. Dennoch zeigten sich vielfältige positive Korrelate (Zusammenhänge) zwischen sicher-gebundenen Kindern in den ersten Lebensjahren und Variablen, die eine gute Entwicklung begünstigen, z. B. zeigen sie sehr früh subtilere und vielfältige Kommunikationsfähigkeiten, deutlicher die Fähigkeit, bei Problemen auf soziale Ressourcen zurückzugreifen, weniger aggressives Verhalten gegenüber anderen Kindern, weniger emotionale Isolation und Abhängigkeit von Erzieher*innen sowie mehr Kompetenz im Umgang mit anderen Kindern und eine positivere Wahrnehmung von sozialen Konfliktsituationen und deutlich konzentrierteres Spielverhalten (vgl. Grossmann & Grossmann 2004).

Es wird häufig gefragt, wie einflussreich die frühen Bindungserfahrungen auf den weiteren Entwicklungsverlauf sind. Hierzu wird zunächst angenommen, dass sich die bindungsrelevanten frühkindlichen Erfahrungen zu einem sog. *internalen Arbeitsmodell* von Bindung verfestigen, das handlungsleitend dahingehend fungiert, wie man sich allgemein in Beziehungen verhält und wie sehr man auf die emotionale Verbundenheit anderer Menschen vertrauen kann. So wiesen in einer Studie von Wartner et al. (1994) 82% der untersuchten Kinder als Sechsjährige die gleiche Bindungsqualität wie als Einjährige auf. Änderungen traten vor allem dann auf, wenn gravierende Veränderungen der Lebensumstände eingetreten waren. Die weitreichenden Folgen solcher internalen Arbeitsmodelle bzw. Bindungsmuster haben Grossmann et al. (2005) herausgestellt und in ihrer Zusammenstellung längsschnittlicher Studien gezeigt, dass und wie sich das Freundschafts- bzw. Beziehungsverhalten im frühen Erwachsenenalter aus den frühen Bindungserfahrungen vorhersagen lässt. So zeigen unsicher gebundene Kinder später vor allem abwertende Partnerschaftsrepräsentationen, die von Zweifel geprägt sind und in denen Zuneigung eher als Abhängigkeit gesehen wird. Auch scheinen sich diese Erfahrungen auf die Beziehungen bzw. das Bindungs- und Fürsorgeverhalten zu den eigenen Kindern auszuwirken. Zwar sind diese internalen Arbeitsmodelle auch später noch veränderbar, tatsächlich werden sie aber oft nur wenig verändert. Insgesamt scheinen sichere Bindungen stabiler über den Lebenslauf als unsichere Bindungen zu sein und wird immer wieder festgehalten, dass ungünstige Kindheitserfahrungen durch spätere positive Einflüsse (v.a. andere, weitere Bindungserfahrungen) kompensierbar sind. Dabei ist auch hier die individuelle Persönlichkeit (Temperament, Konstitution und Eigensteuerung) bedeutsam für die Verarbeitung von frühen und aktuellen Bindungserfahrungen und die Bewusstmachung der eigenen internalen Arbeitsmodelle.

Prägt die als internales Arbeitsmodell abgelegte *Bindungsrepräsentation* die Qualität (Beschaffenheit) späterer *Partnerschaften*? Auch hier lassen sich vier charakteristische Arbeitsmodelle unterscheiden, von denen eine Variante „sichere Bindung“ darstellt. Um diese Arbeitsmodelle besser einordnen zu können, ist es nützlich, zwischen der Art und Weise zu unterscheiden, wie eine Person ihr Selbstbild (Selbsteinschätzung) und ihr Fremdbild (bezogen auf wichtige Bezugspersonen) beurteilt, z. B. würde ein Mensch mit gleichgültig-vermeidenden Bindungsstil sich selbst positiv bewerten und seinem Partner misstrauen oder ein Mensch mit ängstlich-ambivalenten Bindungsstil sich selbst negativ bewerten und seine Partnerin für verlässlich halten. Dem zugrunde liegen zwei Bindungsdimensionen, die mit Angst und Vermeidung bezeichnet werden. Angst bezieht sich auf das Vorhandensein einer negativen Sichtweise des Selbst, während Vermeidung für eine negative Sichtweise des Partners steht. Dementsprechend würde beispielsweise fehlende Angst und fehlende Vermeidung einen sicheren Bindungsstil bedeuten, während hohe Angst und hohe Vermeidung einen ängstlich-vermeidenden Bindungsstil ausmachen. Es werden also vier Bindungsrepräsentationen in Partnerschaften unterschieden: sicher (*secure*), ängstlich-ambivalent (*preoccupied*), ängstlich-vermeidend (*fearful*) und gleichgültig-vermeidend (*dismissing*) (vgl. Bartholomew 1990). Bezogen auf die zwei Bindungsdimensionen geht also eine hohe Ausprägung von Bindungsangst mit einer misstrauischen und angespannten Haltung in Beziehungen einher, wohingegen eine hohe Ausprägung der Bindungsvermeidung eine geringe Bindungsbereitschaft und wenig Motivation, sich für die Tragfähigkeit der Beziehung zu engagieren, nach sich zieht (vgl. Bierhoff & Rohmann 2003).

*Selbst wenn Sie als Sozialarbeiter*in vielleicht nicht vorhaben, als Paartherapeut*in zu arbeiten: In welchen beruflichen Zusammenhängen wird Ihnen dieses Wissen für ein begründet-reflektiertes Handeln nützlich sein?*

Bindungsverhalten ist zwar vor allem in der frühen Kindheit zu beobachten, kommt aber über die gesamte Lebensspanne vor und bekommt vor allem in Stresssituationen eine besondere Bedeutung, wenn ein Mensch müde, verängstigt oder krank ist und durch angebotene Beschützung und Hilfe (im Sinne von Verfügbarkeit, Trost) braucht. Dabei lohnt sich mit Blick auf das Erwachsenenalter die Unterscheidung zwischen *Bindung* (lang andauernde, emotionale Beziehungen zu vertrauten Personen, die Schutz und Unterstützung bieten) und *Beziehung* (i.S.v. Partnerschaft als *gleichberechtigtes* miteinander Aushandeln der Art und Weise, wie das Bindungsstreben verwirklicht wird; d. h. Betonung der *Gegenseitigkeit*; kann auch zwischen Erwachsenem und heranwachsendem Kind auftreten; vgl. Bierhoff & Rohmann 2003). Unsichere Bindungsmuster *können* eine abweichende Entwicklung bereits früh durch entstehende Defizite in der sog. Emotionsregulation beeinflussen (Zimmermann 2007) und damit weitreichende Folgen haben. Bindungsrepräsentationen können – das sollte aus den Ausführungen deutlich geworden sein – sowohl *als Risiko- und/oder als Schutzfaktor* wirken und damit eine erhöhte Vulnerabilität und/oder Resilienz begünstigen.

10 Emotionale Entwicklung

Emotionen sind vorübergehende psychische Vorgänge, die durch äußere und innere Reize ausgelöst werden und durch ihre jeweils spezifische Qualität und ihren zeitlichen Verlauf gekennzeichnet sind. Sie manifestieren sich auf mehreren Ebenen, d. h. es gibt unterschiedliche Indikatoren von Emotionen: Ausdruck – Erleben – Gedanken – Verhalten – somatische Vorgänge (vgl. Janke 2007). Unterschieden werden häufig sog. *primäre Emotionen*, die teilweise bereits kurz nach der Geburt vorhanden sind oder sich bereits nach wenigen Wochen/Monaten entwickeln (positive Emotionen, z. B. soziales Lächeln ab 3. Lebensmonat (LM), und negative Emotionen, z. B. Fremdeln ab 6./7. LM, Trennungsangst 14.-18. LM). Für sie wird eine genetische Verankerung im Zusammenhang mit evolutionären Vorteilen angenommen. Sie stellen zudem oft unmittelbare Reaktionen auf aktuelle Situationen (z. B. Kummer bei Schmerzreiz; Ekel bei unangenehmem Geschmack) dar. Anders verhält es sich mit sog. *sekundären Emotionen*: Sie tauchen erst später (ab ca. 18. LM) auf und setzen ein Selbstkonzept und damit einhergehende soziale Vergleichsprozesse voraus (z. B. Scham, Stolz, Verlegenheit, Schuld, Neid). Wichtig ist hierbei das „*social referencing*“: Wenn sich Kinder (ab Ende des 1. Lebensjahres) unsicher sind, wie sie eine ungewohnte Situation interpretieren sollen (z. B. einen Hund anfassen), achten sie auf den Gesichtsausdruck einer anderen Person und interpretieren ihn. Dementsprechend entscheiden sie sich dann für die „richtige“ Emotion und Verhaltensweisen. Die Fähigkeit zur *Emotionsregulation* wird als zentrales Element des Zusammenspiels aus individuellem Temperament und dem Resultat zahlreicher Lernprozesse gewertet (vgl. Wilkening et al. 2009). Somit sind Emotionen auch als psychosoziales Geschehen zu werten.

Beispiel 9

In einer gemeinwesenorientierten Einrichtung, die insbesondere Angebote für Kinder und Jugendliche zur Verfügung stellt, gibt es auch ein Beratungsangebot für Eltern, die Erziehungs- und familienpraktische Fragen haben. Morgen haben Sie einen Termin mit Herrn Winter, der sich Sorgen macht, dass sein vierjähriger Sohn so aufbrausend sei und immer, wenn ihm etwas nicht passe, Dinge um sich schmeiße und dabei schon andere Kinder verletzt habe. Er selbst sei als Kind auch so gewesen, aber das hätte sich irgendwann „ausgewachsen".

 *Was könnten Sie Herrn Winter zur emotionalen Entwicklung seines Sohnes zunächst informierend mitgeben?*

Zunächst einmal können Sie ihm natürlich mitteilen, dass Kinder mit unterschiedlichen Temperamenten ausgestattet sind und sein Sohn anscheinend auch etwas von seinem Vater „abbekommen" zu haben scheint. Zu klären wäre natürlich, was die leibliche Mutter des Jungen über ihre emotionale Entwicklung weiß und was davon jeweils auch Sozialisationseffekte sein könnten, schließlich sind die leiblichen Eltern nicht nur „Genlieferanten", sondern in den ersten Lebensjahren auch die wichtigste Sozialisationsinstanz, sofern die Kinder bei ihnen aufwachsen. Hier kämen vor allem die in Teil A beschriebenen Wechselwirkungen zwischen Anlagen und Umwelten und die skizzierten Lernprozesse zum Tragen, aber auch Spezifika des Kontextes oder der Kultur (also aktuellen *Entwicklungsnische* des Kindes) in Betracht.

Was weiß man über die Entwicklung von Emotionen in verschiedenen Altersabschnitten (vgl. Janke 2007)? *Säuglinge lächeln* zunächst im Schlaf (sog. „endogenes" Lächeln) und beginnen ab dem 1. LM, zunächst vor allem auf neue Situationen reagierend, zu lächeln. Ab dem 3./4. LM wird vermehrt auf das Lächeln der Bezugspersonen reagiert, ab dem ca. 6. LM als Lächeln mit Bindungsfunktion (um positive Reaktionen zu erzeugen und Interaktionen hervorrufen). Ab 4./5. LM beginnen Kinder oft zu *weinen*, wenn sie ein fremdes Gesicht zunächst länger angesehen haben. Um den 7.-12. LM tritt diese *Furcht* vor fremden Personen unmittelbarer ein (sog. Fremdeln). Dieses universell auftretende Phänomen wird in Verbindung mit der kognitiven Entwicklung und Hirnreifungsprozessen gesehen. Im *Kindergartenalter* entwickeln Kinder stufenweise *selbstbezogene Emotionen*, wie Stolz und Scham, die sie zunächst im Beisein anderer Menschen zeigen, später auch in deren Abwesenheit und ohne konkrete Miss-/Erfolgsereignisse als Auslöser, der durch Erwachsene kommentiert wird. Ab ca. 4 Jahren verfügen Kinder über so einen „internen Maßstab“ für Erfolg und Misserfolg, der in den Folgejahren – einhergehend mit der kognitiven Entwicklung – weiter ausdifferenziert wird. Bis zum Ende der Kindergartenzeit können Kinder verschiedene Emotionen an der Mimik erkennen und Anlässe den mimischen Ausdrücken zuordnen (z. B. Freude am Geburtstag). Bis ins *Grundschulalter* hinein lernen Kinder, sich in die Emotionsperspektive anderer hineinzuversetzen, dass Erinnerungen erneut emotionale Reaktionen hervorrufen können und dass Emotionen veränderbar sind. Die meisten (ca. 2/3 der) Kinder erkennen zudem, dass man Emotionen verbergen kann, gleichzeitig mehrere Emotionen vorliegen können und mit einer Regelüberschreitung üblicherweise ein schlechtes Gewissen einhergeht. Spätestens ab dem *Schulalter* zeigen Kinder außerdem, dass Emotionsausdrücke in vielen Situationen von kulturellen Aspekten bestimmt sind, sie lernen dieses Regeln (sog. *display rules*) und wenden sie an (z. B. Freude bekunden über ein ungewolltes Geschenk). Mit den tiefgreifenden körperlichen und hormonellen Veränderungen im *Jugendalter* gehen Veränderungen in der *basalen Emotionalität* (Stimmungslagen sowie deren Häufigkeit und Intensität) sowie der *emotionalen Reaktivität* (emotionale Ansprechbarkeit auf innere und äußere Reize) ein. Dies geschieht in Interaktion mit der „psychosozialen Umgebung“ (z. B. Konflikten in der Familie). Insgesamt lassen sich eine erhöhte Emotionalität und erhöhte negative sowie niedrigere positive Befindlichkeiten – als Anstieg negativen und Abfall positiven Befindens zwischen der 5. und 9. Klasse – feststellen und es werden größere Schwankungen erlebt bzw. berichtet (v.a. Verlegenheit, Nervosität, Langeweile gepaart mit gesunkener Lernmotivation). Die damit einhergehenden berichteten Konflikte mit den Eltern lassen sich emotionsregulierend am ehesten über eine erlebte hohe *soziale Unterstützung, Autonomieförderung und enge Bindung regulieren.* Insgesamt verlieren die Eltern an sozioemotionalem Einfluss und die Bedeutung Gleichaltriger steigt. Die emotionale Entwicklung im *Alter* wird stereotyp oft mit dem Verlust an kognitiven Funktionen und der Abflachung von Emotionen assoziiert. Empirisch lassen sich (an der Herzfrequenz gemessen) eine leicht verringerte Emotionalität, jedoch – im Durchschnitt – kaum Unterschiede in der emotionalen Reaktivität feststellen (vgl. Hüppe & Janke 1998). Anders als üblicherweise erwartet weisen die meisten alten Menschen (70-100 Jahre) eine höhere positive und verminderte negative Emotionalität auf. Ein ausführlicherer Überblick über die Altersabschnitte kann aus von Salisch & Kunzmann (2005) gewonnen werden.

Für das Gespräch mit Herrn Winter aus dem Fallbeispiel dürfte deutlich geworden sein, dass sich die emotionale Entwicklung kontinuierlich vollzieht und immer weiter ausdifferenziert. Kinder lernen – im steten Austausch mit ihrer Umwelt –, welche verschiedenen Emotionen und Zugänge es zu ihnen gibt, dass diese unterschiedlich reguliert werden können (und müssen) und es sich „lohnt“, sie in den Griff zu bekommen. Dieser Aspekt wird uns in Teil D noch einmal begegnen.

11 Kognitive Entwicklung

Der Begriff „kognitive Entwicklung“ wird meist synonym zu den Begriffen „geistige Entwicklung“ oder „intellektuelle Entwicklung“ verwendet. Unter *kognitiver Entwicklung* versteht man die Entwicklung all jener Funktionen, die dem Erkennen und Erfassen der Gegenstände und Personen der Umgebung und der eigenen Person gelten. Zu diesen Funktionen gehören *Intelligenz bzw. Denken, Wahrnehmung, Problemlösen, Gedächtnis, Sprache* etc. Hierzu sei angemerkt, dass es sich bei diesen kognitiven Funktionen um sog. *Konstrukte* handelt, d. h. darunter wird das verstanden, was wir darunter definieren. Exemplarisch, salopp gesagt und vielzitiert (z. B. Boring 1923), ist entsprechend „Intelligenz das, was der der Intelligenz-Test misst“, nämlich auf der Grundlage dessen, was ein Forscher, der einen Intelligenz-Test entwickelt, als Intelligenz definiert bzw. konstruiert. Sie oder ich würden Intelligenz eventuell komplett oder teilweise anders definieren und entsprechend einen anderen Intelligenz-Test konstruieren, mithilfe dessen „die“ Intelligenz eines Menschen bestimmt bzw. gemessen wird.

Beispiel 10

Sie unterstützen einen Grundschullehrer im Sachkundeunterricht einer sog. JÜL-Klasse, in der 6- bis 9-jährige Kinder *j*ahrgangs*ü*bergreifend zusammen *l*ernen. Die Kinder haben die Aufgabe, ohne Verschütten Flüssigkeiten von einem Reagenzglas in eine kleine Schüssel zu gießen. Anschließend befragt, ob in den jeweiligen Behältnissen mehr, weniger oder gleichviel Wasser ist, antworten die 6-Jährigen mehrheitlich, dass in den Reagenzgläsern (nun) mehr Wasser sei. Die 8-Jährigen hingegen wissen es meist schon besser. Auch können die 8-Jährigen schon deutlich zutreffender als die 6-Jährigen beschreiben, wie das Klassenzimmer aus Sicht des Lehrers, der vorn steht, angeordnet aussehen würde. Sie können also schon visuell die Perspektive anderer einnehmen.

Um die Erforschung der kognitiven Entwicklung hat sich insbesondere Jean Piaget (1896-1980) verdient gemacht. Entsprechend einflussreich war sein Werk für die Entwicklungspsychologie und Berücksichtigung des Denkens in der menschlichen Entwicklung (vgl. kognitives Paradigma, Kap. 1). Die Details seines Theoriegerüsts werden im Folgenden lediglich ausschnittweise skizziert, da sie für die Praxis der Sozialen Arbeit weniger einschlägig sind als andere Theorien. Wer sich dennoch zu Piaget vertiefen möchte, sei für den Einstieg auf Scharlau (2013) verwiesen, kann aber auch an Piaget im Original (2003; zusammen mit Inhelder 1986) wagen. Dabei würden Sie auf die im Fallbeispiel angedeuteten klassischen Experimente stoßen, z. B. die sog. „Wassermengenaufgabe" und den sog. „3-Berge-Versuch".

Piaget prägte unter anderem die grundlegenden Begriffe kognitives Schema, Assimilation und Akkomodation, die wesentlich den Zugang zur Beschreibung von Denkprozessen ebneten: *Schemata* (*plural*) sind kognitive Strukturen, die sich entwickeln, wenn ein Mensch lernt, die Welt zu interpretieren und sich an seine Umgebung anzupassen. Als psychische Strukturen stellen sie die konstruktive Verarbeitung von Erfahrungen dar, die Sinn stiften, und entstehen dabei im Zusammenspiel untereinander (Bsp. Sehen – Greifen), sie regulieren, wie Dinge verstanden werden, und vermitteln Ordnung herstellend zwischen Wahrnehmung und Wissen. Schemata entwickeln sich (weiter) durch die Differenzierung des Wissens. Ein sich entwickelndes Kind baut sowohl Verhaltensschemata (z. B. Laufen, Bücken, Begrüßung fremder Personen) als auch kognitive Schemata (z. B. Gefährlichkeit von Autos, Vorstellungen darüber, wie Beziehungen funktionieren) auf und verknüpft diese miteinander (z. B. Kekse und Brot muss man abbeißen und dann zerkauen, aber Kekse muss man vorsichtiger beißen als Brot wegen ihrer Krümeligkeit). In ihrer Entwicklung balancieren Menschen durchgehend zwei Prozesse, Assimilation und Akkomodation, aus. Dieses fortwährende Ausbalancieren nennt Piaget *Äquilibration* (= Aufhebung/Reduktion des inneren Spannungszustandes eines Organismus zur Herstellung eines inneren kognitiven Gleichgewichts). Die damit einhergehende Adaptation/Anpassung als (subjektive, konstruierende) Aktivität eines Subjekts in der Auseinandersetzung mit seiner Umwelt vollzieht sich über *Assimilation*sprozesse (d. h. Einordnung von Dingen und Erfahrungen in der Umwelt in bereits vorhandene Kategorien und Wissensstrukturen, d. h. Schemata) und *Akkomodation*sprozesse (d. h. Veränderung, Erweiterung, Anpassung der eigenen Schemata als Angleichung an die Umwelt, im Sinne von Umstrukturieren, Umdenken).

Piaget postulierte zudem vier Stadien kognitiver Entwicklung des Kindes. Dabei folgen die Stadien aufeinander, d. h. ein Stadium muss durchlaufen sein, bevor das nächste folgt. Die Stadien sind universell, d. h. sie kommen in allen Kulturen vor. Sie sind vor allem durch *qualitative* Unterschiede voneinander abgegrenzt, d. h. es geht nicht um mehr (oder weniger) Denken, sondern um anders denken (können). Letztendlich werde in den jeweiligen Stadien durch die Prozesse der Assimilation und Akkomodation eine bessere Anpassung (Adaptation) des Individuums an die durch die Umwelt bedingten Gegebenheiten angestrebt. Das Ergebnis der dauernden Assimilation und Akkomodation sind immer höher organisierte Strukturen (Schemata) und kognitive *Entwicklung*.

(1) Die großartigste Erkenntnis eines Kindes zwischen 0 und 2 Jahren ist wohl die, dass Objekte unabhängig von Handlungen oder dem eigenen Bewusstsein existieren (= *Objektpermanenz*, d. h. beispielsweise Eltern auch existieren, wenn sie gerade nicht anwesend sind, beispielsweise während des Aufenthalts in der Kita) und das Erreichen der Fähigkeit zur *mentalen Repräsentation*, d. h. internen Abbildung und Speicherung externer Personen und Dinge (d. h. Verhalten anderer kann nicht nur sofort, sondern mehrere Stunden später wiederholt werden, wie das das gestern beobachtete Öffnen der Kühlschranktür).

(2) Die sog. präoperative Phase zwischen 2 und 4 Jahren ist vor allem vom *symbolischen Denken* geprägt (d. h. der Erkenntnis, dass Dinge für etwas anderes stehen können, wie eine Puppe für einen Menschen oder ein Besenstiel für ein Pferd; dass nicht belebten Objekten Qualitäten des Lebens zugeschrieben werden können, wie „das Fahrrad muss sich ausruhen", „Papier tut es weh, wenn es zerschnitten wird", sowie der artifizialistische Glaube, dass die Dinge der Welt von Menschen für menschliche Zwecke gemacht wurden, wie ein Stein, *damit* man ihn werfen kann; die Nacht, *damit* man schlafen kann).

(3) Das sog. anschauliche Denken zwischen 4 und 7 Jahren ist gekennzeichnet durch den kindlichen *Egozentrismus* als „Unfähigkeit", andere Perspektiven als die eigene einzunehmen (von der Wahrnehmung bis hin zur Kommunikation im sozialen Kontext) sowie einer ausgeprägten *Zentrierung* als Fokussierung auf nur ein Merkmal eines Objekts oder Ereignisses (d. h. weniger hervorstechende Merkmale werden ignoriert, weshalb es noch nicht zur Verknüpfung der internen Repräsentationen bzw. Schemaverbindungen (= Operationen wie Separieren, Zusammenfügen oder Transformieren von Informationen nach logischen Regeln) kommt).

(4) In der konkret operationalen Phasen zwischen 7 und 11 Jahren äußert sich der Fortschritt des Denkens als Erwerb des *Invarianzkonzepts* darin, dass Kinder erkennen, dass Dinge sich in konkreten Situation wahrnehmbar verändern und dennoch hinsichtlich bestimmter Eigenschaften gleich bleiben (z. B. Flüssigkeiten, wenn sie in verschiedene Behälter gegossen werden), als Erwerb einer Vorstellung von *Klasseninklusionen*, dass Dinge bestimmten (mehreren) über-/untergeordneten Klassen angehören können (z. B. Tulpen zur Klasse der Blumen gehören), und als Fähigkeit zur logischen Schlussfolgerung, dass wenn ein Stab A länger als Stab B und dieser länger als Stab C ist, dann A auch länger als C sein muss (sog. *Transitivität*).

(5) In der formal operativen Phase ab ca. 12 Jahren erkennen Kinder, dass das Denken nicht mehr an konkret Wahrnehmbares gebunden ist, und können entsprechend über die gegebenen Informationen hinausdenken, Hypothesen bilden, Möglichkeiten abwägen, kontrafaktisch denken. Im Sinne eines *hypothetico-deduktiven Denkens* sind sie zunehmend in der Lage, aus einem wohlgeordneten logischen System heraus mögliche Ereignisse und Schluss-

folgerungen abzuleiten (deduzieren). Das Kind / der Jugendliche kann sich nun z. B. mit unrealistischen Annahmen auseinandersetzen, was in verschiedenen Wissenschaften eine wichtige Rolle spielt, und ist in der Lage, hypothetische Fragen zu stellen („Was wäre, wenn es ein bedingungsloses Grundeinkommen gäbe?“) und sich logische Beweise für abstrakte Probleme auszudenken. Ein Mensch, der dieses Stadium nicht erreicht (beispielsweise aufgrund einer geistigen Beeinträchtigung), dürfte entsprechend Schwierigkeiten haben, eine akademische Ausbildung zu absolvieren, die das Erreichen dieser kognitiven Stufe voraussetzt.

Selbst Piagets Kritiker*innen sind sich der Bedeutung des Erkenntniszugewinns durch Piagets Forschung bewusst. Allerdings erfuhr seine Theorie in den darauffolgenden Jahren vielfältige Modifikationen und es entwickelten sich weitere Ansätze zur Erforschung des kindlichen Denkens, vor allem vor dem Hintergrund des Einwandes, dass Piagets Versuchsanordnungen mitunter zu einer Unterschätzung der Kinder in der sensumotorischen und präoperationalen Phase führen und dass sich dadurch der Schluss von Performanz auf Kompetenz teilweise als problematisch erwies (vgl. sprachliche Voraussetzungen, Vertrautheit der erfragten Situationen usw.): Auch 3- bis 4-Jährige können bereits einen anderen Blickwinkel einnehmen, sich bis zu einem gewissen Grad in andere hineinfühlen und Sein vom Schein unterscheiden (s.u.). Entsprechend trugen zahlreiche Studien zur Weiterentwicklung von Piagets Annahmen bei (z. B. Baillargeon & DeVos 1991; Taylor et al. 1991).

Fragen unter der Lebensspannen-Perspektive (vgl. Kap. 7) wie „Warum treten auch im Erwachsenenalter mitunter kindliche Denkweisen auf?“ und „Bleibt unsere kognitive Entwicklung ab dem Jugendalter stabil?“ lassen sich mit Piagets Stufenmodell nicht beantworten, da sie letztendlich auch nicht im Fokus seines Erkenntnisinteresses standen. Auch lässt sich hinterfragen, ob die von Piaget unterstellte *universelle Gültigkeit* der kognitiven Stufen überzeugt. Hier sei noch einmal auf Wygotzki verwiesen (Vygotskij 1934/2002), da er darauf hinwies, dass Kinder sich in ihrem Denken durch einen Prozess der *Internalisierung* entwickeln, d. h. Wissen aus ihrem sozialen Kontext absorbieren. Dieser Prozess ist bekanntermaßen sehr unterschiedlich, was sich leicht allein an den „Beschulungskulturen“ in verschiedenen Ländern, Kontinenten und Kulturkreisen sowie Religionen erkennen lässt. So entwickelt sich das Denken von Kindern auch, um kulturell wertgeschätzte Funktionen zu erfüllen.

Wie können Sie diese Aussage auf Ihre eigene Biografie anwenden: Was waren die „wertvollsten“ (Er-)Kenntnisse, Verhaltensweisen und Fertigkeiten, auf die in Ihren ersten Schuljahren von Seiten der Schule und von Seiten Ihrer Eltern Wert gelegt wurde?

Ferner sei zu erwähnen, dass sich in den letzten Jahrzehnten ergänzend bereichsspezifischere Theorien zum intuitiven kindlichen Denken in einzelnen Domänen (z. B. Physik, Biologie, Psychologie) herausgebildet haben. Viele Untersuchungen mit Fokus auf diese *intuitiven Theorien* zeigen, dass Kinder sich schon frühzeitig im Alter von 5-6 Jahren "robuste Theorien" über die Welt bilden (vgl. einführend Wilkening et al. 2009, S. 57ff): Beispielsweise erwiesen sich schon Babys als *„intuitive Physik*innen“*, indem sie ein Grundverständnis über Solidität (zwei Objekte können nicht an einem Ort sein), Kontinuität (Objekte bewegen sich in Raum und Zeit) und Schwerkraft (Objekte fallen runter) zeigen. Es gibt allerdings ebenso „Misskonzepte“, die bis ins Erwachsenenalter anhalten. Untersuchungen zum *„intuitiven biologischen Verständnis“* zeigten, dass bereits Babys belebte von unbelebten Objekten unterscheiden können (vgl. Verhaltensreaktionen bei 2 Monate alten Babys) und schon Vorschulkinder viel über Pflanzen und Tiere wissen, sich aber noch unsicher bei der Grenzziehung sind und an eine „innere Essenz“ für bestimmte Kategorien glauben (z. B. Löwen haben etwas „Löwiges“, auch wenn man sie äußerlich zu Katzen macht).

Spannend sind in diesem Zusammenhang natürlich auch die Erkenntnisse zur *intuitiven Psychologie*: Kinder entwerfen sich schon früh eine Theorie des Denkens (*Theory of Mind*), also ein Verständnis dafür, dass Menschen Bedürfnisse, Gefühle, Absichten, Meinungen haben und dass diese Prozesse nicht bei allen gleich sind, d. h. sich auch von den eigenen Vorstellungen und Erlebensprozessen unterscheiden können. Bereits mit ca. 6 Monaten verstehen sie in einfacher Weise, dass Tätigkeiten von bestimmten Zielen geleitet sind, und entwickeln ab ca. dem 2. Lebensjahr kontinuierlich ansteigend einen Sinn dafür, dass andere Menschen Wünsche und Absichten haben. Diese Erkenntnis wird zunehmend weiterentwickelt und beim Spielen intensiv genutzt. Ab ca. dem 5. Lebensjahr verstehen Kinder auch, dass nicht nur Wünsche und Absichten Handlungen leiten, sondern auch Überzeugungen, also das, woran man selbst glaubt (ausführlicher: vgl. Pinquart et al. 2011, Kap. 4).

Was nützt Ihnen nun all dieses Wissen für die Soziale Arbeit? Es liefert in bestimmten Handlungsfeldern das notwendige theoretisch begründete und empirisch untermauerte Hintergrundwissen, um zu verstehen, warum manche Menschen bestimmte kognitiv angelegte Aufgaben nicht bewältigen können (z. B. ein Jugendlicher, der für seinen Hilfeplan formulieren soll, wie er sich seine Zukunft – hypothetisch – vorstellt, obwohl er im Piaget'schen Sinne die hierfür notwendige vierte Stufe nicht erreicht hat). Auch werden die Erkenntnisse aus der Forschung zur kognitiven Entwicklung in Strafverfahren genutzt, in die auch Sozialarbeiter*innen, die beispielsweise Kinder als Zeug*innen begleiten, involviert sein können (vgl. Niehaus et al. 2017; Dahle & Volbert 2005).

*Bezogen auf das Fallbeispiel 9: Wie würden Sie nun nach Piagets Stufenmodell die kognitive Entwicklung der älteren und jüngeren Schüler*innen in der Klasse einordnen?*

Andere Forscher*innen (z. B. Siegler 1994) gingen und gehen eher über *Informationsverarbeitungsansätze* an Fragen zur kognitiven Entwicklung heran und verstehen Denken als Informationsverarbeitung: Wie fließen Informationen durch das System „Gehirn" vom Input (z. B. eine gestellte Frage) zum Output (z. B. eine Antwort auf die Frage)? Wie werden eingehende Informationen enkodiert (entschlüsselt), damit sie vom System verarbeitet werden können? Das Gehirn wird stärker als Informationsverarbeiter, vergleichbar einem Computer, verstanden. Kognitive Strukturen (hier z. B. neuronale Netze, Gedächtnis) werden als „Hardware", kognitive Prozesse (Strategien) als „Software" betrachtet (vgl. Wilkening et al. 2009, S. 48). Festgestellt wurde beispielsweise in der Untersuchung von Gedächtnisleistungen als Teilprozess kognitiver Vorgänge, dass die Fähigkeit zur Enkodierung von eingehenden Informationen schon im ersten Lebensjahr vorhanden, die Kapazität des Kurzzeitgedächtnisses jedoch noch eingeschränkt ist: 2-Jährige behalten 2-3 Informationseinheiten und es kommt dann zu einem kontinuierlichen Anstieg auf ca. 7 Einheiten ab ca. 12 Jahren. Die Geschwindigkeit der Informationsverarbeitung nimmt dabei (biologisch bedingt durch die Myelinisierung der Nervenfasern) bis zur Adoleszenz zu (Zusammenfassung aus Wilkening et al. 2009, S. 49). Wenn Sie beispielsweise als Verfahrensbeistand einem 2-jährigen Kind also erklären, dass es erst seine Schuhe anziehen soll, sich dann Mütze, Jacke, Handschuhe nehmen und überziehen soll, Sie dann mit ihm mit dem Fahrstuhl runterfahren, dann ein Eis essen gehen und dann die leiblichen Eltern treffen werden, ist die Wahrscheinlichkeit hoch, dass es beispielsweise nur „Fahrstuhl und Eis" oder „Eis und Eltern" kognitiv verarbeiten wird. Wenn Sie als Berufseinsteiger*in versuchen, sich gleichzeitig zehn Dinge zu merken, die Ihre neue Kollegin als „wichtig" beschrieben hat, werden Sie an Ihre Grenzen kommen, weil das menschliche Gehirn einfach Schwierigkeiten hat, auf Anhieb mehr als 7±2 Informationseinheiten gleichzeitig zu behalten (wenngleich diese Fähigkeit begrenzt trainierbar und gut ausbaubar ist).

Die Studien zur Informationsverarbeitung haben dazu beigetragen, Kognitionen differenzierter zu betrachten, z. B. zerlegt in Wahrnehmungs-, Aufmerksamkeits- und Gedächtnisprozesse. Allerdings hat diese Zugangsweise Schwierigkeiten, diese Teilprozesse zu einer übergreifenden, entwicklungserklärenden Theorie zusammenzufügen (Berk 2011, S. 218). Wer sich weiter mit diesen Prozessen, z. B. Gedächtnis, befassen möchte, ist einführend mit Pinquart et al. (2011, Kap. 5) als entwicklungspsychologische Einführung gut beraten. Wer sich weiterführend mit gehirngerechtem, altersangepasstem Lernen (und Lehren) beschäftigen möchte, sei auf Herrmann (2006) und Schachl (2006) verwiesen.

Eng mit der Frage nach der Entwicklung von Gedächtnisleistungen ist die Frage nach der *kognitiven Entwicklung im Erwachsenenalter* und hohem Alter verknüpft. Wenngleich die Phase des vor allem späten Erwachsenenalters im Sinne kultureller Stereotype häufig mit einer Verschlechterung und kognitivem Abbau assoziiert wird, gibt es recht wenige empirische Belege, dass die kognitiven Fähigkeiten bei körperlich gesunden alten Menschen generell abnehmen. Wenn es zu einem altersbedingten Nachlassen der geistigen Leistungsfähigkeit kommt, ist dieses meist auf wenige Fähigkeiten beschränkt. Baltes & Staudinger (1993) haben in diesem Zusammenhang die Unterscheidung zwischen kristalliner und fluider Intelligenz herausgearbeitet und festgestellt, dass die *fluide Intelligenz* gemessen an Prozessen, wie der Auffassungs- und Verarbeitungsgeschwindigkeit, bereits im *früheren* Erwachsenenalter beginnt, abzunehmen, hingegen die *kristalline Intelligenz*, gemessen an Fähigkeiten wie Sprachgewandtheit, Wissen oder schlussfolgerndem Denken, bis ins hohe Alter stabil bleibt oder zunehmen kann. Auch kann die fluide Intelligenz durch kognitive Beanspruchung zum Teil länger aufrechterhalten und verbessert werden (Schaie 1994). Dies bedeutet für die Soziale Arbeit, dass sich auch die kognitiv beanspruchende Forderung und Förderung älterer und alter Menschen „lohnt", damit sie in ihrer Lebenslage möglichst lange ein auch ihre psychischen Grundbedürfnisse erfüllendes Leben führen können (Staudinger & Kessler 2012). Als wichtigste Einflussfaktoren mit förderlicher Wirkung auf die Entwicklung kognitiver Fähigkeiten im mittleren und hohen Erwachsenenalter werden genannt (Lang et al. 2012, S. 72ff): Lebensstil, Bildung, Arbeitsumgebung, Training und Orchestrierung (als aktive Ressourcen-Regulation zur Erreichung individueller Ziele).

In diesem Zusammenhang wurde ferner das Konzept der *Weisheit* als Expertise in den grundlegenden praktischen Dingen des Lebens ausgearbeitet. Mit ihr wurden verschiedene Wissensarten in Verbindung gebracht (Baltes & Smith 2008): Reichhaltiges *Faktenwissen*, reichhaltiges *prozedurales Wissen*, *Kontextualität* über die Lebensspanne (als Wissen über die Begleitumstände des Lebens und deren zeitliche entwicklungsbedingte Beziehungen zueinander) und *Unsicherheit* (als Wissen über die relative Unbestimmtheit und Unvorhersehbarkeit des Lebens und Wegen, damit umzugehen).

Welchen Menschen in Ihrem Leben würden Sie als weise bezeichnen und was zeichnet für Sie Weisheit aus? Was haben Sie von diesen Menschen gelernt?

Sollten Sie hier andere Vorstellungen von Weisheit im Kopf haben als Smith und Baltes, sollte Sie das nicht irritieren, es gibt durchaus auch andere, weniger „kognitiv ausgerichtete" Weisheitskonzeptionen, da auch die Weisheitsforschung vielfältige theoretische Zugänge und Praxisimplikationen hervorgebracht hat (für den Überblick: Staudinger & Glück 2011). Wir kommen auf diesen Punkt noch einmal in Kapitel 14 zur „positiven" Entwicklung zurück.

12 Moralische Entwicklung

Individuen, Paare, Gruppen und soziale Gesellschaften haben Vorstellungen darüber, was angemessenes und was abweichendes Verhalten ist. Diese Konventionen bzw. Normen werden im Laufe der Sozialisation gelernt. An ihnen wird bemessen und begründet, was „in Ordnung" ist und was nicht. Mattejat (2008) hat die Übernahme, Akzeptanz und das Einhalten von Regeln und Erkennen moralischer Unterscheidungen (Gewissen) *als Entwicklungsaufgabe* für 6- bis 11-jährige Kinder und die Entwicklung von Moral, Werthaltungen und verantwortlichem Handeln als Entwicklungsaufgabe für 12- bis 17-jährige Kinder und Jugendliche formuliert. Es wird also erwartet, dass Menschen sich moralisch (weiter-)entwickeln. Als *moralische Entwicklung* werden entsprechend jene Teilprozesse der Sozialisation aufgefasst, die zur Internalisierung von grundlegenden sozialen Normen und Regeln führen, wobei erwartet wird, dass ein Individuum auch dann den Regeln gemäß handelt, wenn es die Neigung spürt, sie zu übertreten, und wenn weder eine Überwachung vorhanden noch Sanktionen zu fürchten sind (vgl. Colby & Kohlberg 1986). Wer sich philosophischer ausgerichtet mit Moral beschäftigen möchte, sei auf die Ethik als eine „Kernstrecke" der Philosophie verwiesen (z. B. Hepfer 2008).

Beispiel 11

Sie arbeiten als Sozialarbeiter*in im Strafvollzug und leiten eine Gesprächsgruppe mit Inhaftierten zum Thema „Werte, Moral und meine Verantwortung". Letzte Woche erzählte der Inhaftierte Herr Keller, dass man sich natürlich gegen „Egoisten körperlich wehren muss", die einem den Parkplatz wegnehmen, und solche, die einen wegen Kleingeld anschnorren, weil die sich ja auch „keinen Kopp machen, wie es einem selber geht."

 *Wie würden Sie sich mit diesem Statement unter Berücksichtigung von Theorien zur moralischen Entwicklung auseinandersetzen? Woran bemessen Sie selbst, welches Verhalten moralisch geboten ist?*

Die theoretische Beschäftigung mit der moralischen Entwicklung eines Menschen wird maßgeblich mit Lawrence Kohlberg (1927-1987) in Verbindung gebracht, der den Versuch unternahm nachzuzeichnen, wie Menschen ihr moralisches Handeln begründen und welche Entwicklungsstufen moralische Begründungen durchlaufen. Es ging ihm also nicht um das moralisch richtige, angemessene oder abzulehnende Verhalten, sondern um die subjektiven *Begründungen* für das Verhalten.

Kohlbergs Theorie (1996) ist als *Weiterentwicklung von Piagets Ideen* zur strukturellen Entwicklung von „gut" und „böse" einzuordnen, schließlich hat moralisches Urteilen auch mit dem „Verstehen von Spielregeln" zu tun. Vor ihm stellte bereits Piaget bei der Beobachtung von spielenden Kindern fest, dass sich deren Spielregeln *entwickeln.* Anfangs spielen Kinder eher für sich „in ihrem Kosmos", später orientieren sie sich an bestehenden Regeln, noch später haben sie erkannt, dass Regeln nicht immer gelten (müssen), sondern spezifisch ausgehandelt werden können. So könnten sie sich beispielsweise darauf einigen, beim Monopolyspielen dem „ärmsten" Mitspieler Mietschulden zu erlassen oder bei mehrfachem Gefängnisaufenthalt Hotels wegzunehmen, auch wenn es in den mitgelieferten Spielregeln anders vorgeschrieben ist. Streit, beispielsweise auf dem Bolzplatz eines Schulhofes, gibt es oft dann, wenn die spielbeteiligten Kinder auf unterschiedlichen Stufen argumentieren und handeln: die einen bestehen auf die Regeln, die immer gelten würden, andere finden, man könne auch mal anders spielen, weil es so mehr Spaß mache oder in dieser Gruppe besser funktioniere. Voroperatorische Kinder im Sinne Piagets bewerten darüber hinaus kleine Regelverstöße eher anhand einer *einzigen* Bewertungsdimension (z. B. der Menge: 15 billige Tassen kaputt zu machen ist schlimmer als 1 wertvolle Tasse kaputt zu machen), später werden zusätzliche Aspekte mitbedacht (z. B. Absichten). Entsprechend unterschied er *heteronome von autonomen Moralvorstellungen*: Kinder von bis ca. 8-12 Jahren würden sich an Autoritäten orientieren, Regeln als gegeben nehmen und die moralische Bewertung einer Handlung an den objektiven Konsequenzen bemessen (sog. moralischer Realismus). Ältere Kinder würden sich moralisch autonomer verhalten, d. h. sich eher an Prinzipien orientieren und Regeln als aushandelbare Konventionen betrachten. Strafen würden nicht mehr logisch aus einer Tat folgen, sondern unter Einbezug der Motive und Absichten bei einer Handlung (sog. moralischer Relativismus). Herr Keller aus dem Fallbeispiel bezieht die Motive der Handlungen seiner Mitmenschen nicht in seine Argumentation ein, sondern befindet, dass aus – für ihn – schlicht „unkorrektem" Verhalten auch sein Verhalten zu rechtfertigen sei.

Um herauszufinden, auf welcher Stufe sich ein Mensch in seiner moralischen Entwicklung befindet (ohne seine moralischen Urteile zu bewerten, sondern nur die *Begründungen* für moralische Entscheidungen als Kriterium zu betrachten), hat Kohlberg eine spezifische Form der Befragung entwickelt: sog. *Dilemmata-Situationen*, in denen Menschen in moralisch schwierige Situationen beschrieben und die Urteilenden gebeten werden, zu *begründen, warum* die betreffende Person so oder so handeln sollte bzw. darf. Am bekanntesten ist das sog. Heinz-Dilemma, mit dem Sie sich nun auch auseinandersetzen können (gekürzt):

> Heinz' Ehefrau ist krank und benötigt dringend ein Medikament, andernfalls würde sie sterben. Heinz ist arm und hat nicht genügend Geld, um das Medikament zu kaufen. Daher bittet Heinz den Apotheker, ihm einen günstigeren Preis zu machen. Dieser stellt sich stur und verweigert prinzipiell. Der verzweifelte Heinz bricht gewaltsam in die Apotheke ein und stiehlt das Medikament.

Darf ein Mensch aus persönlicher Lage heraus einbrechen und stehlen oder nicht? Bitte begründen Sie Ihre Überlegungen. Notieren Sie sich dabei ruhig auch andere Begründungen, die sie übungshalber im Folgenden den von Kohlberg postulierten moralischen Stufen zuordnen können.

Kohlberg unterschied im Groben drei moralische Stufen, die er jede für sich noch einmal unterteilte: die *präkonventionelle Moral* (als Orientierung an Autoritäten, die bis ca. 10 Jahre nachlasse), die *konventionelle Moral* (als Orientierung an Konventionen und Gesetzen, die die meisten Jugendlichen bis ca. 13 Jahre erreichen würden) und die *postkonventionelle Moral* (als Orientierung an allgemeinen, übergeordneten Prinzipien, die nur sehr wenige Menschen erreichen würden, vgl. Colby, Kohlberg et al. 1987). Wie unterschiedlich die Begründung sowohl bei Befürwortung als auch bei Ablehnung von Heinz' Verhalten ausfallen, veranschaulicht Abbildung 6 (S. 77) (vgl. Mietzel 2002, S. 284). Wenn Herr Keller aus dem Fallbeispiel sein Verhalten damit begründet oder rechtfertigt, dass man sich gegen andere (Egoisten) körperlich wehren müsse, dann wäre diese Argumentation nach Kohlberg auf Stufe 2 (präkonventionelle Moral) einzuordnen, da hier im Sinne von „Wie du mir, so ich dir" begründet wird, was auch durch die Aussage „die machen sich ja auch keinen Kopp um mich" unterstrichen wird. Hier stehen die eigenen Interessen im Vordergrund.

Kohlbergs Theorie stieß auf sehr großen Widerhall, sodass viele theoretische Ausdifferenzierungen, hunderte empirischer Studien und zahlreiche praktisch-pädagogische Ableitungen aus ihr hervorgingen. Im Folgenden sollen nur weitreichende Diskurse angedeutet werden (deren Durchdringung ein ausführlicheres Studium dieses Themenkomplexes erforderlich machen würde, für den Einstieg empfehlen sich Flammer 2009 und Edelstein & Nunner-Winkler 2000):

(1) Inhalts- und Kulturabhängigkeit der Stufen,

(2) geschlechtsspezifische Moral (feminine Moralvorstellungen orientieren sich weniger an Regeln, Rechten, formaler Gerechtigkeit, sondern mehr an

			Befürwortung	Ablehnung
Präkonventionelle Ebene	1	Bestrafung vermeiden; gehorsam sein; „Macht ist Recht“	Wenn man seine Frau sterben lässt, handelt man sich selbst Probleme ein.	Heinz sollte nicht stehlen, weil er dafür ins Gefängnis kommen kann.
	2	*Eine Hand wäscht die andere… „Wie du mir, so ich dir“*	Heinz sollte das Medikament stehlen, weil dann seine Frau ihm eines Tages auch einen Gefallen tun könnte.	Wenn er seine Frau nicht liebt, sollte er nicht stehlen, denn dann wäre es die ganzen Schwierigkeiten nicht wert.
Konventionelle Ebene	3	*Nach Anerkennung suchen; „good kid“ sein wollen*	Niemand wird ihn für schlecht halten, wenn er das Medikament stiehlt. Seine Familie würde es für unmenschlich halten, wenn er es nicht tut.	Nicht nur der Apotheker wird ihn für kriminell halten, sondern auch andere.
	4	*Festhalten an Gesetzen und Bürgerpflichten*	Angst darf nicht der Grund sein, nicht zu stehlen – jeder mit einem Mindestmaß an Ehrgefühl würde das Medikament stehlen und damit Verantwortung für die Gesellschaft und andere Mitmenschen übernehmen.	Man wird sich schuldig fühlen, wenn man unehrlich gehandelt und gegen Gesetze verstoßen hat. Es gibt nun mal Gesetze, an die sich jeder halten muss.
Postkonventionelle Ebene	5	*Orientieren an Menschenrechten und am Sozialvertrag*	Das Recht auf Leben hat Vorrang vor dem gesetzlichen Verbot zu stehlen.	*Man sollte das Gesetz achten, weil es die grundlegenden Rechte einzelner gegenüber anderen sichert, die diese übertreten.* (begrenzte Argumentationsmöglichkeiten)
	6	Orientierung an allgemeingültigen ethischen Prinzipien, Motivation, eigene ethische Prinzipien zu bewahren und die eigene Selbstverdammung zu vermeiden	Wenn man das Medikament stiehlt, hat man zwar äußerlich das Gesetz gebrochen; aber man würde die Maßstäbe des eigenen Gewissens beachtet haben…	begrenzte Argumentationsmöglichkeiten … außer man ginge davon aus, dass die Bewahrung des Lebens nicht zu den ethischen Prinzipien gehöre.)

Abbildung 6: Moralische Stufen nach Kohlberg im Heinz-Dilemma (nach Mietzel 2002, S. 284)

interpersonalen Beziehungen, Gefühlen, persönlichem Engagement; vgl. Gilligan 1984, 1990),

(3) Definitionsreichweite von „Moral" (vgl. moralische, konventionelle und persönlichen Entscheidungen),

(4) Invarianz der Stufenabfolge (entgegen Kohlbergs Annahme einer festgelegten Reihenfolge der Stufen zeigte sich beispielsweise in einer Erhebung unter deutschen Jugendlichen, dass sich die Entwicklung der moralischen Stufen beim Wegfall von Bildungserfahrungen umkehren kann; vgl. Lind 1993) und

(5) die Diskrepanz zwischen moralischem Urteil und tatsächlichem Handeln (vgl. Situativität moralischer Urteile, beispielsweise eine ökologisch ausgerichtete Partei wählen und auf Mülltrennung, Bahn- statt Flugreisen und umweltzuträgliche Kost verzichten).

Schlussendlich wäre auch die Frage zu stellen: Wie würde unsere Gesellschaft aussehen, wenn alle (oder die meisten) Menschen im Sinne einer postkonventionellen Moral begründen und handeln, d. h. sich an allgemeinen, ethischen Prinzipien orientieren, würden?

13 Identitätsentwicklung

Nehmen Sie sich etwas Zeit und denken Sie darüber nach, wie Sie aktuell folgende Fragen beantworten würden: „Wer bin ich?", „Wer will ich sein?", „Wie schätzen andere mich ein?".

Psychologisch betrachtet ist *Identität* die Wahrnehmung des Gleichseins der eigenen Person über die Zeit und über Situationen hinweg. Identität wird durch die *Konstanz des „Selbst als wahrnehmendes Subjekt"* (bezüglich Interessen, Zielen und Werten) vermittelt, auch wenn das Selbst als Objekt der Wahrnehmung sich verändert. Dadurch, dass Menschen darüber nachdenken können, wer sie sind, wer sie sein möchten, wie sie sein sollten usw., unterscheiden sie sich maßgeblich von anderen Lebewesen. Die Beschäftigung mit Identitätsfragen ist nicht ganz einfach, weil in der Literatur die Begriffe *Identität und Selbst* oft synonym verwendet werden bzw. das Selbstkonzept als Aspekt der Identität verstanden wird (z. B. Flammer 2009, S. 317, S. 328). Stürmer (2009) weist in diesem Zusammenhang darauf hin, dass sich diese Diffusion auch aus dem Umstand ergeben hat, dass die sozialpsychologische Forschung zum Selbst vor allem durch zwei unterschiedliche Forschungstraditionen geprägt wurde: zum einen die in der sozialen Kognitionsforschung verankerte Selbstkonzeptforschung nordamerikanischer Prägung und zum anderen dem Ansatz zur sozialen Identität, der sich in der europäischen Sozialpsychologie aus der Forschung zu Intergruppenprozessen entwickelt habe. Greve (2007) beschreibt *Identität als Ausdruck und Ergebnis* von Entwicklung sowie *als alltägliche Erfahrung der Einheit des Ich.* Alsaker & Kroger (2007) setzen Identität mit dem Versuch einer Selbst-Definition (inklusive zentraler Werte als persönliche Absichtserklärung oder Verpflichtung) gleich. Sie verstehen Identität als *Gefühl der Einmaligkeit und der Kontinuität,* das bereits vor dem Jugendalter entsteht. Die bewusste Auseinandersetzung mit der eigenen Selbstdefinition trete aber erst in dieser Lebensphase ein (zumindest in der heutigen westlichen Kultur).

Darauf, dass die Entwicklung von Identität die Interaktion mit anderen braucht, hatte bereits der Sozialpsychologe und Philosoph Mead (1863-1931), der damit insbesondere für die Soziologie einflussreich war, hingewiesen (Mead 1968; vgl. *Symbolischer Interaktionismus*). Auf ihn geht die Unterscheidung zwischen „*I*" (Ich; als Reaktion auf die Haltungen anderer zu mir) und „*Me*" (ICH; als generalisierte Verinnerlichung der Erwartungen anderer an mich, also den sozialen Aspekt der Identität) zurück, die im ständigen aktiven, inneren Dialog zueinanderstehen. Dies führt laut Mead dazu, dass sich die eigene Identität im Laufe des Lebens immer wieder verändere und reorganisiere. Mead würde also die Identität eines Menschen nicht so stabil sehen, wie sie oft in der Entwicklungspsychologie formuliert wird (s. u.).

Beispiel 12

In einer Notunterkunft für Treber*innen begegnet Ihnen die 16-jährige Tina. Tina empfindet ihre „spießigen" Eltern als das Allerletzte, Schule brauche man nicht, die deutsche Gesellschaft und Machtverteilung in unserem Lande wären nicht auszuhalten. Sie müsse nur zu Geld kommen, dann würde sie nach Indien gehen und Buddhistin werden, Straßenkindern helfen und gegen kapitalistische Systeme friedlich kämpfen.

Welche Anregungen können Sie der entwicklungspsychologischen Identitätsforschung entnehmen, um Tina zu verstehen und ihr begründet-reflektiert begegnen zu können?

Fend (2005) hat als Entwicklungsaufgaben für das Jugendalter neben (1) den Körper bewohnen zu lernen, (2) den Umgang mit Sexualität zu lernen, (3) den Umbau der sozialen Beziehungen zu bewerkstelligen, (4) den Umgang mit Schule und Umbau der Leistungsbereitschaft, Berufswahl und Bildung zu erarbeiten auch (5) die Identitätsarbeit des Jugendlichen hervorgehoben. Viele Entwicklungspsycholog*innen haben die Entwicklung von Identität insbesondere im Jugendalter verortet. So hat bereits Erikson (1982) für das Jugendalter

die Suche nach Identität als psychosoziale Entwicklungskrise formuliert und ging davon aus, dass die entsprechend erarbeitete persönliche Identität am Ende stabil sei. Jugendliche würden sich in ihrer Entwicklung in verschiedenen *Identitätsstadien* befinden (Marcia 1966), je nachdem wie sehr sie sich schon festgelegt haben (*commitment*) und wie sehr sie noch nach Alternativen suchen (*exploration*). Aus ihrer Kombination von hoher vs. niedriger Ausprägung lassen sich ihm zufolge vier verschiedene Identitätsstadien ableiten:
(1) die vorschnell *übernommene Identität* ohne Erkundungen,
(2) die *diffuse Identität* als Identitätsverwirrung bei niedriger Exploration und niedrigem Commitment,
(3) die kritische Identität als sog. *Moratorium* bei hoher Exploration, aber noch keinem Commitment sowie
(4) die *erarbeitete Identität* nach hoher Exploration und hohem Commitment.

Die kritische und die erarbeitete Identität werden dabei eher als günstiger bzw. reifer Identitätszustand gewertet. Allerdings hat sich die Idee einer Entwicklungsabfolge dieser vier Stadien empirisch nicht durchweg bestätigen lassen. Dennoch kann sie als Typologie genutzt werden, um einordnen zu können, wie es um Jugendliche (aber auch Erwachsene) in ihrer individuellen Identitätsarbeit aktuell bestellt ist. Dabei gilt es jedoch zu beachten, dass eine Generalisierung auf alle relevanten Bereiche, die Identitätsarbeit ausmachen, nicht zielführend ist und von wechselhaften, auch rückfälligen Veränderungen ausgegangen werden sollte. Tina aus dem Fallbeispiel wirkt also zunächst stark erkundend (hohe *Exploration*), aber in vielen Bereichen noch nicht wirklich festgelegt (beispielsweise in ihrer Haltung zu Geldfragen). Der Typologie Marcias folgend wäre sie aktuell dem Moratorium zuzuordnen.

Berzonsky (2004) hat sich in diesem Kontext stärker auf Prozesse konzentriert und drei sozial-kognitive Strategien der Identitätsverarbeitung beschrieben: den informationsorientierten Identitätsstil, den normativen Verarbeitungsstil und den diffusen/vermeidenden Stil. Tina wäre hiernach dem informationsorientierten Identitätsstil zuzuordnen, weil sie aktiv nach selbstrelevanten Informationen sucht und sich problemorientiert und offen für neue Erfahrungen zeigt. Empirisch ließ sich immer wieder zeigen, dass Jugendliche mit einer erarbeiteten Identität häufiger sicher gebunden sind, wohingegen Identitätsdiffusion und übernommene Identitäten eher mit unsicheren Bindungstypen assoziiert sind (Zusammenfassung bei Alsaker & Kroger 2007). Dies steht im Einklang mit der Bindungstheorie (vgl. Kap. 9), nach der sicher gebundene Jugendliche mehr explorieren (können), weil sie eine sichere Basis haben.

In Zeiten immer rascherer technologischer Entwicklungen und sich wandelnden sozialen Strukturen ist davon auszugehen, dass die bewusste Identitätsbildung nicht mehr nur ein zentrales Thema des Jugendalters darstellt, sondern sie zu einer psychisch bedeutsamen Aufgabe in den meisten Phasen des Lebens geworden ist. Um einen gute Passung zwischen den persönlichen, identitätsstiftenden Werten und den sich schnell ändernden sozialen Kontexten beibehalten zu können, dürften Menschen statt mit einer schmal definierten und sehr gefestigten Identität mit einer breit verankerten und flexiblen Identität (oder sog. Patchwork-Identität, vgl. Keupp et al. 2008) vermutlich besser mit den Herausforderungen heutiger Lebensumstände zurechtkommen (vgl. Alsaker & Kroger 2007). Hurrelmann & Bauer (2015) formulieren in diesem Zusammenhang das *Modell der produktiven Realitätsverarbeitung*, wonach der Mensch als selbständiges Subjekt die lebenslange Aufgabe habe, die Prozesse der *sozialen Integration* (Auseinandersetzung mit der äußeren Realität von sozialer Umwelt und ökologischer Lebenswelt) und der *persönlichen Individualisation* (Auseinandersetzung mit der inneren Realität von Körper und Psyche) in Einklang miteinander zu bringen.

Auch McAdams (1990) geht – im Gegensatz zu Eriksons Vorstellung einer Identitätsfindung als bleibendes persönliches Konzept – von einer sehr variablen Identität aus, indem er die *Identität* einer Person *als (Re-)Konstruktion der eigenen Lebensgeschichte* auffasst, *die je nach Publikum und Kontext der jeweiligen Erzählung variiert.* Mit zunehmendem Alter (über das Jugendalter hinaus) nähme dabei die Selbstdifferenzierung, die emotionale Nuanciertheit und das Verständnis der eigenen Entwicklung zu, wenngleich die Komplexität und die emotionale Getöntheit der eigenen Lebensgeschichte im allgemeinen recht stabil blieben (nach Wilkening et al. 2013, S. 100ff; vgl. auch Jaeggi 2014). Parallelen lassen sich hier zu Krappmanns (1993) soziologischer Auffassung erkennen, der ebenfalls auf die *Situativität von Identität* hinweist und dabei die Bedeutung von Sprache und Kommunikation betont: Identität entstehe durch die Kommunikation eines Individuums mit seinen Mitmenschen in jeder Situation neu. Entsprechend dürften Tinas Ausführungen aus dem Fallbeispiel unter Umständen anders ausfallen, wenn sie sich Ihnen, einer anderen Sozialarbeiterin, ihrem Vater oder ihren Freunden gegenüber ausdrückt, jedoch in ihrer emotionalen Getöntheit und dem Grad ihrer Vielschichtigkeit nicht allzu sehr variieren.

Wäre Ihre eigene Einschätzung zur eingangs gestellten Frage „Wer bin ich?“ anders ausgefallen, wenn Sie sie Ihrer Großmutter erzählt hätten, und würde Ihre Beschreibung in fünf Jahren vergleichbar zu Ihren heutigen Überlegungen ausfallen?

Warum ist die Beschäftigung mit Identität für die Soziale Arbeit wichtig? Zum einen trägt sich *jeder* Mensch mit Fragen zu seiner Identität herum – anscheinend als lebenslange Entwicklungsaufgabe. Dass sich die identitären Gehalte dabei ändern können, je nachdem wem sie aus welchem Anlass mitgeteilt werden, und dennoch auch stabile Komponenten enthalten, dürfte mindestens für die Biografiearbeit (vgl. Miethe 2017) als ein Zugang personenzentrierter Sozialer Arbeit relevant sein. Eingangs wurde zudem angesprochen, dass Identität eng mit dem Selbstkonzept eines Menschen verwandt ist bzw. das Selbstkonzept ein Aspekt von Identität ausmacht (vgl. Flammer 2009, S. 328). Dieses wiederum bestimmt in seiner Facette des „kompetenten Selbst" (auch), wie Menschen ihr Kompetenz- und Wirksamkeitserleben einschätzen und entsprechend die Herausforderungen des Lebens in Angriff nehmen. Insofern sind Menschen auch in ihrem Denken, Erleben und Verhalten beeinflusst durch vordergründige Bekundungen (z. B. „Ich bin ein Ossi.") und unterschwellige Identitätsanteile (z. B. das Tragen eines Eheringes oder vegetarische Ernährung), die die Begegnung auch mit Sozialarbeiter*innen tangiert.

14 Positive Entwicklung im Lebenslauf und Gestaltung der eigenen Entwicklung

Am Anfang dieses Buchabschnittes haben wir Überlegungen angestellt, was eigentlich Entwicklung ist und welche Zugänge sich zur Beantwortung dieser Frage anbieten (vgl. Kap. 6). Dabei wurde deutlich, dass unter Entwicklung nicht nur quantitative Veränderungen zu einem „höher – schneller – weiter" menschlicher Denk-, Erlebens- und Verhaltensweisen zählen können, sondern insbesondere auch qualitative Veränderungen „im Großen" (z. B. Vater werden) und „im Kleinen" (z. B. mit einem alten Schulfreund einen Kaffee trinken gehen), die durchaus auch weitere Veränderungen und damit einhergehend Entwicklung hervorrufen können. Insofern ist die Konstruktion, es gäbe eine „erfolgreiche" Entwicklung, immer differenziert und kritisch zu betrachten. Flammer (2009, S. 20) hat in diesem Zusammenhang zum einen darauf hingewiesen, dass wir alle Vorstellungen von einer *wünschenswerten Entwicklung* haben, von der jemand zum „Guten" und zum „Schlechten" abweichen könne, Entwicklung also in verschiedene Richtungen ablaufen könne. Zum anderen hält er fest, dass die Idee, dass Entwicklung ein Ziel innewohne, auf das sie zulaufe, nicht hilfreich sei. Vielmehr hätten handelnde Menschen *Ziele*, über die sie mehr oder weniger beabsichtigt ihre Entwicklung fördern, beeinflussen und ihr eine Richtung geben. Dieser ziel- und handlungsorientierte Zugang wird den folgenden Ausführungen zugrunde liegen. Unbenommen davon lohnen sich vorab Überlegungen zu folgenden zwei Fragen:

Was macht für Sie persönlich eine positive Entwicklung aus? Wie kann man eine positive Entwicklung auch im Älterwerden erreichen?

Beispiel 13

Sie arbeiten in einem gemeinwesenorientierten Träger (z. B. ein Nachbarschaftshaus), der unter anderem Informationsveranstaltungen und psychosoziale Beratung anbietet. Ein Baustein der Angebote ist ein vierteljährig stattfindender Gesprächsnachmittag zu ausgewählten Themen. Demnächst soll es um „Lebenszufriedenheit" gehen und Sie wollen an diesem Nachmittag auch eine Diskussion über persönliche Strategien zum „Wohlbefinden im Alter – mit und ohne Kiez" moderieren.

 *Welche entwicklungspsychologischen Theorien und Handlungsstrategien könnten Sie wie aufgreifen?*

Jeder Mensch hat Vorstellungen von positiver Entwicklung, die sich in einem ontogenetisch und historisch veränderlichen Kontext von *Entwicklungsangeboten*, normativen *Entwicklungserwartungen* und individuellen *Entwicklungspotenzialen* abspielt (vgl. Brandtstädter 2007b). Zudem ist davon auszugehen, dass jeder Mensch in seinem Tun und Unterlassen nach einer günstig ausfallenden Balance zwischen positiven und negativen, zwischen vorhersehbaren und unvorhersehbaren Veränderungen strebt, seine Entwicklung also beeinflussen kann, aber auch mit Umständen rechnen muss, die er oder sie nicht abwenden kann. Feststellen lässt sich allerdings auch, dass sich *Wohlbefinden* und *subjektive Lebensqualität* unter einem sehr breiten Spektrum von Lebensbedingungen entfalten lassen (vgl. Brandtstädter 2007b). Empirisch zeigte sich dabei, dass die selbstberichtete Lebenszufriedenheit und das subjektive Wohlbefinden bei den meisten Menschen und über einen sehr langen Zeitraum relativ stabil und auf hohem Niveau bleiben, obwohl dies im Widerspruch zu alterskorrelierten Leistungsveränderungen und Verlusten steht (sog. *Wohlbefindensparadox*, vgl. Lang et al. 2012, S. 170). Maßgeblich hierfür sind kognitive Prozesse der Um- und Neubewertung sowie Kompensation und die Tatsache, dass die Wahrnehmung von Wohlbefinden sich nicht alleinig an körperlichen Veränderungen (ohne Berücksichtigung anderer Ressourcen) orientiert.

Wilkening et al. (2009, S. 154) verstehen unter *Lebensqualität* die persönliche Zufriedenheit mit den körperlichen, emotional-affektiven, mental-kognitiven und sozialen Aspekten des Befindens und der eigenen Funktionsfähigkeit. Sie unterscheiden „objektive" (vgl. Lebenslage) und subjektive Lebensqualität, die auch deshalb das Ergebnis eines individuellen, multidimensionalen Bewertungsprozesses der Interaktion zwischen Person und Umwelt darstellt. Eine stabile Lebensqualität könne auch bei verschlechterten Lebensbedingungen (z. B. im Zusammenhang mit Erkrankungen, finanziellen Einbußen oder sozialen Verlusten) erreicht werden, sofern es gelingt, adäquate

Umbewertungsprozesse vorzunehmen. Zielorientierte Ansätze betonen in diesem Zusammenhang die Bedeutung der effizienten Verfolgung von Zielen und deren permanente Anpassung an gegebene Handlungs- und Entwicklungsoptionen. Das heißt, dass sich die individuellen Ziele, damit einhergehende Motive und deren Erfüllungsmöglichkeiten im Lebenslauf ändern, ebenso wie die Quellen, aus denen Menschen Zufriedenheit schöpfen. Welche Umbewertungsprozesse sind also gemeint?

Das *Zwei-Prozess-Modell der Assimilation und Akkomodation* (Brandtstädter 2007a) greift als relevantes Prinzip das Streben nach einer möglichst hohen Konsistenz und Widerspruchsfreiheit zwischen den eigenen Entwicklungszielen und dem tatsächlichen Entwicklungsverlauf auf, die wiederum mit einer stabilen Identität zusammenlaufen. Dabei wird unter *Assimilation* das hartnäckige Verfolgen der eigenen Ziele und zielfokussiertes Denken und unter *Akkomodation* die flexible Anpassung der eigenen Ziele an die Umweltgegebenheiten verstanden. Hinzu kommen sog. *Immunisierungsprozesse*, worunter kognitive Verzerrungen (z. B. unrealistisch positive Wahrnehmung der eigenen Zielerreichung oder das Umdefinieren der Wichtigkeit der Zielerreichung) zu verstehen sind. Auch diese Immunisierungsprozesse tragen zur Aufrechterhaltung der Selbstdefinition und Identität bei. Bezogen auf das Fallbeispiel hieße dies, dass darüber diskutiert werden könnte, dass Menschen sich entwicklungspsychologisch betrachtet insbesondere dann positiv entwickeln (können), wenn sie möglichst lange ihre individuellen Ziele verfolgen können (z. B. sich selbständig versorgen können) und, sofern dies nicht mehr möglich ist, ihre Ziele anpassen (z. B. das, was man essen möchte, selbständig bestimmen können) oder umdeuten können (z. B. betonen, dass es beim „selbständigen Essen" letztendlich um Abwechslung auf dem Speiseplan ginge und Hauptsache sei, dass es schmecke). Je älter Menschen werden, desto mehr nimmt die Bedeutung akkommodativer Prozesse zu.

Die *Lebenslauftheorie der (primären und sekundären) Kontrolle* (Heckhausen & Schulz 1995) fokussiert mehr auf das menschliche Streben nach Wirksamkeit und Kontrolle über die Umwelt (vgl. Flammer 2009, S. 329ff) und unterscheidet die sog. *primäre Kontrolle* (als die Umweltbedingungen gestaltende Verhaltensweisen) und die sog. *sekundäre Kontrolle* (als kognitive Strategien zur Anpassung der eigenen Ziele, Einstellungen und Bedürfnisse an kontextuelle Gegebenheiten). Bezogen auf das Fallbeispiel kann auch hier aufgegriffen werden, dass sich positiv auf die Entwicklung auswirke, wenn Menschen ihre Kontrollstrategien den jeweiligen Handlungsgelegenheiten anpassen können: Sind die Gelegenheiten (z. B. Alltags- und Lebensbedingungen im Kiez) gut, so sollte im Sinne primärer Kontrolle die Umwelt aktiv den eigenen Wünschen und Zielen gemäß gestaltet und darüber die eigene Entwicklung positiv beeinflusst werden. Sind die Gelegenheiten ungünstig, wäre eine innere reaktive Anpassung (über Denkprozesse, wie selbstwertdienliche Zuschreibungen oder soziale Vergleiche) der eigenen Ziele an die Gegebenheiten funktionaler. Beide Theorien sind empirisch gut belegt, befriedigen aber vermutlich nicht jeden Leser mit Blick auf das Fallbeispiel, da sie ihren Fokus auf *individuelle Strategien* (es sind ja psychologische Theorien) legen, von zielorientierten Menschen ausgehen (Ist das immer gegeben?) und die gesellschaftlichen Rahmenbedingungen (z. B. Wohn- und Lebensbedingungen im Kiez als gemeinschaftliches Setting) ausblenden. Aber sie geben eine personenzentrierte Antwort auf die Frage, welche Strategien und Kontrollbedürfnisse entwicklungszuträglich sind: Im jungen und mittleren Erwachsenenalter ist das Gefühl von Kontrolle wichtig für die Lebenszufriedenheit, im späten Erwachsenenalter ist ein geringeres Kontrollbedürfnis positiv mit Wohlbefinden korreliert, da ein hohes Kontrollbedürfnis häufig mit Überschätzung und Enttäuschung bei Nichterfüllung einhergeht.

Das am Lebensspannen-Ansatz (vgl. Kap. 7) anknüpfende *Modell der Selektion, Optimierung und Kompensation* (*SOK*; Baltes & Baltes 1990) setzt an der Erhöhung des individuellen Potenzials für eine erfolgreiche Entwicklung in der Auseinandersetzung mit biologischen und kulturellen Kontexten an und stellt die Frage, wie alte Menschen trotz zunehmender altersbedingter Funktionseinbußen durch bestmögliche Erschließung der verbleibenden Ressourcen und Fähigkeiten ein Maximum an Lebensqualität erzielen können. Die Prozesse, die dabei beschrieben werden, sind jedoch auch für frühere Lebensabschnitte aufschlussreich: Mit *Selektion* ist die geeignete Auswahl von Funktionsbereichen gemeint, d. h. aus gegebenen Handlungsalternativen nur diejenigen *auszuwählen*, die am ehesten realisierbar sind und die persönlich den höchsten Gewinn, z. B. Zugewinn an Lebensqualität, versprechen (z. B. Joggen als voraussetzungsarme Sportart auswählen, um gesund zu bleiben). Im Zuge der *Optimierung* soll für das Gewählte durch Erwerb, Verfeinerung und geeignete Anwendung von Ressourcen *verbessert* werden, sodass Entwicklungsgewinne erzielt werden (z. B. geeignete Schuhe beschaffen, sich zu gutem Einstiegslaufverhalten belesen, passende Musik zusammenstellen). Treten Verluste (z. B. durch Funktionseinbußen oder Wegfall von Ressourcen) auf, kommt der Prozess der *Kompensation* zum Tragen, bei dem neue oder bislang ungenutzte Ressourcen eingesetzt werden (sollten), um die eingetretenen oder antizipierten Verluste zum Teil oder an ganz anderer Stelle aufzufangen (z. B. bei alters- oder unfallbedingten Kniebeschwerden aufs Nordic Walken umstellen, sich einer physiotherapeutisch ausgerichteten Laufgruppe anschließen, Trainerschein für Leichtathletik machen und den Nachwuchs trainieren). Empirisch zeigte sich, dass durch SOK-Prozesse die Wahrscheinlichkeit des Erreichens subjektiv bedeutsamer Ziele erhöht wird und damit einhergehend eine hohe Lebenszufriedenheit erhalten werden kann. In der Diskussionsrunde (vgl. Fallbeispiel) könnte entsprechend reflektiert werden, welche Selektionen die Teilnehmenden in ihrem Leben vorgenommen haben oder vornehmen könnten („Alles gleichzeitig geht nicht."), wie sie die ausgewählten Bereiche durch Nutzung von internen und externen Ressourcen erreichen und verbessern können und was sie machen können, wenn das, was sie erreicht haben, in der Form nicht mehr aufrechterhalten werden kann (andere Ressourcen nutzen, mehr Unterstützung hinzuziehen, andere Möglichkeiten – auch im Kiez – erkunden).

Wann haben Sie in Ihrem Leben bedeutsame Selektionen vorgenommen (z. B. sich für das Studium der Sozialen Arbeit entschieden), was tun Sie, damit Sie gut studieren können, und was würden Sie tun, wenn sich die Dinge so entwickeln, dass der Abschluss des Studiums gefährdet sein könnte (z. B. weil Sie eine Angststörung entwickeln, die Ihnen das Ablegen von Prüfungen massiv erschwert)? Trauen Sie sich ruhig auch an andere Beispiele heran, um das Grundgerüst der Theorie zu verstehen.

Diesen drei ziel- und handlungsorientierten Ansätzen zur positiven Beeinflussung von Entwicklung sind letztendlich folgende Aspekte wichtig (Wilkening et al. 2009, S. 111):
(1) gleichzeitige Maximierung von Gewinnen und Minimierung von Verlusten,
(2) Gleichgewicht zwischen den Bedürfnissen des Individuums und den Anforderungen der Umwelt,
(3) subjektives Wohlbefinden und Zufriedenheit als Indikatoren.

So bleibt hierzu abschließend nur noch, einen kurzen Blick auf die vielfach erwähnten *Ressourcen* vorzunehmen: Darunter werden Eigenschaften, Fähigkeiten und Mittel verstanden, die einer Person zur Verfügung stehen oder prinzipiell genutzt werden können, um Entwicklungsaufgaben zu bewältigen (Wilkening et al. 2009, S. 176), d. h. alle personen- und umweltseitigen Faktoren, die zu gelingender Lebensführung und zu gesteigerter Resilienz (Widerstandsfähigkeit) gegenüber Belastungen und Verlusten beitragen (Brandtstädter 2007a). Dabei werden mit zunehmendem Alter mehr Ressourcen in die Verlustvermeidung investiert und weniger Ressourcen für die Gewinnmaximierung aufgewandt (Staudinger et al. 1995). Unterschieden werden können dabei (Brandtstädter 2007a):
(1) *personale* Handlungsressourcen (z. B. Selbständigkeit, Gelassenheit, Gesundheit),
(2) *soziale* Handlungsressourcen (z. B. gute soziale Beziehungen, Ansehen),
(3) *materielle* Handlungsressourcen (z. B. finanzielle Situation),
(4) *lebensgeschichtliche* Sinnressourcen (z. B. Lebensbilanzierung, Erinnerung an frühere Zeiten) sowie wert- und glaubensbezogene Sinnressourcen (Werte und Ideale, Glaube und Religion).

Als *Resilienz* wird dabei die Fähigkeit verstanden, auch angesichts von Belastungen und ungünstigen Einflüssen funktional und adaptiv zu handeln, d. h. auch bei bestehender *Vulnerabilität* (Verletzlichkeit), bestehenden Risikofaktoren und Stress gesund zu bleiben bzw. sich positiv zu entwickeln. Berk (2011, S. 10) hat in diesem Zusammenhang – um zurückzukehren an den Anfang von Entwicklung und positive Einflussfaktoren für Entwicklung – vier Schutzfaktoren extrahiert, die sie mit der Entwicklung einer hohen Resilienz in Verbindung bringt:
(1) biologisch verankerte Persönlichkeits- und Temperamentsmerkmale,
(2) eine enge, warmherzige Beziehung zu mindestens einem Elternteil,
(3) soziale Unterstützung außerhalb des engen Familienkreises und
(4) eine stabile soziale Umwelt.

Daraus lässt sich entnehmen, dass eine positive Entwicklung, die durch eine hohe Resilienzausprägung wahrscheinlicher ist, sowohl durch biologische als auch psychosoziale Einflussfaktoren bestimmt wird. Die soziale Eingebundenheit stellt lebenslang einen wichtigen Einflussfaktor dar. Dabei kommt es insbesondere auf die Qualität der sozialen Bezüge an (vgl. auch Kap. 9) und es konnte gezeigt werden, dass auch alte Menschen tiefe Beziehungen zu einigen Menschen, v.a. Familienmitgliedern und langjährige Freunden, pflegen. Zwar nimmt der Umfang der sozialen Kontakte quantitativ ab, enge Beziehungen bleiben jedoch lange stabil erhalten (vgl. *Theorie der selektiven sozialen Interaktion*, Carstensen et al. 1999: selektive Interaktion als gewolltes, nützliches Mittel, mit dessen Hilfe Menschen ihre emotionalen Erfahrungen regulieren und ihre Energien erhalten). Für den Diskussionsnachmittag im Nachbarschaftshaus (s. Fallbeispiel) kommt entsprechend dem Faktor „stabile soziale Umwelt" eine besondere Bedeutung zu, indem erkundet werden kann, welche Angebote des Trägers dazu beitragen, dass die Anwohner*innen in ihren aktuellen Entwicklungsverläufen gut unterstützt und sozial angebunden werden (können) – von *A*ufräumaktionen im Park bis *Z*en-Gruppe für spirituelle Anliegen.

Am Ende des Kapitels sei auf ein Konstrukt hingewiesen, das Ihnen vielleicht auch im Laufe der Lektüre von Kapitel 7 durch den Kopf gegangen sein mag: *Weisheit* – als potenzieller Indikator und Ziel positiver Entwicklung?

So stellt sich zunächst die Frage, was für Sie persönlich einen weisen Menschen ausmacht und ob es die Erlangung von Weisheit eine positive Entwicklung adäquat beschreibt?

Weisheit erfordert letztendlich eine tiefe Einsicht in den Sinn menschlicher Existenz und Lebensführung und kann sehr kognitiv beschrieben werden, indem Faktenwissen, Strategiewissen, das Wissen um die verschiedensten Kontexte von Lebenssituationen, um die Relativität von Werten und um die Ungewissheiten des Lebens betont werden (Baltes & Smith 2008). Bezogen auf das Fallbeispiel am Anfang des Kapitels könnte es sich als fruchtbar erweisen, mit den Anwohner*innen und Ihren Kolleg*innen in der Planung zu überlegen, wie die Weisheit der Anwohner*innen in ihrem Kiez für ein gutes Zusammenleben und Sich-Weiterentwickeln genutzt werden kann. Wem die vorherige Beschreibung von Weisheit dabei als Zugang zu wissensorientiert und damit unvollständig erscheint, mag durch die Konzeption von Weisheit von Glück (2016) vielleicht mehr zum Weiterdenken angeregt werden: Sie postuliert fünf Prinzipien für ein gelingendes Leben bzw. Weisheitsressourcen, die über das notwendige breite und tiefe Wissen hinausgehen, das weise Menschen benötigen, um konkrete Problemlagen angemessen interpretieren zu können:

(1) Offenheit für Neues sowie die Bereitschaft, andere Standpunkte gelten zu lassen,
(2) guter Umgang mit den eigenen Gefühlen,
(3) Einfühlungsvermögen als Fähigkeit, sich in andere Menschen hineinzuversetzen,
(4) kritisches Reflektieren, um komplexe Zusammenhänge zu verstehen und sich selbst zu hinterfragen, und
(5) die Überwindung der Kontrollillusion, dass man unbegrenzte Kontrolle über die Dinge habe, die im Leben passieren.

Sie fand auch heraus, dass Menschen, wenn man sie befragt, wie man Weisheit erlangen könne, drei unterschiedliche Aspekte in den Vordergrund stellen: a) Lebenserfahrung, b) Beobachtung – Lesen – Lernen oder c) Spiritualität.

*Welchen Aspekt haben Sie eingangs in den Vordergrund gestellt und wie ist es um Ihre aktuelle Weisheit bestellt? Welche „Weisheitsanteile“ könnten Sie – im Sinne eines ressourcen- und entwicklungsfördernden Zugangs – von denjenigen Menschen nutzen, die Sie als Sozialarbeiter*in begleiten?*

15 Zusammenfassung: Entwicklungspsychologie und Soziale Arbeit

Die Beschäftigung mit entwicklungspsychologischen Zugängen zur Beschreibung und Erklärung intraindividueller Veränderungen des Verhaltens und Erlebens über die menschliche Lebensspanne und mit interindividuellen Unterschieden zwischen Menschen in ihren ontogenetischen Entwicklungen ist dann für Sozialarbeiter*innen zielführend, wenn diese entwicklungspsychologischen Erkenntnisse den Zielen Sozialer Arbeit zuträglich sind und deren methodisches Vorgehen theoretisch begründen, praktisch unterstützen und integrativ anreichern. Sie ist aber auch notwendig, um von Zeit zu Zeit selbstbeobachtend die individuelle Entwicklungspsychologie reflexiv zu betrachten, um darüber auf die eigene Entwicklung und Gesundheit achten zu können (vgl. Ortmann 2018, S. 170ff).

Gemeinsames Ziel sowohl der Entwicklungspsychologie als auch der Sozialen Arbeit ist die positive Beeinflussung von Entwicklungsverläufen (vgl. Petermann et al. 2004) im Zuge der Begleitung von Menschen in kritischen Zuständen, Umständen oder Phasen ihres Lebens, aber auch unter primärpräventiven Aspekten. Jeder lebende Mensch entwickelt sich – immer und bis zum Tod (vgl. Kap. 7). Dabei sind selbst vermeintliche Entwicklungsstagnationen und Rückschläge aufgrund der Komplexität menschlichen Daseins stets als Teilaspekte eines Menschen zu sehen (Multidimensionalität, vgl. Kap. 9 bis 13), das heißt, dass sich jeder Mensch auch weiterentwickelt, selbst wenn er mit Blick auf seine Entwicklungsaufgaben (vgl. Kap. 8) von außen betrachtet gerade „off time" zu sein scheint, momentan wenig motiviert ist oder seine Ressourcen nicht offensichtlich sind. So gilt im Sinne sozialarbeiterischer Wertestandards (z. B. von Spiegel 2013, S. 90) stets auch die personalen und lebensgeschichtlichen Ressourcen eines Menschen zu sehen und seine Versuche der Lebensmeisterung anerkennend zu wertschätzen (vgl. Kap. 14). Dabei sind Sozialarbeiter*innen auch als *„soziale Ressource auf Zeit"* zu sehen, die durch ihre *Kompetenz zur differenzierten Sicht* auf entwicklungspsychologisch angemessene Verläufe und damit verbundenen Entwicklungserwartungen (vgl. Entwicklungsaufgaben) Menschen professionell begleiten können.

Da sich die individuelle Entwicklung jedes Menschen in einem lebenslangen und historisch veränderlichen Kontext von *Entwicklungsangeboten*, normativen *Entwicklungserwartungen* und individuellen *Entwicklungspotenzialen* abspielt (vgl. Brandtstädter 2007b), soll abschließend davor gewarnt werden, die Soziale Arbeit mit Menschen auf (entwicklungs-)psychische Themen zu reduzieren, sondern neben der personenzentrierten Unterstützung, die die entwicklungspsychologischen Kernthemen im Sinne arbeitsfeldspezifischer Wissensbestände (vgl. von Spiegel 2013, S. 86) zweifellos im Blick haben sollte, auch Entwicklungskontexte zu thematisieren und umgebungsbezogene Interventionen zu leisten. Diese vornehmlich kontextbezogene Perspektive wird auch in der Entwicklungspsychologie beispielsweise durch die Beiträge von Bronfenbrenner (1981) und Wygotski (1934/2002) flankiert und lässt sich passend mit sozialarbeiterischen Zugängen zusammenführen (beispielsweise Glöckler 2011).

Teil C

Jeder Mensch ist anders – Personen als Individuen und Persönlichkeiten

Was meinen wir damit, wenn wir behaupten, jemand *sei* eine „echte Persönlichkeit“ oder *habe* ein „schwieriges Temperament“, einen „autoritären Charakter“, ein „starkes Geltungsbedürfnis“ oder *sei* ein „rebellischer Typ“? Gibt es Persönlichkeitsbereiche und -facetten, anhand derer man Menschen sinnvoll unterscheiden kann, und wenn ja, wofür? Wie überdauernd sind solche Beobachtungen und Zuschreibungen?

Wie würden Sie Ihre eigene Persönlichkeit beschreiben? Machen Sie sich hierzu zunächst ein paar Notizen.

In diesem Buchabschnitt wird dem 4+1-Modell folgend ein weiterer Grundaspekt des psychischen Systems vorgestellt (vgl. Einführung Teil I): *personale Faktoren*, zu denen Einstellungen, Fähigkeiten, Vorlieben, Gewohnheiten, Temperament zählen. Es handelt sich also um *„persontypische Färbungen“* (vgl. Nolting & Paulus 2018, S. 78ff), die einen Menschen in seinem Denken, Erleben, Handeln und in seinen sozialen Beziehungen ausmachen, und damit jegliche Begegnungen zwischen Menschen mitprägen, z. B. zwischen Klient*innen und Sozialarbeiter*innen. Daraus ergibt sich auch, dass nicht nur Klient*innen, sondern auch Sozialarbeiter*innen „personentypische Färbungen“ einbringen und damit die Lesarten auch für dieses Kapitel auf verschiedenen Ebenen angezeigt sind. Das zugrundeliegende 4+1-Modell macht deutlich, dass personale Faktoren nur *einen* unter mehreren Aspekten ausmachen, wenn man das aktuelle Verhalten eines Menschen (vermittelt über dessen inneren Prozesse, wie Denken, Fühlen, Motivation) verstehen möchte. So muss auch bei der Lektüre dieses Kapitels die Verschränkung mit Entwicklungsfaktoren (vgl. Teil B) und Situationsfaktoren, oft unter Einbezug sozialer Bezüge (vgl. Teil E), mitgedacht werden. Auch soll hier an das biopsychosoziale Rahmenmodell erinnert werden, wonach das Denken, Erleben und Verhalten eines Menschen, das wir beobachten und daraus auf die „Persönlichkeit“ des Menschen schließen, nicht losgelöst von biologischen und sozialen Einflussgrößen angemessen einzuordnen ist. So kann beispielsweise eine traumatische

Erfahrung die Informationsverarbeitung bestimmter Regionen des Gehirns (z. B. dem sog. limbischen System, das sich aus mehreren Gehirnstrukturen zusammensetzt) so beeinflussen, dass es zu persönlichkeitsverändernden physiologischen und psychischen Prozessen (z. B. sog. Flashbacks und Gefühlsabstumpfung) und sozial unüblichen Verhaltensweisen (z. B. Reizbarkeit oder Wutausbrüche) kommen kann (vgl. Hammer & Plößl 2012, S. 227).

In diesem Buchabschnitt finden Sie psychologische Antworten darauf, was unter Persönlichkeit zu verstehen ist, wie sie sich entwickelt und wie stabil beziehungsweise variabel sie ist. Ferner wird thematisiert, inwiefern dieser „intrapsychische" Zugang für die Soziale Arbeit überhaupt zuträglich oder nützlich ist, wo ihr Fokus doch eher auf soziale Aspekte gerichtet ist. Tatsächlich wird bislang ein explizit integrativer Blick aus der Sozialen Arbeit auf das Thema Persönlichkeit im Allgemeinen eher umgangen, sondern werden lediglich eher personengruppenspezifische Betrachtungen vorgenommen (z. B. Menschen mit einer Persönlichkeitsstörung, „schwierige Klienten"). In diesem Zusammenhang ist die Differenzierung in *„traits versus states*" angezeigt, d. h. dass überdauernde *Eigenschaften* von sich ändernden *aktuellen Zuständen* zu unterscheiden sind, wenn ein Mensch sich anderen Menschen zeigt. Entsprechend *ist* jemand beispielsweise aggressiv als zugeschriebene Eigenschaft versus *zeigt* jemand aggressives Verhalten als Ausdruck seines aktuellen Zustands. Zudem müssen stets die *situativen* Gegebenheiten berücksichtigt werden (z. B. aggressives Verhalten in Zwangskontexten). Aktuelle Zustände und Situationen haben in der Sozialen Arbeit tatsächlich einen höheren Stellenwert in der Begegnung mit und Begleitung von ihnen anvertrauten Menschen als die Eigenschaften oder Wesenszüge eines Menschen, denen Psycholog*innen (v.a. Psychotherapeut*innen, Personalentwickler*innen) mitunter deutlich mehr Aufmerksamkeit schenken. Individualisierung als Handlungsprinzip Sozialer Arbeit bedeutet aber auch, das Spezifische und Besondere in einem Menschen zu finden, wozu neben seiner Lebenslage, Lebenswelt und Lebensführung auch seine Persönlichkeit mitsamt seinen Eigenschaften, Fähigkeiten und Sichtweisen gehört – ohne dabei gesellschaftlich bedingte Problemlagen alleinig dem jeweiligen Individuum „anzuhängen" (vgl. Seithe 2012). Auch an dieser Stelle sei noch einmal an das Person-in-Environment-Konzept erinnert (Kondrat 2008).

Beispiel 14

Sie arbeiten in einer stationären Einrichtung, die unter anderem verhaltensauffällige Kinder und Jugendliche aufnimmt. Vor kurzem haben Sie im Dabeisein eines Praktikanten der Sozialen Arbeit das Argument eines Vaters gehört, sein Sohn sei so ein widerborstiger Charakter, dass man ihn nicht „in den Griff bekommen" könne. Sein ehemaliger Lehrer halte ihn aber für überdurchschnittlich intelligent. Der Sohn selbst sieht sich in seiner Kreativität ausgebremst, vor allem weil ihm der Leistungsdruck in der Schule „abgehe". Abgesehen davon, dass Sie an dem Jungen auch schon „andere Seiten" entdeckt haben (z. B. dass er sich sehr fürsorglich um die Kleinsten in der Wohngruppe kümmert), möchte Ihr Praktikant mehr darüber erfahren, wie man „das Wesen" eines Menschen beschreiben könne und was es mit dem Leitbild-Statement des Trägers „Jeder Mensch ist einzigartig" auf sich habe. Dabei interessiert er sich weniger für genetische oder ethische Argumente als für persönlichkeitspsychologische Antworten und möchte mit Ihnen darüber sprechen.

 *Welche "Aspekte von Persönlichkeit" finden Sie für die Soziale Arbeit mit Klient*innen relevant und würden Sie mit Kolleg*innen thematisieren?*

Es wurde bereits festgehalten, dass nahezu jeder psychische Prozess (Denken, Wahrnehmen, Erleben, Verhalten usw.) „persontypische Färbungen" hat. Dabei können die dahinterliegenden Personfaktoren (sog. *latente Dispositionen*) je nach den ihnen zugrundeliegenden psychischen Funktionen unterschiedlichen *Persönlichkeitsbereichen* zugeordnet werden, die sich wiederum aus verschiedenen Facetten zusammensetzen (Asendorpf & Neyer 2018, S. 141ff):

(1) *Temperament und interpersonelle Stile* (z. B. Extraversion, Neurotizismus; vgl. Selbstregulation und Informationsverarbeitung),
(2) *Fähigkeiten* (Intelligenz, Kreativität, soziale und emotionale Kompetenz),
(3) *Handlungseigenschaften* (z. B. die Ausprägung bestimmter Bedürfnisse, Motive, Interessen; Bewältigungsstile),
(4) *Bewertungsdispositionen* (z. B. allgemeine Werthaltungen, spezifischere Einstellungen) und
(5) *Selbstkonzept und Wohlbefinden* (z. B. Selbstwert, Selbstdarstellung, Lebenszufriedenheit).

Anhand dieser Persönlichkeitsbereiche können die intraindividuellen Facetten einer Person beschrieben, aber auch interindividuelle Unterschiede zwischen Personen ausgemacht werden. (Zum Beispiel: Manche Menschen sind kreativer oder sozialkompetenter als andere. Manche Menschen haben ein hohes Bindungsbedürfnis, andere ein hohes Kontrollbedürfnis.) Die Betrachtung solcher interindividuellen Unterschiede ist Gegenstand der *differentiellen Psychologie*. Im Fallbeispiel nehmen die Beteiligten anscheinend unterschiedliche, intraindividuelle Persönlichkeitsfacetten des Jungen wahr, die sich nicht ausschließen und in der Kombination (mit vielen weiteren Facetten) seine individuelle Einzigartigkeit ausmachen. Käme der Vater zu der Einschätzung, er sei nicht so kreativ wie sein Sohn oder wäre nie so „widerborstig" gewesen, oder stellt der Praktikant fest, dass sich manche Kinder in der Wohngruppe durch eine besonders hohe Fürsorglichkeit hervorheben, andere hingegen nicht, so wären dies differentiell-psychologische Beobachtungen und Zuschreibungen.

Vermutlich fühlen Sie sich durch den einen oder anderen Persönlichkeitsbereich an Ausführungen an anderer Stelle in diesem Buch erinnert oder versuchen, diese zusammenzubringen? Dies macht deutlich, dass sich die Beschäftigung mit personalen Fragen und Persönlichkeitsbereichen quer durch alle anderen Kapitel zieht, schließlich können personale Faktoren als Gegenstück zu Situationsfaktoren angesehen werden (vgl. 4+1-Modell, Nolting & Paulus 2018, S. 40ff und S. 79). Während an den meisten Stellen im Buch die Dynamik und Veränderbarkeit der Zustände (die situationsbedingte *states*) betont wird, konzentrieren sich die folgenden Ausführungen vornehmlich auf die stabilen Anteile von Individuen (die überdauernden *traits*).

16 Persönlichkeit als individuelle Kombination von Personenmerkmalen

Was verstehen Psycholog*innen unter dem Begriff Persönlichkeit? Zunächst sei festzuhalten, dass es sich hierbei um ein hypothetisches *Konstrukt* handelt, d. h. einen nicht unmittelbar fassbareren Begriff, der sich auf nicht direkt beobachtbare Gegebenheiten oder Eigenschaften bezieht. Persönlichkeit stellt demnach ein konstruiertes, künstliches Ordnungsschema dar (vgl. Wirtz 2014).

Asendorpf (2019) definiert *Persönlichkeit als die Gesamtheit aller überdauernden individuellen Besonderheiten im Erleben und Verhalten eines Menschen in seinen Persönlichkeitseigenschaften bzw. -merkmalen (traits).* Dabei werden unter „überdauernd“ Zeiträume von zumindest wenigen Wochen oder Monaten aufgefasst, also von einer zumindest kurzfristigen Stabilität dieser Besonderheiten ausgegangen. Diese Persönlichkeitseigenschaften werden auch als *Dispositionen* bezeichnet, womit relativ stabile Tendenzen im Erleben und Verhalten in bestimmten Situationen gemeint sind. Bei langfristigen Veränderungen spricht man von *Persönlichkeitsentwicklung.* Ein *Persönlichkeitsprofil* bildet die kombinierte Ausprägung eines Menschen in vielen Persönlichkeitseigenschaften ab. Die vielerorts zu findenden prototypischen Persönlichkeitsprofile (z. B. „Täterprofil“, „Mitarbeiterprofil“) verdeutlichen die verallgemeinerten Vorstellungen, die bestimmten Personengruppen zugeschrieben und somit von ihnen erwartet werden.

Fallen Ihnen weitere Prototypen ein? Welche Verknüpfungen sehen Sie hier zur Stigmatisierungsprozessen?

Von besonderem Interesse sind allgemein Zugänge, die sich mit den *Eigenschaften (traits)* von Menschen beschäftigen. Dabei werden *einzelne Persönlichkeitsdimensionen* herausgegriffen – z. B. das Ausmaß von Ängstlichkeit – und wird untersucht, welche intra- und interindividuellen Variationen hierzu bestehen (z. B. sehr hohe/niedrige Ängstlichkeit), welche Zusammenhänge zwischen verschiedenen Dimensionen bestehen (z. B. zwischen Ängstlichkeit und Offenheit für neue Erfahrungen), wie stabil Unterschiede zwischen Individuen über die Zeit und bei einzelnen Individuen konstant über verschiedene Situationen hinweg sind (z. B. Veränderung der Ängstlichkeit vom Kindes- zum Erwachsenenalter; Ängstlichkeit gegenüber Spinnen vs. in mündlichen Prüfungen). Die wichtigste Erkenntnis aus diesen Forschungen ist, dass Persönlichkeitsausprägungen und -unterschiede zwar mittelfristig durchaus stabil sind, aber situationsspezifischer als allgemeinhin angenommen (Asendorpf 2019). Die *Macht der Situation* sollte demzufolge nicht unterschätzt werden. Personeneigenschaften sind letztendlich Pauschalaussagen, die mögliche Variationen je nach *Kontext* nicht beachten und eher als *Zuschreibungen* zu werten sind (vgl. Nolting & Paulus 2018, S. 81). Bezogen auf das Fallbeispiel nehmen die Mitarbeiter*innen den Sohn möglicherweise eher als „sozial kompetenten" oder „feinfühligen" Menschen wahr, weil sie sich auf Situationen beziehen, in denen sie ihn so erlebt haben. Würden der Lehrer und der Vater dem Jungen aus anderen Situationen heraus ebensolche Eigenschaften zuschreiben, spräche dies für eine hohe Konstanz. Der Lehrer sieht allerdings durch seine „Zuschreibungsbrille" vorrangig die Intelligenz des Jungen, eine Eigenschaft (und somit ebenfalls ein Konstrukt), der eine hohe zeitliche Stabilität zugeschrieben wird, aber auch in sich sehr unterschiedliche Facetten innewohnen (vgl. beispielsweise Berliner Intelligenzstrukturmodell, Jäger et al. 1997). Der Vater sieht durch seine „Zuschreibungsbrille" vor allem das Temperament des Jungen, dem er als Vater sich nicht gewachsen fühlt.

Ferner wurden fünf *Hauptfaktoren der Persönlichkeitsbeschreibung* extrahiert (sog. Fünf-Faktoren-Modell; vgl. Costa & McCrae 1992; Körner et al. 2008): *Extraversion, Neurotizismus, Verträglichkeit, Gewissenhaftigkeit* und *Offenheit* für neue Erfahrungen. Diese sogenannten *Big Five* stellen eine Gruppierung sämtlicher Eigenschaftsbegriffe dar, die unsere Sprache hergibt (sog. lexikalischer Ansatz) und nehmen dabei verschiedene vorherig ausgearbeitete Kategorisierungen (z. B. Eysenck 1991) mit auf. Die sprachliche Vielfalt zur Beschreibung individueller Wesenszüge wurde hier über statistische Verfahren (v.a. Faktoranalysen) auf fünf wesentliche Dimensionen zusammengefasst, wohlwissend, dass jede Dimension viele Facetten umfasst und sich mitunter auch aus der Kombination einiger Dimensionen ergibt (z. B. Schüchternheit aus der Verbindung hoher emotionaler Labilität/Neurotizismus und geringer Extraversion). Das Fünf-Faktoren-Modell betont letztendlich die biologischen Grundlagen der *Grundneigungen* und dass die Entwicklung dieser Neigungen im Wesentlichen *unabhän-*

gig von Umwelteinflüssen erfolgt. Dabei ist die Stabilität in der Ausprägung dieser Wesenszüge – vor allem für das Erwachsenenalter – empirisch gut belegt, wenngleich auch Gegenbelege existieren (Pervin et al. 2005, S. 367). Aus dem Modell heraus gibt es bislang allerdings keine Empfehlungen, was den *Prozess der Veränderung* der Persönlichkeit angeht, sodass die sog. *Person-Situation-Kontroverse* nach wie vor bestehen bleibt, weil Stabilitäts- und Variabilitätsmuster im Verhalten von Personen bislang weder umfänglich über die Wesenszüge eines Menschen noch alleinig über Situationsfaktoren überzeugend erklärbar sind (vgl. Kap. 2). Letztendlich herrscht mittlerweile jedoch auch in der Persönlichkeitspsychologie weitgehend Konsens darüber, dass auch hier eine „sowohl als auch-Sichtweise" angezeigt ist, wobei jedoch der Person und der Situation unterschiedliches Gewicht zugeschrieben wird.

So bleibt bei allen eigenschaftsorientierten Zugängen (z. B. im Zuge einer Diagnostik mithilfe eines Ängstlichkeitsfragebogens oder eines Persönlichkeitstests; vgl. Ambridge 2015) immer die Frage, ob wirklich das Persontypische und Individuelle dieses Menschen angemessen erfasst wird. Wenn sich ein Mensch in einem Persönlichkeitstest beispielsweise als sehr „verträglich" herausstellt, wird er sich auch so in anderen, realen Situationen und konstant über die Zeit verhalten? Verstehen alle Beteiligten unter „*verträglich*" das Gleiche? Bezogen auf das Fallbeispiel könnten der Vater „verträglich" mit „nicht widerborstig" gleichsetzen, der Sozialarbeiter möglicherweise mit „sozial kompetent" und der Praktikant mit „emotional kompetent" und Sie sowie der Sohn vielleicht noch etwas Anderes. Zwar wird in der Persönlichkeitspsychologie versucht, die jeweiligen Eigenschaften sehr präzise zu definieren und dabei darauf zu achten, dass sie empirisch fassbar, d. h. *operationalisierbar* für Forschungsanliegen, sind. So würde „Soziale Verträglichkeit" beispielsweise im Rahmen des Big Five Modells als freundlich, kooperativ, vertrauenswürdig und warmherzig (vgl. Friedmann & Schustack 2004, S. 346) sowie angenehm, liebenswürdig (vgl. Sader & Weber 1996, S. 109) definiert beziehungsweise insgesamt als „Liebenswürdigkeit" zusammengefasst (Pervin et al. 2005, S. 317ff) werden. Im alltäglichen und mitunter auch im professionellen Gebrauch würden die jeweils Beteiligten vermutlich dennoch Unterschiedliches mit diesem Terminus und den definitorischen Bestandteilen verbinden, was erneut auf den nicht zu vernachlässigenden Unterschied zwischen Alltagshandeln und wissenschaftlichem Vorgehen hinweist sowie konstruktivistischen Grundannahmen Nachdruck verleiht. Insgesamt hat das Big Five Modell einige Berühmtheit erlangt, insbesondere weil es dem wissenschaftlichen Bedürfnis nach Struktur ohne Leugnung der Vielfalt entspricht, dennoch ist seine Nützlichkeit für die Wissenschaft und Praxis von begrenzter Reichweite, da es sich letztendlich dabei um ein empirisches Produkt einer Folge von Reduktionsmethoden handelt und theoriefrei daherkommt (vgl. Sader & Weber 1996, S. 113): Es gibt keine Theorie darüber, warum *diese* 5 Faktoren vorliegen, weder inhaltlich (z. B. Warum sind es vier affektive und eine kognitive Dimension (Offenheit) geworden?) noch soziologisch (z. B. als begründet-relevanter Kanon „relevanter Eigenschaften“ in einer Kultur) noch biologisch (lediglich für einige Faktoren, z. B. Extraversion, vgl. Eysenck 1990).

Übertragen auf die Soziale Arbeit, beispielsweise für die Diagnostik, dürften sich die Faktoren als zu abstrakt erweisen, um situationsspezifische Wesenszüge, Gewohnheiten, Verhaltensweisen eines Menschen zu verstehen und für die Hilfeplanung nutzen zu können. Das Dilemma, dass Eigenschaftswörter – selbst wenn man sie als zeitlich recht stabile Wesenszüge eines Menschen in ihrer unterschiedlichen Kombination zu einem „individuellen Profil zusammenstellt – dennoch den „persönlichen Kern“ eines Menschen überschätzen und die Situationsabhängigkeit von Verhalten unterschätzen, bleibt letztendlich bestehen. Trotzdem haben sie auch eine Bedeutung im 4+1-Modell (Nolting & Paulus 2018), aber eben nur *eine* (in beständiger Wechselwirkung mit anderen).

17 Zur Entwicklung von Persönlichkeit

Die Frage, wie sich die Persönlichkeit eines Menschen entwickelt, ist spannend und erneut mit Themenfeldern der Psychologie verknüpft, die bereits in vorherigen Abschnitten besprochen wurden: Zum einen sind aus den bereits beschriebenen Paradigmen Erklärungsansätze und Persönlichkeitstheorien hervorgegangen (vgl. Kap. 1) und zum anderen ist die Anlage-Umwelt-Debatte hierfür einschlägig (vgl. Kap. 2). Damit verknüpft ist natürlich auch die Frage nach der kulturellen (und damit umweltseitigen) Einflussnahme auf die Persönlichkeitsentwicklung (vgl. Kap. 4) und grundsätzlich menschlicher Entwicklung psychologisch betrachtet (vgl. Teil B). Und schlussendlich wird dieser Frage in *diesem* Kapitel nachgegangen, weil das Buch das Anliegen verfolgt, das Thema Persönlichkeit insgesamt expliziter aufzugreifen als es in sonstigen Einführungsbüchern zur Psychologie für Sozialarbeiter*innen üblich ist.

Unter Berücksichtigung der bereits in Kapitel 1 dargestellten paradigmatischen Zugänge kann in der Anwendung Folgendes zusammengefasst werden: Mit der *tiefenpsychologischen Sichtweise* eng verbunden ist die Psychoanalyse nach Freud, die eine umfassende, klinisch ausgerichtete Persönlichkeitstheorie ihrer Zeit darstellt. Hiernach wird ein Mensch als Energiesystem verstanden, wobei dessen Energiequellen in den Lebens- und Todestrieben liegen und sein Verhalten (als Ausdruck der Persönlichkeit) als psychodynamisches Zusammenspiel von Motiven und Trieben interpretiert wird. Für die Persönlichkeitsentwicklung sind vor allem frühe Erfahrungen, insbesondere in den sog. psychosexuellen Phasen, ausschlaggebend sowie bewusste, vorbewusste und unbewusste Ebenen in der individuellen Auseinandersetzung mit der Realität (das sog. Ich). Kritisiert wird an der psychoanalytischen Sicht, dass die Antworten darauf, warum ein Mensch eine bestimmte Persönlichkeit entwickelt, zu sehr die im inneren Individuum wirkenden Kräfte betonen, damit Familie und gesellschaftliches Umfeld vernachlässigen und aus feministischer Sicht nur bestimmte Wesenszüge für weiblich ausgerichtet und als biologisch angelegt betrachteten (vgl. Horney 1973). Da sich die meisten psychoanalytischen Grundkonzepte als nicht operationalisierbar (d. h. empirisch beforschbar) erwiesen haben und die Annahmen Freuds über die Entwicklung des sog. Charakters und der Geschlechtsunterschiede empirisch nicht haltbar sind (Asendorpf 1919), sind klassische psychoanalytische Vorstellungen heute weniger relevant. Ein neuerer Ansätze aus tiefenpsychologischer Tradition heraus ist die Objektbeziehungstheorie, die unter anderem einflussreiche Arbeiten zur sog. narzisstischen Persönlichkeit (vgl. Kernberg 1974; Kohut 1981) und zur Präzisierung von persönlichkeitsrelevanten Bindungsstilen und persönlichen Beziehungen Erwachsener auf der Grundlage der Bindungstheorie (z. B. Griffin & Bartholomew 1994) hervorgebracht hat. Während in der psychoanalytischen Tradition Persönlichkeit noch mit *Charakter* nahezu gleichgesetzt wurde, hat man sich heute vom Charakterbegriff verabschiedet und betrachtet (Charakter-)Eigenschaften, Temperament und Gewohnheiten sowie deren Bewertung zusammen unter dem Persönlichkeitsbegriff.

Aus der *humanistischen Denktradition* heraus ist für die Persönlichkeitspsychologie vor allem die phänomenologische Theorie Carl Rogers' (1902-1987) aufschlussreich, die als *klientenzentrierte Persönlichkeitstheorie* insbesondere das sog. Selbst und den Prozess der Selbstaktualisierung in den Mittelpunkt der Betrachtungen stellt (Rogers 1947, 1991). Dem Wesen nach ist die Natur des Menschen im Kern positiv und sucht der Mensch nach Selbstaktualisierung. Rogers beschrieb das *Selbst* als Persönlichkeitsstruktur und meinte damit ein organisiertes, integriertes und beständiges Muster von Wahrnehmungen und Erfahrungen, die mit dem „Selbst", „Mir", „Ich" verbunden sind. Das daraus resultierende Selbstkonzept sei ihm zufolge in erster Linie bewusst bzw. könne bewusstgemacht werden. Forschungen zeigten allerdings auch, dass es unterschiedliche Teile des Selbst geben dürfte, insbesondere zwischen dem tatsächlichen Selbst und dem Ideal-Selbst (vgl. Harary & Donahue 1994) und dass von kulturellen Unterschieden auszugehen ist (z. B. fördern westliche Kulturen eher eine Verbesserung des Selbstwert*gefühls*, östliche eher das Streben nach Selbst*verbesserung*, vgl. Heine et al. 1999). Da Rogers' Schwerpunkt im therapeutischen Prozess lag, widmete er sich vor allem „neurotischen" Personen, für die er annahm, dass sie sich in einem Zustand der Inkongruenz zwischen Selbst und Erfahrungen, die mit der Selbststruktur nicht übereinstimmen, befinden. Die für ihn maßgeblichen Prozessvariablen – Echtheit/ Kongruenz, bedingungslose positive Beachtung, empathisches Verständnis – stellten für ihn die maßgeblichen therapeutischen Schlüsselvariablen für die Veränderungen der Persönlichkeit dar, da sie wesentlich das natürliche Bedürfnis nach Wachstum zu Reife, Produktivität und Unabhängigkeit befördern. Aus diesem Grund gehören sie seit langem zum Kanon des Studiums der Sozialen Arbeit (v.a. in Kommunikation, Gesprächsführung, Beratung). Ergänzt werden soll hier daher lediglich, dass Rogers sich in seinem späteren Werk auch mit dem Potenzial von Selbsterfahrungsgruppen beschäftigt hat (Rogers 1970), sog. *Encountergruppen*, die den Teilnehmenden zu mehr individueller Selbstentfaltung und zur Verbesserung ihrer Selbst- und Fremdwahrnehmung verhelfen sollen. Wenngleich die Wirksamkeit von Encountergruppen im Sinne klinisch-evidenzbasierter Zugangsweise nicht ausreichend belegt ist, mag sie für zahlreiche Klient*innen nichtsdestotrotz ein attraktiver Zugang sein, mehr über sich innerhalb eines anderen sozialen Settings als dem sozialarbeitstypischen oder psychotherapeutischen Helfersystem zu erfahren und anzustoßen. Voraussetzungen hierfür sind, dass die Gruppenleitungen (sog. *facilitators*) angemessene Übungen und Zugänge bereitstellen, die persönlichkeitsfördernde Beziehungen zu den anderen Gruppenmitgliedern eröffnen können, und definierte, entwicklungsförderliche Rahmenbedingungen für die Gruppenmitglieder zum Tragen kommen. Üblicherweise werden Encountergruppen eher von Menschen ohne klinische Diagnosen aufgesucht und sind auch sonst von ihrem primären Ziel her (Entfaltung des persönlichen Potenzials) von Gruppenpsychotherapiesettings (Ziel: Wiederherstellung psychischer Gesundheit) sowie Selbsthilfegruppen (Ziel: gegenseitige Unterstützung bei der Bewältigung von Problemen) zu unterscheiden.

Die *klassischen Lerntheorien* zur Erklärung von Persönlichkeitsunterschieden gingen davon aus, dass diese durch Lernen erworben würden. Diese Theorien ignorierten, dass es Prädispositionen zum Lernen gibt, die auch interindividuell variieren, d. h. dass umgekehrt auch die Persönlichkeit der Lernenden Einfluss auf ihren Lernerfolg nimmt (Asendorpf 2019). Entsprechend sind wechselseitige Beeinflussungen zu berücksichtigen und greift die alleinige Berücksichtigung der klassischen und operanten Konditionierung nicht ausreichend, um die Entwicklung von Persönlichkeit angemessen zu beschreiben. Entsprechend wurden im Zuge der kognitiven Wende in der Psychologie ab Ende der 1950er Jahre vermehrt Persönlichkeitstheorien entwickelt, die der Frage nachgingen, wie Menschen Wissen über die Welt erwerben, erinnern und nutzen (Pervin et al. 2005, S. 470).

Einer der zu seiner Zeit einflussreichsten *kognitiven Ansätze* wurde die *Theorie der persönlichen Konstrukte* von George Kelly (1905-1966), die davon ausgeht, dass wir alle in unseren eigenen, durch Konstrukte definierten Welt leben und miteinander nur über den Austausch dieser Konstrukte kommunizieren könnten (Kelly 1955). Entsprechend könne die Persönlichkeit eines Individuums als System der persönlichen Konstrukte verstanden werden, mithilfe derer ein Individuum sich und seine Welt interpretiert (vgl. Parallelen zu den Annahmen von Piaget 2003 sind offensichtlich; vgl. Kap. 11). Damit werden sowohl die Einzigartigkeit des Individuums als auch die Gesetzmäßigkeiten von Menschen innerhalb der Persönlichkeit abgedeckt. Die Betonung liegt auf der Art und Weise, wie Menschen Ereignisse deuten, wobei sie als „Wissenschaftler*innen“ betrachtet werden, die die Ereignisse um sich herum beobachten, Konstrukte formulieren, Phänomene ordnen usw. An denkbare Grenzen von Introspektionskompetenz wird hier wenig gedacht: Ob Menschen stets in dieser Weise „durchs Leben gehen“ (können), kann in Anbetracht kognitiver Einschränkungen oder bewusster oder unbewusster Abwehrmechanismen (sensu Freud) hinterfragt werden (vgl. *Informationsverarbeitungsansätze*, die Persönlichkeitsunterschiede in Parametern der Informationsverarbeitung – Geschwindigkeit, Verarbeitungsschwellen, Intensität von Reaktionen – sowie in Gedächtnisinhalten und ihrer affektiven Bewertung suchen). Dennoch kann davon ausgegangen werden, dass über die Arten und Konstruktion der persönlichen Konstrukte eines Menschen wichtige Merkmale des Funktionierens einer Persönlichkeit erklärt werden können (z. B. das Beziehungsschema als gut entwickelte Überzeugung in zwischenmenschlichen Beziehungen, vgl. Baldwin 1999). Dass die Theorie dabei menschliche Emotionen und die Motivlagen von Individuen weitgehend ausspart und wenig zu Wachstum und Entwicklung aussagt, wird als Einschränkung ihrer Nützlichkeit gesehen (vgl. Pervin et al. 2005, S. 508ff). Als innovativ hingegen ist die theoriebezogene Technik zur Bewertung und Untersuchung der Persönlichkeit (der sog. *Rep-Test/Role-construct-repertory-Test*, Kelly 1955) zu werten, die durchaus auch Potenzial hat, die Soziale Arbeit in diagnostischer Hinsicht zu bereichern, da sie das individuelle Repertoire an Rollenkonstruktionen erfasst und damit trotz des Fokus' auf die intraindividuellen Konstruktionen eines Individuums der wechselseitigen Beeinflussung zwischen Persönlichkeit und Umwelt Rechnung trägt. Es handelt sich letztendlich um eine sog. phänomenologische Theorie, da das Konstruktsystem eines Menschen nicht als allgemein definiert vorgegeben, sondern von den untersuchten Individuen *erfragt* wird (vgl. Sader & Weber 1996, S. 46). Persönlichkeit wäre hiernach das *selbst erkundete, charakteristische und einzigartige Konstruktsystem eines Menschen* (nicht das eigene, das wir an jemand anderen herantragen).

Ein weiterer bis heute sehr einflussreicher Ansatz ist die *sozial-kognitive Theorie*, die maßgeblich durch die Arbeiten von Albert Bandura (*1925) und Walter Mischel (1930-2018) geprägt ist (Bandura 1986, 2001; Mischel 1968; Mischel & Shoda 1995). Sie hat sich systematischer Forschung verpflichtet und fokussiert in sehr umfänglicher Weise auf die *persönlichen Handlungsmöglichkeiten* eines Menschen, die *sozialen Ursprünge* des Verhaltens, *kognitive Denkprozesse*, die *Situativität* von Verhalten und das *Lernen komplexer Verhaltensmuster* ohne Belohnungen (vgl. Pervin et al. 2005, S. 516). Dabei werden als Persönlichkeitsstrukturen

(1) die Kompetenzen und Fertigkeiten,
(2) die Überzeugungen und Erwartungen (z. B. hinsichtlich der eigenen Selbstwirksamkeit als persönliche Überzeugung bzw. Erwartung, neue oder schwierige Anforderungssituationen aufgrund eigener Kompetenzen bewältigen zu können),
(3) die Ziele als mentale Repräsentationen und
(4) die Bewertungsmaßstäbe

von Individuen betrachtet. Damit trägt dieses Theoriegerüst der Komplexität von menschlicher Persönlichkeit Rechnung, wohlwissend, dass die benannten Persönlichkeitsstrukturen in unterschiedlichen Situationen variierend zum Tragen kommen. Im Sinne des Prinzips des *reziproken Determinismus* (Bandura 1997) ist davon auszugehen, dass drei Faktoren – Verhalten, Persönlichkeitsmerkmale und die Umwelt – als ein System von Kräften zu verstehen sind, die sich im Laufe der Zeit gegenseitig beeinflussen (vgl. Abb. 7, S. 103).

Persönlichkeit wird als *kognitiv-affektives Verarbeitungssystem (CAPS* aufgefasst. In diesem hochkomplexen System interagieren drei wesentliche Merkmale miteinander: die kognitiven und emotionalen *Persönlichkeitsvariablen*, die *soziale Umwelt* und die *situative Variation von Verhalten*. Der dritte Punkt ist insofern besonders, dass hier nicht das durchschnittliche Niveau des Verhaltens, sondern auch Variationen im Verhalten einen definierenden Aspekt der Persönlichkeit darstellen. Da *Persönlichkeit als aktiv arbeitendes System* aufgefasst wird, widmet sie sich *Persönlichkeitsprozessen*, die für das soziale Verhalten im Alltag von zentraler Bedeutung sind (Pervin et al. 2005, S. 559):

- das Modell- bzw. *Beobachtungslernen*,
- die *Motivation* inklusive *Selbstregulation* des Verhaltens bei der Hinarbeitung auf Ziele sowie
- die *Kontrolle von Impulsen*.

Beispiel 15

Sie begleiten in einer Beratungsstelle Frau Janke, deren Sohn zurzeit in einer stationären Einrichtung untergebracht ist. Vom Vater des Kindes hat sie sich vor einem Jahr getrennt, weil er ihr und dem Kind gegenüber gewalttätig geworden war. Sie selbst bezeichnet sich als alkoholabhängig und „beziehungsgestört". Eigentlich sei sie ganz anders, zumindest früher gewesen, habe gut und gerne viel gearbeitet, war fröhlich und aktiv mit ihrem Sohn unterwegs und habe die Zeit der „intakten Kleinfamilie" sehr genossen. Sie würde gerne wieder für ihr Kind sorgen können, was sie sich auch zutraut, nur im Moment müsse sie sich selbst erstmal wieder „in die Spur" bringen und den Stress mit ihrem Exfreund hinter sich lassen. Dass das möglich ist, wisse sie: ihre Schwester und ihre beste Freundin hätten sowas schon hinter sich und machen ihr Mut, dass das schaffbar sei. Frau Janke fragt Sie nach Unterstützungsgruppen für alkoholabhängige Mütter und entscheidet sich für die Mitnahme eines Angebotsflyers, den Sie mit ihr besprochen haben.

 *Was erfahren Sie über Frau Jankes Persönlichkeit im Sinne der sozial-kognitiven Theorie: Welche Kompetenzen und Fertigkeiten, welche Überzeugungen und Erwartungen, welche Ziele und welche Bewertungsmaßstäbe erkennen Sie in der Fallskizze? Wie ordnen Sie die aktuelle Situation ein vor dem Hintergrund der Persönlichkeitsmerkmale, der Lage, in der Frau Janke sich gerade befindet und verhält, und der sozialen Umwelt, die Frau Jankes Leben aktuell ausmacht? Denken Sie dabei noch einmal an die reziproke Dynamik zwischen diesen drei Einflussfaktoren.*

Was die soeben aufgeführten drei *Persönlichkeitsprozesse* in dem Fallbeispiel betrifft, gibt es zumindest Anhaltspunkte für Beobachtungslernen (die Schwester und Freundin als „ermutigende" Modelle), Frau Jankes (Veränderungs-) Motivation und Ziel, dass der Sohn wieder bei ihr leben kann (z. B. sie kommt in die Beratungsstelle; sie durchdenkt, dass sie sich erst um sich und die Trennung kümmern muss; sie fragt nach Unterstützungsangeboten usw.) und ihre aktive Einflussnahme auf Verhaltensimpulse (z. B. entscheidet sie sich für einen Flyer). Im Sinne dieser Herangehensweise kann festgehalten werden, dass Frau Janke es versteht, die *aktuelle* Situation in ihrer Reichweite und ihrem Potenzial für ihre eigenen inneren Ziele und äußere Erfordernisse zu erkennen und über den Einsatz ihrer kognitiven *Fertigkeiten* und *Kompetenzen* zu regulieren. Ihre Persönlichkeit lässt sich demzufolge sowohl hinsichtlich Konsistenz als auch Variabilität in der Situation erklären.

Die Stärken der sozial-kognitiven Theorie liegen in der Fähigkeit, systematische Forschung bei Problemen des „Funktionierens der Persönlichkeit" und des sozialen Verhaltens zu betreiben und darüber Persönlichkeitsmerkmale und -prozesse vielschichtig beschreiben zu können. Ihr mangelt es allerdings (noch) an einer ganzheitlichen, einheitlich-systematischen Theorie und der Verlinkung zwischen sozial-kognitiven Strukturen und vererbten biologischen Eigenschaften, die zu individuellen Unterschieden beitragen (vgl. biopsychosoziales Rahmenmodell).

Schwerpunkt des vorangegangenen Abschnittes bildeten die skizzierten psychologisch-paradigmatischen Zugänge, um die Entwicklung von Persönlichkeit zu beschreiben und zu erklären. Wie sehr sich Persönlichkeitsmerkmale und -prozesse mit sozialen Umwelten und situativen Gegebenheiten wechselseitig beeinflussen, wurde anhand verschiedener Theoriekonzeptionen (mit unterschiedlicher Gewichtung) veranschaulicht. Abschließend sei noch darauf hingewiesen, dass bei den meisten, wahrscheinlich allen zutage tretenden Persönlichkeitsmerkmalen zahlreiche *Gene* (z. B. Temperamentszüge) sowie *biologische Prozesse* (z. B. Neurotransmitter, Hormone) involviert sind.

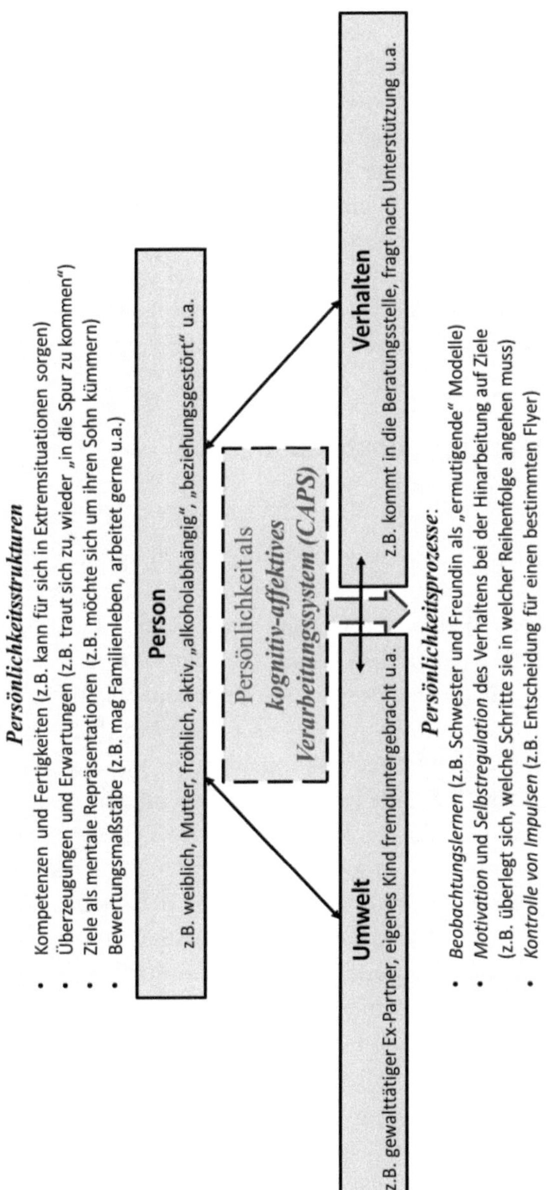

Abbildung 7: Fallbeispiel „Frau Janke" im Lichte der sozial-kognitiven Theorie

Hierher gehört entsprechend die Begrifflichkeit *Temperament*, womit individuelle Unterschiede in der allgemeinen Stimmung oder Qualität der emotionalen Reaktion gemeint sind (z. B. die sog. *Affektivität* als emotionale Befindlichkeit, *Aktivierung* allgemein als Funktionsanregung eines Organismus oder *Aufmerksamkeit* durch Bewusstseinszuwendung, Wachheit, Konzentration), die früh im Lebenslauf beobachtbar sind, relativ stabil bleiben, erblich bedingt sind und auf biologischen Prozessen beruhen (Pervin et al. 2005, S. 689). Es gibt also keine Psychologie oder Umwelt *ohne* biologische Prozesse. So bestimmen beispielsweise Gene den Ablauf biologischer Prozesse, die in Verbindung mit Umweltereignissen die Entfaltung der Persönlichkeit beeinflussen, aber auch umgekehrt muss bedacht werden: Wenngleich nach wie vor die Tendenz besteht, biologische Prozesse als unveränderlich zu betrachten, weisen mittlerweile Belege auf die Plastizität (Veränderbarkeit) im neurobiologischen System als *Folge* von Erfahrungen hin, d. h. auch hier ist von wechselseitigen Beeinflussungen auszugehen (zusammenfassend Pervin et al. 2005, S. 427).

18 Ausgeprägte Persönlichkeitsstile und Persönlichkeitsstörungen

Die Frage, ob eine Persönlichkeit „zu ausgeprägt" oder auch „gestört" sein kann, wird ausführlicher in Teil D beantwortet: Die ICD als internationales Klassifikationssystem für Krankheiten und Gesundheitsprobleme beschreibt in einem eigenen Kapitel (F60-F69) zahlreiche sog. *Persönlichkeitsstörungen* für Menschen, deren individuelle Ausprägung ihres Temperaments und interpersonellen Stils, ihrer Fähigkeiten, Handlungseigenschaften, Werthaltungen, Einstellungen sowie Selbstkonzept und Wohlbefinden in ihrem Zusammenspiel so „extrem" ausgeprägt sind, dass die Betroffenen (und/oder ihr soziales Umfeld) durch das daraus resultierende Denken, Erleben und Verhalten deutliches Leid erleben oder hervorrufen und kaum oder nicht mehr sozial und beruflich zurechtkommen. Dieser Umstand, dass Individuen sich auch in diese Richtung entwickeln können, erklärt, warum viele der in diesem Kapitel angesprochenen Persönlichkeitstheorien zugleich klinische Ansätze beinhalten, d. h. aus der Art und Weise, wie Persönlichkeit und ihre „Störung" theoretisch erklärt werden, wird abgeleitet, wie sie am besten begleitet, behandelt, geheilt werden kann. (Zur Erinnerung: Es handelt sich hier um einen paradigmatischen Zugang. Daher kommen die besprochenen Erklärungsansätze auch bei der Behandlung anderer Störungsbilder als Persönlichkeitsstörungen zum Tragen, siehe Teil D.) Es gibt allerdings auch psychologische Behandlungsansätze, die explizit für spezifische Persönlichkeitsstörungen entwickelt wurden. Aus der Erkenntnis heraus, dass sich Persönlichkeitsstörungen nicht einfach aus einem angeborenen Temperament oder „starren Charakter", sondern mehrfaktoriell begründet entwickeln (vgl. Vulnerabilitäts-Stress-Bewältigungsmodell, Kap. 24), kombinieren sie häufig verschiedene Erklärungsansätze sowie Interventionsformen und haben Weiterentwicklungen auch für andere Störungsbilder erfahren, z. B. die sog. Schematherapie, in deren Rahmen tiefenpsychologische und kognitiv-verhaltenstherapeutische Ansätze kombiniert werden (vgl. Roediger 2018). Als weiteres prominentes Beispiel sei hier die Dialektisch-Behaviorale Therapie für Menschen mit einer Borderline-Persönlichkeitsstörung (Linehan 1996) zu nennen, die mittlerweile durch ihre Weiterentwicklung auch Anwendung in der Behandlung anderer Störungsbilder (z. B. ADHS, Essstörungen) erfahren hat (vgl. Burmeister et al. 2014).

Insgesamt wird von vergleichsweise hohen Prävalenzraten für Persönlichkeitsstörungen ausgegangen (9-13%; Fiedler 2018; Maier et al. 1992), allerdings kommen diese Menschen vergleichsweise selten in Behandlung, weil ihnen nicht bewusst ist, dass sie aufgrund ihrer sehr ausgeprägten, inflexiblen Denk- und Verhaltensweisen soziale Probleme haben. Sie empfinden sich letztendlich als „normal" (*ich-synton*), leiden aber (mitunter) unter den Folgen ihres sehr ausgeprägten Persönlichkeitsstils, beispielsweise darunter, dass sie immer wieder von anderen Menschen verlassen werden oder selten beruflich in Teams auf Dauer „gut ankommen". Das heißt, dass ihnen ein gewisses Maß an *Mentalisierungsfähigkeit* fehlt: Sie erleben Schwierigkeiten in Beziehungen sensibel, können ihre Probleme jedoch nicht mentalisierend (selbstreflexiv und empathisch) lösen (vgl. psychoanalytischer, bindungstheoretischer Ansatz der Transaktionalen Mentalisierung; Fonagy et al. 2018).

Aufgrund der hohen Prävalenzraten sowie Komorbidität zu anderen Störungsbildern haben es Sozialarbeiter*innen häufig mit Menschen mit Persönlichkeitsstörungen zu tun, weniger in stationär-klinischen und ambulanten Handlungsfeldern, sondern beispielsweise auch in der Kinder-, Jugend- und Familienhilfe sowie verschiedenen Formen der Begleitung spezifischer Gruppen (z. B. langzeitarbeitslose, suchterkrankte oder straffällige Menschen). Sich diesen Umstand vor Augen zu führen, ist deshalb von Bedeutung, weil neben den situativen, sozialen und gesellschaftlichen Einflüssen auf missliche Lebenslagen eben auch die Persönlichkeit eines Menschen – mitunter in zu ausgeprägter Weise – eine Rolle spielt, die es ebenso von professioneller Seite zu erkennen gilt wie die umweltseitigen Bedingungen. Manchmal geraten Menschen trotz professionellster Unterstützung und Hoffnung machender Entwicklungen immer wieder in missliche Lebenslagen, weil der Einfluss ihrer sehr ausgeprägten Persönlichkeit unterschätzt und dabei mitunter eine vorliegende Persönlichkeitsstörung übersehen wird. Persönlichkeitsstörungen sind behandelbar, üblicherweise psychotherapeutisch, wobei hier nicht die Veränderung der Person angestrebt wird, sondern im Vordergrund Prozesse der individuellen „Nachreifung" und Selbstreflexion sowie der Erwerb von Fähigkeiten zur Emotionsregulation und bewussteren Handlungssteuerung stehen. Sozialarbeiter*innen können diese Prozesse vor dem Hintergrund ihres Kompetenzprofils ebenfalls befördern und damit Zielgruppen erreichen, die für eine psychotherapeutische Behandlung aktuell nicht zugänglich sind (vgl. sozialtherapeutisches Fallbegleiten, Pauls et al. 2013).

19 Vulnerabilität und Resilienz als Persönlichkeitseigenschaften?

Manch eine*r mag sich bei den Ausführungen zu den persönlichkeitsrelevanten Eigenschaften gefragt haben, ob die Vulnerabilität und Resilienz eines Menschen eigentlich Eigenschaften darstellen. Beide Begriffe werden hier noch einmal explizit herausgestellt, weil sie gerade für Handlungsfelder der Sozialen Arbeit vielfältig diskutiert werden, wenn menschliche Entwicklung und individuell problematische Prozesse, Situationen und Lebenslagen beleuchtet werden (z. B. Zander 2011). *Resilienz* als positiv bewertetes Konstrukt wird als Fähigkeit verstanden, auch angesichts von Belastungen und ungünstigen Einflüssen funktional sowie adaptiv zu handeln und sich positiv weiterzuentwickeln. *Vulnerabilität* als problematisch bis negativ konnotiertes Konstrukt wird als Verletzlichkeit, Anfälligkeit für Krisen, Erkrankungsneigung aufgefasst. In den Ausführungen an anderer Stelle in diesem Buch (vgl. Teil B und D) ist bereits dargestellt, dass hierbei nicht nur angeborene Veranlagungen eine Rolle spielen, sondern auch erworbene Merkmale eines Individuums und psychosoziale Prozesse (z. B. erworbene Bewältigungsstrategien, belastende Lebensereignisse und nicht-/förderliche Umweltbedingungen) von Bedeutung sind. Es kommen also *verschiedene Persönlichkeitsbereiche* (s.o.) zusammen, wenn die Widerstandsfähigkeit und Verletzlichkeit eines Individuums beschrieben werden sollen. Ignoriert man diesen Umstand, wird übersehen, dass beide Aspekte einer Persönlichkeit nicht angeboren und statisch sind, sondern sich vor dem Hintergrund einzigartiger biografischer Verläufe entwickeln. Die meisten resilienz- und vulnerabilitätsförderlichen Einflussfaktoren sind letztendlich psychosozialer Natur (und treffen im Wechselspiel auf biologische und weitere psychosoziale Empfänglichkeiten und Potenziale im Sinne von Ressourcen und Risiko-/Schutzfaktoren; vgl. Pauls 2013, S. 208f). Entsprechend würde die Betrachtung von Resilienz und Vulnerabilität als eigenschaftsartige Wesenszüge zu kurz greifen.

Die Vorstellung, dass (auch) bestimmte Eigenschaften Einfluss darauf nehmen, wie Menschen mit Belastungen – als einschlägiges Thema gerade für die Soziale Arbeit – umgehen, ist an sich eine sinnvolle und naheliegende Überlegung. In diesem Zusammenhang werden entsprechend auch „verwandte" Konstrukte diskutiert, beispielsweise die sog. *hardiness* (Kobasa 1979) oder der *Kohärenzsinn* (Antonovsky 1997), die mit dem Resilienzkonstrukt assoziiert sind. Hierzu haben Sader & Weber (1996, S. 117ff) einige aufschlussreiche Anmerkungen gemacht:

(1) Eigenschaften welcher Art auch immer können zwar bestimmtes Verhalten vorhersagbarer machen (z. B. ein „gelassener Mensch" wird in einer herausfordernden Situation wahrscheinlich erstmal einen Kaffee trinken oder sich ausruhen), sie können aber nicht die *Folgen* des jeweiligen Verhaltens vorhersagen (z. B. ob Kaffeetrinken in dieser Situation zu einer erfolgreichen Bewältigung kausal beiträgt).

(2) Wenn Eigenschaften als Ressourcen diskutiert werden, dann muss berücksichtigt werden, dass die Auswahl der Ressourcenkonzeptionen (hier Resilienz als Ressource) in dem Sinne selektiv ist, dass sie mitunter die in unserer Gesellschaft aktuell weitverbreiteten Ideologie widerspiegeln, dass jeder seines Glückes eigener Schmid sei und großer Einsatz sich lohne. Manchmal mag statt hoher sozialer Verträglichkeit, proaktiver Lebensgestaltung und emotionaler Stabilität beispielsweise der sorgsame Umgang mit den eigenen Kräften oder Gleichmütigkeit mit Blick auf die Folgen des daraus resultierenden Verhaltens angemessener für die individuelle Entwicklung sein. Das aktuell vielrezipierte Recovery-Konstrukt (vgl. Amering & Schmolke 2012) trägt dieser Überlegung Rechnung.

(3) Ob ein bestimmtes Verhaltensmuster, hier unterstellt resultierend aus Wesenszügen, erfolgreich ist (beispielsweise, dass resilientes Verhalten Lebenswidrigkeiten optimistisch „aufzufangen“ vermag), hängt auch davon ab, ob *andere* dieses Verhalten akzeptieren und unterstützen. So ist beispielsweise in unserer Gesellschaft weniger erwünscht, dass sich ein Mensch in einer Phase der Arbeitslosigkeit zurückzieht und überlegt, dass er weniger oder nicht mehr arbeiten möchte, weil ihm diese Form der Lebensführung womöglich nicht guttut. Vielmehr wird erwartet, dass dieser Mensch optimistisch nach vorn schaut, sich proaktiv bewirbt und signalisiert, dass er seine Lage in den Griff bekommt. Sader & Weber (1996, S. 120) resümieren in diesem Zusammenhang, dass in unserer Gesellschaft beispielsweise Optimismus hochgeschätzt wird, weil er diejenigen, die mit schicksals- oder krisenbetroffenen Menschen zu tun haben entlastet: Es besteht nicht die emotionale Verpflichtung zu helfen oder das Gefühl, demgegenüber selbst hilflos zu sein. Vor lauter Dankbarkeit den „Optimisten“ gegenüber, würden diese mit Zuspruch und Unterstützung „belohnt“, wodurch sich ihr Erfolg ergibt. Demnach führt nicht die Eigenschaft Optimismus oder das Konstrukt „resilient“ zu erfolgreicher Lebensführung, sondern der gesellschaftsseitige Umgang mit Menschen, denen diese in unserem Wertesystem (inklusive seiner sog. neoliberalen Implikationen) erwünschten Wesenszüge oder Kompetenzen zugeschrieben werden.

Es handelt sich hierbei um komplexe Annahmen und Implikationen. Daher lohnt es sich, hier gedanklich ein wenig zu verweilen:

*Was ist „das Gute“ an Gelassenheit? Wie denken Sie über Menschen, die Ihnen privat das Gefühl geben, Ihre Lebensherausforderungen allein „in den Griff“ zu kriegen und wie denken Sie, wenn Klient*innen optimistisch an ihre Zukunft herangehen im Unterschied zu solchen, die es nicht tun? Beeinflusst Sie das in Ihrem Handeln?*

20 Persönlichkeit und Kultur

Letztendlich lassen sich zwei Strategien feststellen, um über Persönlichkeit und Kultur nachzudenken (Pervin et al. 2005, S. 643ff):

Strategie 1 ist bislang am häufigsten vorzufinden und besteht darin, für eine persönlichkeitsrelevante Theorie oder Konzeption anschließend zu fragen, ob dieser Zugang auch kulturübergreifend gilt. So wäre beispielsweise im Sinne der in Kapitel 17 vorgestellten Theorie des Selbst nach Rogers (1991) oder nach dem lexikalisch gewonnenen Eigenschaftsmodell der Big Five zu fragen, ob die beschriebenen Selbst-Prozesse auch in asiatischen oder afrikanischen Kulturen vorkommen oder die über die Sprache und statistische Verfahren herauskristallisierten fünf Wesenszüge auch kulturübergreifend (und in anderen als den westlichen und nordamerikanischen Sprachen) replizierbar sind. Es geht also um die Verallgemeinerbarkeit. Damit verbunden sind zwei Schwachpunkte: Wenn westliche Forscher*innen westliche Konzepte der Persönlichkeit in nichtwestliche Kulturen importieren, besteht das Risiko, dass sie Aspekte der Persönlichkeit übersehen, die in diesen nichtwestlichen Kulturen jedoch wichtige Schlüsselmerkmale sind, wenngleich sie in der eigenen Kultur unwichtig sind. Ein weiterer Schwachpunkt ist, dass Kultur als peripher für die Erforschung der menschlichen Natur behandelt wird, sozusagen als optionale Ergänzung zu den Kernfragen nach der grundlegenden Persönlichkeitsausstattung des Menschen. Geertz (1973) wies in diesem Zusammenhang mit Nachdruck darauf hin, dass es keine kulturfreie Persönlichkeit gäbe, das psychologische Funktionieren und damit auch die Persönlichkeit eines Menschen – kultiviert über die Sprache und Kommunikationssysteme der jeweiligen Kultur(en), denen ein Individuum angehört – von Natur aus eine Frage der Kultur seien.

Entsprechend basiert *Strategie 2* auf dem Zugang, dass Menschen ihre Persönlichkeit durch die Interaktionen mit und in ihrer Kultur erwerben. Kultur ist demzufolge nicht als peripher, sondern als Kernstück anzusehen (vgl. Pervin et al. 2005, S. 644). Dadurch, dass sich die Gepflogenheiten und Bedeutungen der Kultur und die psychischen Prozesse und Strukturen eines jeden Mitglieds wechselseitig begründen, gibt es demnach keine kulturfreie Persönlichkeit und keine personenfreie Kultur (vgl. Kap. 4; vgl. Vygotskij 1934/2002). Menschen werden durch die Kultur, in der sie aufwachsen und leben, zu den Persönlichkeiten, die sie sind, aber sie erhalten „ihre" Kultur auch aufrecht, indem sie deren soziale Praktiken und Gepflogenheiten praktizieren, pflegen und weitergeben. Wie sehr Persönlichkeit und Selbst in der Kultur gesellschaftlich konstruiert sind, haben beispielsweise Markus & Kitayama (1991, 2010) sowie Triandis (2001) herausgearbeitet, die für europäisch-amerikanische Kulturen eher unabhängige (d. h. Persönlichkeitszüge und Ziele sind als unabhängig von denen anderer Personen zu sehen), für ostasiatische Kulturen eher interdependente Selbstverständnisse (d. h. Personen sind eher in ihrer Rolle in Familien und sozialen Beziehungen zu verstehen) feststellten. Entsprechend werde das Verhalten eines Menschen entweder mehr vor dem Hintergrund autonomer geistiger Wesenszüge erklärt (z. B. gewissenhaftes Handeln als Wesenszug) oder mehr vor dem Hintergrund des Netzwerks von sozialen Verpflichtungen (z. B. gewissenhaftes Verhalten als sozialer Zwang, gesellschaftliche Erwartung). Mit zunehmender Globalisierung sind immer mehr Menschen in verschiedenen Kulturen verhaftet. Hierzu ist schon seit längerem belegt, dass Menschen in der Lage sind, zwischen den kulturellen Rahmungen zu wechseln und entsprechend ihre Interpretationen von Ereignissen und Erfahrungen unterschiedlich zu vollziehen (z. B. Hong et al. 2000). Das Thema temporärer und dauerhafter Kulturwechsel und Transkulturalität ist in der Sozialen Arbeit spätestens im Zuge der letzten großen Migrationsbewegungen nach Deutschland angekommen (z. B. Blank et al. 2018) und macht deutlich, dass Sozialarbeiter*innen auch ihre inter-/transkulturellen Kompetenzen als Bestandteil ihrer Persönlichkeit im Blick behalten und stetig weiterentwickeln müssen.

21 Zur „Persönlichkeit von Sozialarbeiter*innen“

Das letzte Kapitel in diesem Buchabschnitt soll noch einmal explizit dazu anregen, das Gelesene auf sich selbst anzuwenden. Hierzu bietet sich zunächst an, – das, was Ihr Gehirn beim Lesen ohnehin versucht, nämlich den Lesestoff an Ihr Vorwissen anzudocken und in persönlich bedeutungsvolle Schemata einzuordnen – abschließend noch einmal zu sortieren:

Wie haben oder hätten Sie vor Lektüre dieses Kapitels Ihre eigene Persönlichkeit beschrieben? Anhand welcher Persönlichkeitsbereiche und speziell Persönlichkeitseigenschaften bzw. Wesenszüge würde Sie sich jetzt beschreiben? Was ist für Sie neu im Vorher-Nachher-Vergleich? Was ist Ihnen ein- oder aufgefallen, was für Ihre persönliche und berufliche Entwicklung nützlich sein könnte?

Die eingangs gestellte Frage, wie stabil persönlichkeitsbeschreibende Beobachtungen und Zuschreibungen sind, wurde ebenfalls an verschiedenen Stellen erläutert und dabei festgestellt, dass insbesondere die *Situativität von Verhalten* nicht unterschätzt werden sollte.

*Vielleicht kennen Sie von sich auch, dass Sie sich im Verhalten sehr unterschiedlich zeigen, beispielsweise wenn Sie Ihre Großeltern besuchen, mit Ihren Kommiliton*innen etwas unternehmen oder in Ihrer*

WG das Zusammenleben organisieren. Doch was macht dennoch Ihre Persönlichkeit aus, trotz dieser unterschiedlichen Situationen (Sind Sie vielleicht immer/meistens überpünktlich oder schnell gelangweilt, wenn nichts Besonders passiert)?

Es wurde auch herausgestellt, dass diese Persönlichkeitsbeschreibungen *Zuschreibungen* sind: Sowohl Sie konstruieren sich als Persönlichkeit als auch Ihr Umfeld (d. h. Sie *sind* es nicht zwangsläufig). Besonders spannend ist dieser Umstand, wenn Menschen sich neu begegnen (z. B. in einem Bewerbungsgespräch oder beim ersten Date, aber auch beruflich, wie beim Erstgespräch in einer Beratungsstelle). Wie einflussreich andere Menschen und Situationen sind, wird in Teil E gesondert besprochen. Hier sei lediglich daran erinnert, dass mit Stabilität von Persönlichkeit nicht nur die *Transsituativität* von Denken, Erleben und vor allem Verhalten gemeint ist, sondern auch dessen *Konstanz über die Zeit* hinweg. Wird die Beschreibung Ihrer Persönlichkeitsmerkmale beziehungsweise zugeschriebene Persönlichkeitsstruktur auch in zehn, zwanzig oder vierzig Jahren gleich ausfallen? Passen die beiden menschlichen Phänomene *„Persönlichkeit" und „Entwicklung"* überhaupt zusammen? Nolting & Paulus (2018, S. 86) sprechen in diesem Zusammenhang von *„Konstanz im Wandel"*. Damit ist gemeint, dass gewisse Dispositionen (z. B. allgemeine Intelligenz, Extraversion, Musikalität) im Prinzip erhalten bleiben, aber im Laufe des Lebens ihre spezifische Ausdrucksform (und das im Wechselspiel mit ihren vorhersehbaren sowie zufälligen Umwelten) verändern. Die angelegte Musikalität eines Kindes äußert sich beispielsweise in der Kita anders als im Jugend- oder Erwachsenenalter.

Vielleicht haben Sie auch an sich „Begabungen" entdeckt, die im Laufe ihres bisherigen Lebens in unterschiedlicher Weise erkennbar waren?

Was die erwähnten Big Five betrifft (vgl. Kap. 16), so lässt sich mit Caspi et al. (2005) zusammenfassen, dass beispielsweise die Geselligkeit als ein Ausdruck von *Extraversion* im Jugendalter am höchsten ausgeprägt ist, die *Gewissenhaftigkeit, soziale Verträglichkeit* und *emotionale Stabilität* (insbesondere in stabilen Partnerschaften) mit Beginn des Erwachsenenalters wachsen und die *Offenheit* für Erfahrungen im hohen Alter etwas zurückgeht. Diese durchschnittlichen (also nicht für jedes Individuum im gleichen Maße geltenden) Trends scheinen geschlechtsunabhängig zu sein und mit Persönlichkeitsveränderungen ist am ehesten im frühen Erwachsenenalter (nicht in der Jugend) zu rechnen. So oder so: Wenn man das aktuelle Denken, Erleben und Verhalten eines Menschen über Dispositionen oder Wesenszüge erklären will, muss neben den situativen Bedingungen auch berücksichtigt werden, dass es sich um *derzeitige* Wesenszüge handelt, die trotz aller Konstanz immer auch einer Entwicklung unterliegen. Vielleicht sind Sie in mancherlei Hinsicht heute viel offener, als Sie es sich vor zehn Jahren hätten vorstellen können oder andere von Ihnen angenommen hätten? Möglicherweise machen Sie mit zunehmendem höheren Alter die Erfahrung, dass Sie weniger motiviert sein werden, zusätzliche Informationen über die Welt zu erhalten oder neue Netzwerke aufzubauen, und stattdessen motivierter sein werden, positive Erfahrungen zu machen über die Pflege für Sie persönlich bedeutsamer Beziehungen zur Familie und zu langjährigen Freunden. Die sog. *sozioemotionale Selektivitätstheorie* (vgl. Carstensen et al. 1999) würde dies zumindest vorhersagen und dabei davon ausgehen, dass als Kontext von Persönlichkeit nicht nur soziale Settings bedeutsam sind, sondern auch die Anzahl der Jahre, von denen man glaubt, dass sie einem im Leben noch bleiben.

*Warum sind Sie Sozialarbeiter*in geworden oder haben Sie sich für dieses Studienfach entschieden?*

Speziell Persönlichkeitspsycholog*innen würden die Antwort vorrangig in Ihrer Persönlichkeit suchen und annehmen, dass das von Ihnen anvisierte Professionsprofil Sozialer Arbeit sich gut mit Ihren Wesenszügen, Ihren Fähigkeiten (z. B. soziale Kompetenzen), Ihren Handlungseigenschaften (z. B. beruflichen Motiven), Ihren Bewertungsdispositionen (z. B. bestimmten Einstellungen) und Ihrem Selbstkonzept (z. B. ein hilfsbereiter und/oder „sozialer" Mensch zu sein) deckt. Sie würden dabei davon ausgehen, dass ein erheblicher Teil Ihrer Persönlichkeit trotz Ihrer Entwicklung vermutlich „im Kern" (dispositionell) stabil bleiben wird, aber in ihrem Ausdruck auch von Situationen und Kontexten abhängt.

In der Sozialen Arbeit wird der Diskurs über die Persönlichkeit von Sozialarbeiter*innen kaum geführt, allenfalls im Zusammenhang mit der Ausformulierung von Schlüsselkompetenzen für diese Berufsgruppe (Maus et al. 2013). Auch Sozialarbeiter*innen sollen sowohl „persönlich geeignet" als auch aufgabenentsprechend als Fachkräfte ausgebildet sein (Vgl. § 72 SGB VIII für die Kinder- und Jugendhilfe), wobei die persönliche Eignung zuerst genannt wird. Von Spiegel (2013, S. 72f) fasst hierzu zusammen, dass bis in die 1970er Jahre die Erwartungen an Fachkräfte auf Zuschreibungen wie persönliche Reife, Integrität, Weisheit, Ganzheitsschau, Gewissenhaftigkeit, Fingerspitzengefühl, Charakterstärke, eine ausgeprägte ethische Orientierung usw. beruhten und mit der Einführung der Hochschulstudiengänge zwar der Persönlichkeitsaspekt hinter die wissenschaftliche Qualifizierung getreten sei, in der Praxis dennoch Zuschreibungen, wie Kommunikations- sowie Teamfähigkeit, persönliche Reife, Empathie, Konfliktfähigkeit, für „gute Sozialarbeiter*innen" einschlägig seien, sie allerdings unter dem Label der *Kompetenzen* gehandelt werden. Sie konstatiert den Kompetenzbegriff als Fähigkeit zur situationsspezifischen Konkretisierung und Relationierung zwischen Person und Umwelt, wobei sie zum *„individuellen Gesamtbestand"* die jeweils erforderlichen Fähigkeiten und Fertigkeiten (Können), die Motive und Interessen (Wollen, Handlungen) und die jeweils vorhandenen umweltseitig gegebenen Möglichkeiten zählt. Zwar geht auch sie davon aus, dass unklar ist, inwieweit beispielsweise der allgemeine Habitus und alltägliche Handlungskompetenzen wie Schlüsselkompetenzen, lebensgeschichtlich erworben und somit veränderbar sind. Sie geht aber auch davon aus, dass durch Ausbildung und Praxis die berufsbezogenen Anteile davon (professioneller Habitus, sozialarbeiterische Schlüsselkompetenzen) aufgebaut und weiterentwickelt werden können. Folge davon wäre der professionelle Einsatz der *„Person als Werkzeug"*, indem die Persönlichkeit der Sozialarbeiterin oder des Sozialarbeiters selbst als Steuerungsinstanz für die Ausbalancierung beruflicher Anforderungen fungiert (vgl. Gildemeister 1983, S. 121f). Sozialarbeiter*innen sollen demnach ihre persönlichkeitsbedingten Fähigkeiten kennen und diese fachlich qualifizieren und ausbauen. Von Spiegel (2013, S. 253) mahnt hierzu an, dass sich im Laufe der Professionalisierung der Sozialen Arbeit so hohe Anforderungen herausgebildet haben, dass die Handlungsmöglichkeiten der individuellen Fachkraft systematisch überfordert werden und dass bei der per se staatlich initiierten, institutionell getragenen Sozialen Arbeit immer von einer Kombination persönlicher und institutioneller Leistungen auszugehen sei (womit wir wiederum beim Wechselspiel zwischen Individuum und Umwelt wären). Wie hoch der Anforderungskatalog mittlerweile ist, lässt sich eindrucksvoll an den ausformulierten *Schlüsselkompetenzen Sozialer Arbeit* erkennen (vgl. Maus et al. 2013; DBSH 2009): strategische Kompetenz, Methodenkompetenz, sozialpädagogische Kompetenz, sozialrechtliche Kompetenz, sozialadministrative Kompetenz, personale und kommunikative Kompetenz, berufsethische Kompetenz, sozialprofessionelle Beratungskompetenz sowie die Kompetenz zur Praxisforschung und Evaluation. Für manche dieser Kompetenzen, z. B. die personale Kompetenz als Fähigkeit der Arbeit mit und an der eigenen Person in Bezug auf die Interaktion mit anderen Menschen, kann hier eine höhere personale Disposition als angelegtem Wesenszug unterstellt werden als bei anderen, die vermutlich zu einem größeren Anteil erlernbar sind (z. B. die sozialrechtliche Kompetenz). Empirische Befunde (z. B. Lang 2009) legen zumindest nahe, dass die soziale Kompetenz eines Menschen durch dessen Persönlichkeit (im Sinne des Big-Five-Modells) vorhersagbar ist, d. h. die Persönlichkeit Einfluss auf die Ausprägung sozialer Kompetenz im Längsschnitt zu haben scheint.

Über welche der aufgeführten Schlüsselkompetenzen Sozialer Arbeit verfügen Sie besonders gut, welche möchten Sie für sich persönlich weiterentwickeln – und warum?

Abschließend sei festzuhalten, dass das Fragen nach den Kompetenzen allein deshalb nützlicher ist als Persönlichkeitseigenschaften herauszustellen, weil erstere eher durch Aus- und Weiterbildung erworben und trainiert werden können (vgl. Erpenbeck & von Rosenstiel 2005), hier also mehr Entwicklungspotenzial gesehen wird. Letztendlich kommt es, wie an vielen Stellen in diesem Buch bereits aufgeführt, auch hier auf die Person-Umwelt-Passung an, in ausdefinierter, arbeits- und organisationspsychologischer Sprache den „Person-Job Fit", den „Person-Organization Fit", den „Person-Group Fit" und „Person-Supervisor(Chef) Fit" (z. B. Kauffeld & Grohmann 2019). Da Sie als ausgebildete Sozialarbeiter*in für ausgesprochen viele Handlungsfelder, Zielgruppen und damit Anforderungsprofile professionalisiert sind bzw. sein werden, haben auch Sie letztendlich die Wahl, zu entscheiden, wie sehr Sie über die „Stellschraube Person" und die Weiterentwicklung Ihrer Kompetenzen und unter Beachtung Ihrer personseitigen, stabilen Wesenszüge die Passung zu Ihrem Handlungsfeld und damit verbundenen Anforderungsprofil herstellen und/oder über die „Stellschraube Job" die Passung anstreben, indem Sie nach dem für Sie *persönlich* passenden „Job" inklusive Anforderungsprofil und dessen Beeinflussbarkeit suchen. Um es vorwegzunehmen: Wie so oft kommt es nicht auf das „Oder", sondern das „Und" an, d. h. die mehr oder weniger bewusste Entwicklung der Persönlichkeit *und* das berufliche Sich-Einbringen in angemessen bewältigbare und formbare Anforderungsprofile auf der „Jobseite", die in Anbetracht der Komplexität der Arbeitsfelder, der Vielfalt der Handlungsoptionen und der großen Reichweite der Entscheidungen die Soziale Arbeit womöglich zur „Königsdisziplin im psychosozialen Feld" (vgl. Herwig-Lempp & Kühling 2012) erheben mögen, aber damit einhergehend auch große Anforderungen an das Individuum „Sozialarbeiter*in" und dessen Persönlichkeit stellen.

22 Zusammenfassung: Persönlichkeit und Soziale Arbeit?!

Wenngleich, wie eingangs erwähnt, der professionsbezogene Fokus Sozialer Arbeit stärker auf den sozialen Bedingungen menschlichen Denkens, Erlebens, Verhaltens und sozialer Problemlagen von Individuen liegt (vgl. Ortmann 2018, S. 9ff), wurde in diesem Teil des Buches nichtsdestotrotz der Versuch unternommen, Aspekte der Persönlichkeit und Persönlichkeitspsychologie an die Soziale Arbeit heranzutragen, da mit Blick auf das 4+1-Modell (vgl. Nolting

& Paulus 2018) die Betrachtungen ebenso unangemessen verkürzt geraten, wenn die Berücksichtigung der Persönlichkeit sowohl von Sozialarbeiter*innen als auch Adressat*innen Sozialer Arbeit per se außen vor gelassen werden würde. Wenn Sie sich weiterführend für die Bestimmung von Individualität, Einzigartigkeit und die Integration von Wesenszügen in die Einheit der Person als Persönlichkeit interessieren, sei für eine überschaubare Einführung in die Persönlichkeitspsychologie auf Schütz et al. (2016) verwiesen. Wer sich ausführlicher belesen möchte, kommt am Klassiker Pervin et al. (2005) nicht vorbei.

Teil D

Sozialarbeiter*innen begleiten Menschen mit psychischen Störungen und in psychosozialen Krisen

Zur Einstimmung auf dieses Kapitel stellen Sie sich zunächst einen Menschen vor, der eine psychische Störung hat(e), vielleicht aus Ihrem Freundeskreis, in ihrer Familie, aus einem Spielfilm. Woran erkennen Sie, dass es sich um eine psychische Störung (z. B. eine Depression oder Suchterkrankung) handelt(e)? Welche Ursachen und Risikofaktoren vermuten Sie? Wie wird oder wurde dieser Mensch begleitet, betreut, behandelt vor, während und nach seiner Krise? Machen Sie sich zunächst ein paar Notizen.

In diesem Abschnitt des Buches finden Sie psychologische Antworten darauf, was unter „psychisch gestört" und „psychisch gesund" verstanden wird, wie psychische Störungen entstehen, welche psychischen Störungen diagnostiziert werden, mit welchen Störungsbildern es Sozialarbeiter*innen häufig zu tun haben und wie psychische Störungen wirkungsvoll begleitet und behandelt werden. Trotz des Erfordernisses einer multimodalen Behandlung wird hier der Fokus auf psychologische Interventionen gelegt, also dieser Ausschnitt konkreter beleuchtet. Für den integrativen Blick aus der Sozialen Arbeit sei in diesem Zusammenhang auf Sommerfeld et al. (2016) sowie Bischkopf et al. (2017) verwiesen.

Vorab sei nahegelegt, sich einer Bezugnahme der nachfolgenden Inhalte auf die eigene psychische Verfassung nicht zu verschließen: Jeder Mensch trägt in sich vulnerable und resiliente Anteile, eine psychische Störung zu entwickeln, aber auch Kompetenzen und Strategien, mit Krisen, kritischen Lebensereignissen und ungünstigen Entwicklungsverläufen umzugehen. Aber dazu später mehr…

23 Was ist „normal"? Psychologische Antworten

Die Frage, was eigentlich „psychisch" normal ist, was eine psychische Störung ausmacht und wo überzeugend die Abgrenzung zwischen eher abweichendem Verhalten und einer diagnostizierbaren psychischen Störung verläuft, ist nicht einfach zu beantworten. Welche Verhaltensweisen als psychische Störungen bezeichnet werden, ist zudem abhängig von gesellschaftlichen Werten und Normen. Damit unterliegt die Beantwortung den Einflüssen des kulturellen und geschichtlichen Kontextes (vgl. Bastine 1998, S. 151). So wurde Homosexualität erst ab 1990 mit der Einführung der ICD-10 nicht mehr als psychische Störung aufgefasst, erst 1994 der entsprechende § 175 des Strafgesetzbuches gestrichen und wird in nicht wenigen Kulturkreisen auch heute noch als „nicht normal" gewertet und verfolgt. Auch verdeutlichen spezifische Symptomkonstellationen, wie beispielsweise die sog. „Ataque de Nervios" oder „Taijin Kyōfushō", dass kulturelle Einflüsse nicht unerheblich sind, wenn über psychische Normalität, Abweichung und Störung nachgedacht werden soll (Hegemann & Salman 2010). Auch spielen religiöse Einflüsse eine nicht unerhebliche Rolle (z. B. Laabdallaoui & Rüschoff 2017).

Mit Konstrukten wie „Normalität" und „Abweichung" lässt sich also keine adäquate Definition von psychischer Störung formulieren, wenngleich sogenanntes „*normabweichendes Verhalten*" üblicherweise *einen* Indikator darstellt. So sollte zunächst reflektiert werden, von welcher Norm ein menschliches Verhalten abweichen kann (vgl. Renneberg et al. 2009, S. 21): Zuvorderst wird hier auf *soziale Normen* einer Gesellschaft verwiesen (z. B. „Man lebt nicht auf der Straße" oder „Man führt keine Selbstgespräche"). Zu berücksichtigen sind aber auch *individuelle Normen* (z. B. „Heute fühle ich mich krank." oder „Seit ein paar Tagen stimmt etwas nicht mit mir."), *statistische Normen*, bei denen man üblicherweise von einer Normalverteilung in der Bevölkerung ausgeht, sodass die in einem Merkmal besonders hoch/niedrig aufgeprägten Menschen entsprechend „abweichen" (Beispielsweise werden Menschen mit einem besonders hohen Intelligenzquotienten als hochbegabt, mit einem besonders niedrigen Intelligenzquotienten als lernbehindert aufgefasst) und *Funktionsnormen* (z. B. welche Herzfrequenz für das Überleben oder ein beschwerdefreies Leben notwendig ist). Mit den Vorstellungen zu normabweichendem Verhalten und der Verletzung gesellschaftlicher Standards gehen weitere Merkmale einher (vgl. Butcher et al. 2009, S. 6f): Die Betroffenen empfinden *Leid*, ihr Verhalten wird von der sozialen Umwelt als unangemessen (*Maladaptivität*), manchmal *deviant* (vgl. Delinquenz) aufgefasst, führt oft zu *sozialem Unbehagen* und wird mit *Irrationalität und Unvorhersagbarkeit* (vgl. Darstellung psychisch erkrankter Menschen in den Medien) assoziiert. Würde man behaupten, diese Merkmale reichen zur Definition psychischer Störungen aus, würden beispielsweise Menschen, die über einen Verlust oder eine Erfahrung „zu lange" trauern (i.S.v. Leid) oder sich sehr unästhetisch (i.S.v. Unangemessenheit) tätowieren lassen, die nicht ihre sog. alterskorrelierten Entwicklungsaufgaben lösen (vgl. Kap. 7; i.S.v. Maladaptivität), die andere ausnutzen oder belügen (i.S.v. problematischer Devianz bis Delinquenz), sich zu dicht neben andere im Bus hinsetzen (i.S.v. Unbehagen) oder sehr spontan bis phantasievoll sind (i.S.v. Unvorhersagbarkeit) als psychisch gestört gelten. Psychische

Störungen gehen in der Regel mit abweichenden Verhaltensweisen einher, Merkmale abweichenden Verhaltens beschreiben umgekehrt allerdings keine psychische Störung ausreichend! Entsprechend sind weitere Definitionskriterien erforderlich.

Beispiel 16

Herr Uraz, der – seit er zweimal in der Psychiatrie wegen einer paranoiden Schizophrenie behandelt wurde und aufgrund dessen seinen befristeten Arbeitsplatz verlor – regelmäßig in Ihre Kontakt- und Beratungsstelle (KBS) kommt, findet, dass er psychisch krank ist und es immer bleiben wird. Schließlich habe er Halluzinationen gehabt, sei nicht mehr in der Lage gewesen, ein „normales Leben" zu führen, und habe unter seinem Verfolgungswahn sehr gelitten. Sein Bruder habe mal gesagt, dass er vielleicht phasenweise psychisch krank, aber zwischendurch auch gesund sei und er ihn deshalb nicht wie einen Kranken behandeln wolle.

 *Wie würden Sie sich hierzu positionieren unter Berücksichtigung einschlägiger Kriterien für psychische Störungen, abweichendes Verhalten und psychische Gesundheit?*

Neben den erwähnten Abweichungen von der *Norm* und einem ausgeprägten *Leiden* sehen Renneberg et al. (2009, S. 21) klinisch bedeutsame *Symptome* oder Symptommuster (Syndrome) im Denken, Erleben und/oder Verhalten einer Person als ausschlaggebend. Diese Symptome führen zu einer *Beeinträchtigung der* beruflichen *Leistungsfähigkeit und/oder* sozialen *Aktivitäten* und rufen bei den Betroffenen in der Regel ein *Änderungsbedürfnis* hervor. Zusätzlich darf das Symptommuster nicht nur eine verständliche und ggf. kulturell sanktionierte Reaktion auf ein bestimmtes Verhalten darstellen (z. B. Trauerreaktion beim Tod eines geliebten Menschen). Unabhängig vom ursprünglichen Auslöser muss gegenwärtig eine *verhaltensmäßige, psychische und/oder biologische Funktionsstörung* zu beobachten sein (vgl. Wittchen & Hoyer 2011, S. 9). Wenn Herr Uraz aktuell also keine für eine Paranoide Schizophrenie klinisch bedeutsamen Symptome zeigt, nicht leidet oder andere nicht unter ihm leiden und er in wichtigen psychosozialen Funktionsbereichen nicht deutlich beeinträchtigt ist (z. B. Kontakt zu anderen Menschen halten), würde man davon ausgehen, dass aktuell keine psychische Störung vorliegt. Allerdings erhöhen Vorerkrankungen die Vulnerabilität (Verletzlichkeit), erneut zu erkranken.

Um eine *klinische Diagnose* stellen zu können, erhebt ein*e Psychiater*in oder ein*e Psychotherapeut*in in der Regel eine Vielzahl an Informationen aus Selbstaussagen des Betroffenen, Fremdbeobachtungen (der Diagnostiker*innen, aber auch Angehörigen oder Betreuungspersonen) sowie psychologischen und biologischen Erhebungsverfahren (Tests) und erstellt aus der Vielzahl und Kombination der festgestellten psychischen Symptome bzw. Syndrome und unter Ausschluss einer körperlichen Erkrankung einen psychischen Befund, der in eine klinische Diagnose münden kann. Die Arbeitsgemeinschaft für Dokumentation und Methodik in der Psychiatrie (AMDP 2016) hat für die Erstellung des sog. *psychopathologischen Befundes* verschiedene *Merkmalsbereiche* definiert, die zur Diagnosestellung herangezogen werden können:

- Störung des *Bewusstseins* (z. B. Benommenheit),
- Störung der *Orientierung* (z. B. räumlich, zeitlich, situativ),
- Störung der *Aufmerksamkeit* und des *Gedächtnisses* (z. B. Erinnerungslücken, Konzentrationsstörungen, Konfabulationen),
- Störung des *formalen Denkens* (z. B. Grübeln, umständliches oder zerfahrenes Denken),
- *Befürchtungen* und *Zwänge* (z. B. Misstrauen, Zwangsimpulse),
- *Wahn* (z. B. Verfolgungswahn, Schuldwahn),
- *Sinnestäuschungen* (z. B. akustische Halluzinationen),
- *Ich-Störungen* (z. B. Gedankeneingebung, Depersonalisation),
- Störung der *Affektivität* (z. B. Gefühle von Hoffnungslosigkeit, Ängstlichkeit, Ratlosigkeit, Gereiztheit),
- Störung des *Antriebs* und der Psychomotorik (z. B. motorisch unruhig, antriebsarm),
- *zirkadiane Besonderheiten* (z. B. morgens eine schlechtere Befindlichkeit) sowie
- andere Auffälligkeiten (z. B. Aggressivität, Suizidalität, sozialer Rückzug).

Aus der Kombination der Ausprägung in diesen Merkmalsbereichen als Krankheitszeichen (*Symptome*) ergeben sich im weiteren Verlauf sog. *Syndrome* als Beschreibung, die wiederum in eine oder mehrere Diagnosen münden können. Die klinisch-psychologische Diagnosestellung strebt neben der kategorialen Klassifikation (Welche Störung liegt vor?) auch eine *dimensionale Erfassung des Schweregrades* sowie die Einschätzung der psychosozialen Problemkonstellation jenseits der psychischen Symptomatik an (sog. *Problemanalyse*). Zunehmend wird erkannt, dass nicht nur die Fokussierung auf Probleme angezeigt ist, sondern auch *Ressourcen* zu diagnostizieren sind (z. B. Willutzki 2008; Klemenz 2012; Wüsten 2016). Insbesondere für die Soziale Arbeit einschlägig sind ferner Verfahren der Sozialen Diagnostik, die weiterführend bei Buttner et al. (2018) sowie Pantucek (2009) vertieft werden können. Diese Entwicklungen berücksichtigend erscheint es angemessener, weniger von einem psychopathologischen als vielmehr von einem *psychischen Befund* zu sprechen.

Psychische Störungen werden über verschiedene *Klassifikationssysteme* diagnostiziert. Über sie ist festgeschrieben, was derzeit als psychische Störung aus psychiatrischer und psychologischer Sicht aufgefasst wird. Die *International Statistical Classification of Diseases, Injuries and Causes of Death (ICD-10)* wird von der WHO herausgegeben, umfasst *alle* Erkrankungen und Todesarten und ist für die Gesundheitssysteme der Mitgliedsstaaten der WHO gültig. Entsprechend wird sie in Deutschland beispielsweise der Kommunikation mit den Krankenkassen zugrunde gelegt. Psychische Störungen sind in Kapitel V (F) beschrieben. Die grundlegende Revision der *ICD-11* wurde im Mai 2019 von der WHO verabschiedet, der konkrete Zeitpunkt der Einführung der ICD-11 in Deutschland steht derzeit noch nicht fest (ab 2022). Wer sich über den aktuellen Stand der Einführung und anvisierten Veränderungen informieren möchte, sei auf die Internetseiten der WHO (https://icd.who.int/) oder des DIMDI (https://www.dimdi.de/static/de/klassi/index.htm) verwiesen. Da psychische Störungen in der ICD allein über die Symptomatik und Diagnosen definiert werden, wird sie für ein angemesseneres biopsychosoziales Verständnis von Gesundheit und Krankheit um die International *Classification of Functioning, Disability and Health (ICF)* ergänzt. Mit der ICF werden Aspekte von Krankheitsfolgen unter Berücksichtigung der Kontextfaktoren systematisch erfasst, indem eine Einschätzung

(1) der Funktionsfähigkeit/Behinderung über Körperfunktionen, Aktivitäten und Partizipation (Teilhabe) sowie
(2) der Kontextfaktoren über Umweltfaktoren (z. B. Wohnmöglichkeiten) und
(3) über personenbezogenen Faktoren (z. B. Geschlecht, Bildung) erfolgt.

Die ICF ergänzt somit die diagnostischen Angaben aus der ICD um wichtige Faktoren, die zur Erfassung von Lebensqualität und Komponenten von Gesundheit einschlägig sind. Entsprechend wurde die Sozialgesetzgebung in Deutschland maßgeblich durch die ICF beeinflusst und ist ihre Anwendung über die Rehabilitations-Richtlinie des Gemeinsamen Bundesausschusses und über das Bundesteilhabegesetz verankert (vgl. https://www.dimdi.de/static/de/klassi/icf/anwendung.htm). Da Sozialarbeiter*innen den Fokus auf eine gelingende Lebensführung und soziale Bedingungsfaktoren legen, ist für sie letztendlich die ICF einschlägiger, was die psychosoziale Diagnostik und Hilfeplanung betrifft, dennoch sollten sie die Grundkonstruktion und -intention der ICD kennen, um in multiprofessionellen Teams mitreden und sich bezüglich der Diagnosen ihrer Klient*innen orientieren zu können.

Zu erwähnen sei im Zusammenfang mit Klassifikationssystemen auch das *Diagnostic and Statistical Manual (DSM-5)*, das von der American Psychiatric Association (APA) herausgegeben wird. Dieses Klassifikationssystem umfasst eine detailliertere Darstellung psychischer Störungen als die ICD und ist daher für diejenigen ertragreich, die umfänglichere Informationen zu einer bestimmten Störung suchen, z. B. Klinische Sozialarbeiter*innen oder Kinder- und Jugendlichenpsychotherapeut*innen.

Die Ausgabe der 5. Version des DSM (2013) veranschaulicht den eingangs erwähnten *historisch-kulturellen Wandel*, dem Diagnosen unterworfen sind: So sind beispielsweise das sog. Binge Eating und das Zwanghafte Horten als neue Diagnosen hinzugekommen, wohingegen das Burnout-Syndrom und die komplexe posttraumatische Belastungsstörung weiterhin nicht als diagnostizierbare Störungen gelten. Auch die auch für Sozialarbeiter*innen mitunter relevante, sog. *Sekundärtraumatisierung* (Daniels 2008) bedarf weiterer Beforschung, um in den Klassifikationssystemen berücksichtigt werden zu können. Die WHO hat kürzlich die Spielsucht (Gaming Disorder) für Internet- und Videospiele als eigenständige Diagnose für die neue Version der ICD-11 anerkannt (https://www.who.int/features/qa/gaming-disorder/en/), ein Störungsbild, das, historisch betrachtet, vor 50 Jahren nicht vorstellbar gewesen wäre.

Die Klassifikation psychischer Störung geht mit vieldiskutierten Vor- und Nachteilen einher: Zu nennen sei zum einen der damit verbundene *Informationsverlust*, d. h.: Wann immer wir klassifizieren, entgehen uns Informationen und damit ein Teil der Einmaligkeit der untersuchten Person. Entsprechend ist Herr Uraz kein „Schizophrener", sondern ein Mensch mit einer Paranoiden Schizophrenie (gewesen) und außerdem Bruder, vielleicht begnadeter Tänzer, geschickter Handwerker, wunderbarer Koch, hilfsbereiter Nachbar und/oder charmantes Mitglied in einem Chor. Ferner erhöhen Diagnosen als „Etiketten" (vgl. sog. Labeling Approach; Szasz 1960; Scheff 1980) die Wahrscheinlichkeit von *Stigmatisierung*, d. h. sie können Ausdruck struktureller und öffentlicher Diskriminierung sein und Selbstdiskriminierungen nach sich ziehen, wenn die allseits bekannten *Stereotype* (z. B. „Verrückte sind gefährlich!") zu emotional ungünstig wirkenden *Vorurteilen* (z. B. „Ja, deshalb sollte man sie auch lieber nicht als Nachbarn haben.") und damit zu *Diskriminierungen* auf der Verhaltensebene führen (z. B. Wohnraum, der nicht an psychisch vorerkrankte Menschen vermietet wird). Kennen Betroffene (und Angehörige) diese Stereotype, stimmen sie ihnen zu und wenden diese gegen sich (z. B. „Ja, als psychisch Kranker komm ich nicht mehr auf die Beine."), entwickelt sich daraus häufig ein *selbstdiskriminierendes Verhalten*, das mit vermindertem Selbstwertgefühl und reduzierter Selbstwirksamkeit einhergeht und sozialen Rückzug nach sich zieht. Es gibt allerdings auch Betroffene, die diese Prozesse und Zuschreibungen für illegitim halten und sich auch entsprechend dagegen wehren. Sie sind entsprechend häufiger in Selbsthilfeinitiativen oder als Peer-Berater*innen aktiv und gehen mit der ihnen zugeschriebenen Diagnose öffentlicher und proaktiver um. Auch innerhalb der Sozialen Arbeit werden die Themen Diagnosestellung und therapeutische Behandlung kritisch gesehen, insbesondere wenn die gesellschaftsseitigen Einflussgrößen dabei ignoriert werden (z. B. Anhorn & Balzereit 2016).

Als weiterer problematischer Punkt sei zu erwähnen, dass Diagnosen als *kategoriale statt dimensionaler Klassifikation* insofern die Realität ignorieren, als sich die meisten Symptome angemessener dimensional (d. h. kontinuierlich abgestuft) beschreiben lassen. Schubladenartige Kategorien, wie „depressiv" versus „nicht depressiv", sind demnach künstlich, da die Häufigkeit und Intensität depressiver Symptome über die Zeit üblicherweise variieren. Jedoch ist die Klassifikation unterschiedlicher Störungen auch wichtig, da sie uns zu den verschiedenen Ursachen und angemessenen Behandlungsmöglichkeiten führen kann. Eine zuverlässige Diagnose beschleunigt die Kommunikation zwischen Kliniker*innen, verbessert die Veranlassung weiterer Untersuchungsschritte und die trennscharfe Indikation für die Behandlung bestimmter Störungsbilder. Das heißt, wenn ein Sozialarbeiter die Diagnose von Herrn Uraz kennt, kann er seine Symptomatik in akuten Phasen angemessen einordnen und zu anderen Störungsbildern abgrenzen sowie sich vergegenwärtigen, welche stationären, teilstationären und ambulanten Hilfsangebote für Menschen mit und nach paranoider Schizophrenie existieren und für ihn in Frage kommen. Hierbei kommt auch ihm als Sozialarbeiter die wichtige Aufgabe zu, mit Herrn Uraz so zu kommunizieren und im Kontakt zu sein, dass die beschriebenen Selbststigmatisierungsprozesse reduziert werden.

Welche Ansatzpunkte aus der Psychologie dürften hierfür fruchtbar sein? Dazu sollen exemplarisch drei psychologische Konstrukte skizziert werden mit dem Ziel, das eigene Handeln theoretisch fundiert reflektieren zu können: Die Erkundung individueller

(1) *Selbstwirksamkeitserwartungen als individuelle Überzeugung über die eigene Handlungskompetenz* in einem spezifischen Gebiet (Bandura 1997). Sie gelten als entscheidendes Element für stabile Verhaltensveränderungen: „Ich kann das, wenn ich mich anstrenge." (z. B.: „Ich bekomme den Job, wenn ich mich gut aufs Bewerbungsgespräch vorbereite."). Grundsätzlich lassen sich *Selbstwirksamkeitserwartungen* nach Bandura (1997) über vier Wege beeinflussen:
   - *Erfolgserlebnisse* (vor allem, wenn sie sich selbst, also internal, zugeschrieben werden: „Ich habe den Job bekommen, weil ich schlau bin."),
   - *Beobachten* von Erfolgen anderer Personen, die einem selbst wichtig und/oder ähnlich sind (z. B. wie persönlich relevante andere Menschen sich auf Bewerbungsgespräche vorbereiten),
   - *soziale Gruppen*, die oft auch einen ungünstigen Einfluss haben können (z. B. wenn sich eine Gruppe psychiatrieerfahrener Menschen gegenseitig in der Sinnlosigkeit von Jobsuche bestätigt), und
   - die eigene *Interpretation von Emotionen und Empfindungen* (z. B. wenn Menschen körperliche Empfindungen, wie feuchte Hände, Zittern, Herzrasen, in anspruchsvollen Situationen als Zeichen für ein mögli-

ches Scheitern wahrnehmen oder sie als Zeichen freudiger Erregung interpretieren).

Welche konkreten Möglichkeiten sehen Sie, im Kontakt mit Herrn Uraz seine Selbstwirksamkeitserwartungen positiv zu beeinflussen?

(2) *Attributionen als Zuschreibungen von Ursachen* eines Ereignisses (z. B. die Erfahrung von öffentlicher Diskriminierung) oder Verhaltens (z. B. die Beobachtung des eigenen Rückzugs). Warum ist dieses Ereignis eingetreten? Warum verhalte ich mich so? Dabei werden verschiedene Attributionsformen unterschieden, die im Folgenden exemplarisch bezogen auf Herrn Uraz' Erfahrung des Arbeitsplatzverlustes, skizziert werden sollen:

- *internal versus external* („Ich bin krank." / „Mein Arbeitgeber verkennt, dass ich trotzdem ein guter Mitarbeiter bin."),
- *variabel versus stabil* („Das kann sich ändern." / „Das wird immer so sein."),
- *kontrollierbar versus unkontrollierbar* („Ich kann darauf Einfluss nehmen." / „Egal, was ich mache, ich kann nichts dagegen tun.") und
- *spezifisch versus global* („Das ist nur bei meinem Arbeitgeber so." / „Das ist in allen Lebensbereichen so.").

Attributionen (Ursachenzuschreibungen) beeinflussen sowohl die Selbstwahrnehmung als auch die Wahrnehmung der Umwelt und damit auch das künftige Verhalten. Wenn Herr Uraz den „Misserfolg" des Arbeitsplatzverlustes internal, stabil, unkontrollierbar und global attribuiert (zuschreibt), wird er sich weiter zurückziehen und keine proaktiven Strategien einsetzen (z. B. selbstbewusst mit dem Arbeitsgeber das Gespräch suchen oder sich nach einem neuen, erfüllenden Job umsehen). Entsprechend wird die Wahrscheinlichkeit geringer, dass er die Erfahrung von eigener Selbstwirksamkeit macht.

(3) *Copingstrategien als Maßnahmen zur Bewältigung* von individuell wahrgenommenen Stress und Hinterfragen hinsichtlich ihres Potenzials, Selbststigmatisierung zu reduzieren. Grundsätzlich ist hierzu anzuraten, neben intrapsychischen *emotions- und bewertungsregulierenden* Copingstrategien vor allem *proaktive* Copingstrategien zu unterstützen, weil diese am effektivsten mit verbesserten Selbstwirksamkeitserwartungen einhergehen. Proaktive Copingstrategien sind insofern problemorientiert, dass Menschen durch direkte Handlungen oder ihr explizites Unterlassen versuchen, Problemsituationen zu überwinden. So könnte Herr Uraz sich beispielsweise (bestenfalls selbständig, gegebenenfalls mit sozialer Unterstützung) Infor-

mationen über Verläufe und Folgen von Schizophrenieerkrankungen und deren Meisterung durch Betroffene beschaffen, ein aufklärendes Gespräch mit einem Psychologen oder Betroffenen führen, sich etwas Neues zur Beschäftigung suchen und/oder Risikofaktoren für Rückfälle, wie Drogenmissbrauch, aktiv reduzieren.

Es gibt zahlreiche Lehrbücher, die einen sehr dezidierten Überblick über die verschiedenen psychischen Störungsbilder vermitteln, z. B. Hammer & Plößl (2012) als praxisorientierter Zugang, Comer (2008) in US-amerikanisch-anregender Didaktik oder Dörner et al. (2017) als Klassiker einer sozialpsychiatrisch-anthropologischen Haltung. Vor diesem Hintergrund wird im Folgenden die Vielfalt psychischer Störungen lediglich skizziert und dabei auf Vollständigkeit verzichtet. Darüber hinaus werden Veränderungen der Diagnoseschlüssel mit der Einführung der ICD-11 eintreten. Diese wurde im Mai 2019 verabschiedet und soll am 1. Januar 2022 in Kraft treten (https://www.dimdi.de/dynamic/de/klassifikationen/icd/icd-11/).

Die *Prävalenzangaben* (12-Monats-Prävalenz) stützen sich auf Ergebnisse aus dem letzten großen Bundesgesundheitssurvey 1998 (vgl. Jacobi, Klose & Wittchen 2004; Wittchen & Jacobi 2001). Sie stellten fest, dass in den letzten 12 Monaten in Deutschland 31% der Bevölkerung eine oder mehrere psychische Störungen hatten, die Lebenszeitprävalenz betrug 43%.

In der noch gültigen ICD-10 (Stand: März 2020) (http://www.icd-code.de/icd/code/F00-F99.html) werden zunächst *organische, einschließlich symptomatischer psychischer Störungen* (F00-F09) aufgeführt, worunter Erkrankungen mit nachweisbarer Ursache (Ätiologie) in einer zerebralen Krankheit oder Hirnverletzung verstanden werden, die zu einer Hirnfunktionsstörung führen. Die *Demenz* ist dabei das bekannteste Syndrom, aber auch Delire ohne Einfluss psychotroper Substanzen fallen hierunter.

Psychische und Verhaltensstörungen durch psychotrope Substanzen (F10-F19 // 4,5%) umfassen sämtliche stoffgebundene Störungen, z. B. Alkohol (3,7%), Tabak, Cannabinoide, Halluzinogene, Sedativa oder Opioide. Unterschieden werden dabei verschiedene Erscheinungsbilder, v. a. akute Intoxikation, schädlicher Gebrauch, Abhängigkeit und Entzugssyndrom. Bei illegalen Substanzen wird von Prävalenzraten zwischen 0,5 und 0,7% (Missbrauch oder Abhängigkeit) ausgegangen. Als wichtigste Kriterien für das *Abhängigkeitssyndrom* gelten Craving (unstillbares Verlangen), physiologische Toleranzsteigerung gegenüber der Substanz (höhere Dosen sind für die gleiche Wirkung notwendig), Kontrollverlust (beim Substanzgebrauch nicht aufhören können), Entzugserscheinungen beim Absetzen der Substanz sowie die fortschreitende Vernachlässigung anderer Vergnügen oder Interessen zugunsten des Konsums und ein anhaltender Konsum trotz des nachweislichen Eintritts bereits schädlicher Folgen.

Schizophrenie, schizotype und wahnhafte Störungen (F20-F29 // 2,6%) beziehen sich auf Störungsbilder, die durch grundlegende und charakteristische Beeinträchtigungen des Denkens und der Wahrnehmung sowie inadäquate oder verflachte Affekte gekennzeichnet sind. Dabei sind die Bewusstseinsklarheit und intellektuellen Fähigkeiten üblicherweise nicht beeinträchtigt. Es gibt kein zentrales Symptom, das für eine Schizophrenie-Diagnose vorhanden sein muss, da sich die Störung auf sehr unterschiedliche Weise äußern kann. Es lassen sich jedoch verschiedene Symptomkategorien unterscheiden: sog. *Positiv-Symptome* (z. B. Wahn, Halluzinationen, formale Denkstörungen, Desorganisation der Sprache), die durch ein „Zuviel" an psychischer Aktivität gekennzeichnet sind; sog. *Negativ-Symptome* (z. B. Apathie, Alogie, Affektverflachung, Anhedonie), die ein „Zuwenig" an psychischer Aktivität aufweisen, sowie sog. *Katatone Symptome* (d. h. motorische Auffälligkeiten, wie Stupor oder episodenhafte schwere Erregungszustände). Am bekanntesten ist die *Paranoide Schizophrenie* (1-2%), bei der beständige, häufig paranoide *Wahnvorstellungen* im Vordergrund stehen, die meist begleitet von akustischen *Halluzinationen* sind (d. h. die sog. Positiv-Symptome).

Unter *Affektiven Störungen* (F30-F39 // 12%) werden jene Störungen verstanden, bei denen die Hauptsymptome in einer Veränderung der *Stimmung* oder der gefühlsmäßigen Ansprechbarkeit (sog. Affektivität) bestehen, meistens hin zu einer sehr gedrückten (Depression) oder seltener zu einer sehr gehobenen Stimmung (Manie). Ausgeprägte unipolare Depressionen (8-9%) sind hier von sog. dysthymen Störungen als langanhaltende, depressive Verstimmung (4,5%) und bipolaren Störungen als Wechsel von depressiven und manischen Phasen (1%) zu unterscheiden. Unipolare Manien kommen sehr selten vor. Die meisten dieser Störungen neigen zu Rückfällen, d. h. sie verlaufen *rezidivierend.* Der Beginn der einzelnen Episoden ist oft mit belastenden Ereignissen oder Situationen in Zusammenhang zu bringen (vgl. Vulnerabilitäts-Stress-Bewältigungs-Modell). Kernsymptome für eine Depression sind eine depressive/gedrückte Verstimmung, der Verlust an Freude und Interesse und ein verminderter Antrieb, üblicherweise begleitetet von einem beeinträchtigten Selbstwertgefühl und Selbstvertrauen. Manische Phasen zeichnen sich durch eine sehr gehobene Stimmung einhergehend mit vermehrtem Antrieb und Aktivität aus.

Neurotische, Belastungs- und somatoforme Störungen (F40-F48) bilden ein Sammelsurium an Störungen, die konkrete und unspezifische Ängste, unkontrollierbare Gedanken und Verhaltensweisen sowie abweichende Wahrnehmungen der eigenen Gesundheit erfassen. Sie sind hier zusammengefasst aus historischen Gründen (vgl. Neurosenkonzept) und wegen des angenommenen hohen Anteils psychischer bzw. psychosozialer Verursachung. Hierzu zählen Phobien (12,5%) und andere Angststörungen (z. B. Generalisierte Angststörungen 2% und Panikstörungen 2,3%), Zwangsstörungen (1-4%), Anpassungsstörungen (z. B. Posttraumatische Belastungsstörung 2-8%) sowie somatoforme Störungen (11%). Bei *Phobien* wird die Angst durch eindeutig definierte, im allgemeinen ungefährliche Situationen oder Objekte hervorgerufen, z. B. Hunde, Spinnen, Höhe, Prüfungen, fehlenden „Fluchtwegen", z. B. auf großen, unübersichtlichen Plätzen (sog. Agoraphobie), oder beurteilenden, vermeintlich Situationen in kleineren Gruppen (sog. Soziale Phobie). Bei einer *Generalisierten Angststörung* besteht eine anhaltende Angst, die nicht auf bestimmte Situationen beschränkt ist (frei flottierend), sie äußert sich in ständiger Nervosität, Zittern, Muskelspannung, Schwitzen, Sorgen und beunruhigenden Vorahnungen. Kennzeichnend für *Zwangsstörungen* sind wiederkehrende Zwangsgedanken (meist quälend, weil gewalttätiger oder obszöner Natur) und Zwangshandeln (als sich ständig wiederholende Stereotypien, wie Händewaschen). Von den sog. Anpassungs- bzw. Belastungsstörungen beschreibt die *Posttraumatische Belastungsstörung (PTBS)* jene Störung, bei der die Betroffenen nach Erlebnissen mit außergewöhnlicher Bedrohung oder katastrophalem Ausmaß (d. h. kurz- oder langanhaltenden traumatisierenden Ereignissen) wiederholte unausweichliche Erinnerungen oder Wiederinszenierungen des Ereignisses im Gedächtnis, Tagträumen oder Träumen erleben (sog. Flashbacks), einhergehend mit einem andauernden Gefühl von Betäubtsein und emotionaler Stumpfheit. *Somatoforme Störungen* umfassen eine Gruppe von Störungen, bei denen medizinisch unklare körperliche Symptome oder Befürchtungen bezüglich körperlicher Erkrankung im Vordergrund stehen. Festzustellen sind oft ähnliche Symptome wie bei Depressionen (Mattigkeit, Erschöpfung, Gereiztheit, Angst, Niedergeschlagenheit, Schlafstörungen etc.), aber kennzeichnend sind folgende Merkmale: die Überzeugung körperlicher Erkrankung, Rückzugs- und Schonverhalten, häufige Arztkontakte, Suche nach Rückversicherung und Entängstigung und Drängen auf organische Untersuchungen.

Von den *Verhaltensauffälligkeiten mit körperlichen Störungen und Faktoren* (F50-F59) sind die *Essstörungen* am bekanntesten und auch für die Soziale Arbeit am ehesten einschlägig. Beschrieben werden bislang die *Anorexia nervosa* (Anorexie) sowie *Bulimia nervosa* (Bulimie) als eindeutige Syndrome. Eine Anorexie ist durch erheblichen und gesundheitsschädigenden, selbst herbei geführten Gewichtsverlust gekennzeichnet. Eine Bulimie geht mit wiederholten Anfällen von Heißhunger (Essattacken) und einer übertriebenen Beschäftigung mit der Kontrolle des Körpergewichts einher, die zu extremen Maßnahmen veranlasst, um den dickmachenden Effekt der Essattacken zu mildern (z. B. selbstinduziertes Erbrechen, Missbrauch von Abführmitteln).

Persönlichkeits- und Verhaltensstörungen (F60-F69 // 11-14%) umfassen sehr verschiedene Störungen und sind – mit Blick auf die *Persönlichkeitsstörungen* – insgesamt wohl die umstrittenste Kategorisierung, da sie die schwierige Frage aufwerfen, wie *akzentuiert* eine Persönlichkeit ausgeprägt sein darf, dass sie (noch) nicht als Persönlichkeitsstörung diagnostiziert werden sollte, sondern eher als ausgeprägter, individueller Persönlichkeitsstil (vgl. Kap. 18). Es handelt sich also um andauernde, situationenübergreifende sehr ausgeprägte Denk-, Erlebens- und vor allem Verhaltensmuster, die zu deutlichem Leidensdruck führen und meist mit deutlichen Einschränkungen der beruflichen und sozialen Leistungsfähigkeit verbunden sind. Im Gegensatz zu Persönlichkeits*veränderungen* (beruhend auf oder im zeitlichen Zusammenhang mit Extrembelastungen) beginnen Persönlichkeits*störungen* in der Kindheit/Adoleszenz und dauern bis ins Erwachsenenalter an. Oft ist es schwierig, eine Behandlung anzuregen, weil vielen Betroffenen nicht bewusst ist, dass sie Probleme haben, die auf ihre inflexiblen Denk- und Verhaltensweisen zurückzuführen sind, d. h. der Leidensdruck manifestiert sich oft eher im sozialen Umfeld oder indirekt aufgrund der Folgen des inflexiblen, ausgeprägten Verhaltens der Betroffenen (z. B. Einsamkeit). Die ICD-10 unterscheidet aktuell noch folgende Persönlichkeitsstörungen (PS): paranoide PS / schizoide PS / dissoziale PS / abhängige PS / emotional instabile PS (impulsiver Typus / Borderline Typus) / histrionische PS / anankastische PS / ängstliche (vermeidende) PS. Für die Soziale Arbeit sind insbesondere die *dissoziale Persönlichkeitsstörung* sowie die *emotional instabile Persönlichkeitsstörung* relevant, da die Betroffenen häufig Zielgruppe Sozialer Arbeit sind, weil sie aufgrund der Folgen ihrer Symptomatik gehäufter beispielsweise im Strafvollzug, der Bewährungshilfe oder in der gemeindepsychiatrischen Versorgung (z. B. Betreuten Wohnformen) anzutreffen sind. Von den Verhaltensstörungen dürften Sozialarbeiter*innen am ehesten mit Menschen, die durch ihr *Pathologisches Glücksspiel* (F63) in belastende Lebenslagen geraten, in denen sie beispielsweise verschuldet und/oder gesetzlich verurteilt worden sind. Es ist davon auszugehen, dass die Diagnostik von Persönlichkeitsstörungen im Zuge der Einführung der ICD-11 eine grundlegende Überarbeitung erfahren wird, hin zu einer dimensionalen statt bislang kategorialen Diagnostik entlang von fünf diagnostisch zu prüfenden Persönlichkeitsdomänen (Herpertz 2018).

Dem folgen die *Intelligenzstörung* (F70-F79), *Entwicklungsstörungen* (F80-F89) sowie weitere *Verhaltens- und emotionale Störungen mit Beginn in der Kindheit und Jugend* (F90-F98) und nicht näher bezeichnete psychische Störungen (F99-F99). Ihnen ist gemeinsam, dass sie üblicherweise bereits im Kindes- und Jugendalter diagnostiziert werden und mit weitreichenden Folgen für ihre lebenslange Entwicklung verbunden sind. Zum komprimierten Einlesen sei hier auf Heinrichs & Lohaus (2011) verwiesen.

Auch außerhalb von Kapitel V (F00-F99) werden in der ICD Erkrankungen und vor allem Bedingungen aufgelistet, die mit psychischen Störungen in Verbindung gesehen werden: So werden beispielsweise in Kapitel XX (*Äußere Ursachen für Morbidität und Mortalität)* die sog. vorsätzliche Selbstbeschädigung unter X60-X84 aufgeführt sowie in Kapitel XXI (*Faktoren, die den Gesund-*

heitszustand beeinflussen und zur Inanspruchnahme von Gesundheitsdiensten führen) unter Z55-Z65 beispielsweise Menschen mit potenziellen Gesundheitsrisiken aufgrund sozioökonomischer oder psychosozialer Umstände. In Z73 werden außerdem Probleme bezogen auf Schwierigkeiten bei der Lebensbewältigung (z. B. Erschöpfungssyndrom/Burnout) berücksichtigt. Auch hier sei auf anstehende Veränderungen der Diagnoseschlüssel mit Einführung der ICD-11 hingewiesen. Jeweils aktuelle Informationen hierzu können für den deutschsprachigen Raum über das Deutsche Institut für Medizinische Dokumentation und Information (https://www.dimdi.de/dynamic/de/klassifikationen/icd/icd-11/) eingeholt werden.

Suizidalität stellt keine psychische Störung dar, sondern ein Symptom (beispielsweise bei einer Depression) bzw. ein Syndrom, das sich auf verschiedenen Ebenen manifestiert:

(1) Auf der *emotionale Ebene* sind Gefühle von Lebensmüdigkeit, Lebensüberdrüssigkeit, Verzweiflung und Hoffnungslosigkeit festzustellen.

(2) Auf der *gedankliche Ebene* sehen die Betroffenen keinen Ausweg und keine Perspektive mehr und beschäftigen sich mit dem Tod im Allgemeinen, mit dem eigenen Tod und Todeswünschen. Diese Gedanken können passiven Charakter (z. B. „Wenn ich jetzt einen tödlichen Unfall hätte, wäre das vielleicht das Beste") und/oder aktiven, konkreten Charakter (z. B. Überlegungen, wie der eigene Tod herbeigeführt werden könnte) haben.

(3) Auf der *Handlungsebene* kommen die aktive Selbstschädigung oder Selbstvernachlässigung bis hin zur Unterlassung lebenserhaltender Maßnahmen (z. B. die Einnahme lebensnotwendiger Medikamente) hinzu.

Menschen mit psychischen Störungen oder in psychosozialen Krisen haben ein deutlich erhöhtes Risiko, durch Suizid zu sterben (Eink & Haltenhof 2017, S. 31). Besonders betroffen sind Menschen, die an einer Depression, an einer Suchterkrankung, einer bipolaren Störung, an einer Schizophrenie oder einer Persönlichkeitsstörung leiden (vgl. Wolfersdorf 2000). Suizidalität muss offen angesprochen werden, um dem betroffenen Menschen die Möglichkeit zu geben, das Ausmaß seiner Verzweiflung mitzuteilen. Dieses An- und Besprechen führt nicht kausal zu entsprechenden Gedanken und Gefühlen oder deren Intensivierung. Die Krisenintervention bei Suizidalität erfordert einen raschen Beginn, Beziehungsarbeit und ein pragmatisches Vorgehen unter Einbezug eines jeweils situationsangemessenen zusammengesetzten Teams (Näheres unter Kunz et al. 2009; Rupp 2012).

Aggressivität stellt ebenfalls keine psychische Störung dar, markiert aber eine weitere Herausforderung, die im Zusammenhang mit psychischen Störungen und psychosozialen Krisen häufig auftritt. Auf der Symptomebene sind zum einen Fremd- und selbstaggressives Verhalten und zum anderen aggressive Impulse als Erkrankungssymptome (z. B. aus einem Wahnerleben heraus einen vermeintlichen „Verfolger abschütteln“ zu müssen) und Reaktionen auf Erkrankungsfolgen (z. B. Zwangsbehandlung bei akut fremdgefährdendem Verhalten) zu unterscheiden. Grundsätzlich gilt – entgegen landläufiger Annahme – festzuhalten, dass Menschen mit psychischen Erkrankungen weit häufiger Opfer von Gewalt werden als dass sie anderen Menschen Gewalt zufügen (z. B. Crump et al. 2013; Steinert & Traub 2016). Davon unbenommen haben (auch) Sozialarbeiter*innen nicht selten mit aggressiv geladenen Situationen und Verhaltensweisen zu tun und sollten wissen, dass diese größtenteils durch angemessene situative Bedingungen und kompetentes Vorgehen gemindert oder verhindert werden können (Näheres z. B. unter Kunz et al. 2009; Noyon & Heidenreich 2009).

Zusammenfassend lässt sich sagen, dass Sozialarbeiter*innen, die sich insbesondere in Handlungsfeldern der Klinischen Sozialen Arbeit bewegen, sich mit der nicht leicht zu beantwortenden Frage befassen müssen, was psychische Störungen ausmacht. Dabei kommen sie nicht umhin, ihre Sicht auf Kriterien abweichenden Verhaltens zu reflektieren und dabei zu berücksichtigen, dass die in den aktuell geltenden Klassifikationssystemen beschriebenen Störungsbilder sowohl kulturell als auch historisch eingebettet zu verstehen, also einem beständigen Wandel unterworfen sind. Insofern ist die Nützlichkeit von Diagnosen, zumindest im Austausch in multiprofessionellen Teams sowie mit betroffenen Menschen und ihren Angehörigen nicht von der Hand zu weisen. Die die Diagnose begründenden Symptome sollten für Sozialarbeiter*innen jedoch insbesondere a) die störungsbedingten Einschränkungen in der alltäglichen Lebensführung und deren Folgen zum Gegenstand haben (z. B. soziale Isolation, Arbeitsplatzverlust, vermeidbare stationäre Unterbringungen) und b) die Verhältnisse ins Visier nehmen, in denen Menschen mit psychischen Störungen leben (vgl. Sozialpsychiatrische Forderungen, Selbst- und Fremdstigmatisierung).

24 Warum entwickelt ein Mensch eine psychische Störung?

Wenn ein Mensch eine psychische Störung entwickelt hat, fragen er und sein soziales Umfeld, z. B. die Angehörigen, oft, warum er diese Störung „bekommen“ hat und wie es „so weit kommen konnte“. Hier kann man unterscheiden zwischen Fragen nach den Ursachen (Ätiologie) und dem Verlauf (Pathogenese) der diagnosebestimmenden Symptome als Einflussgrößen auf die aktuelle Verfassung sowie Prognoseversuchen zum weiteren Verlauf. Vergleichbar zu den endogenistischen und exogenistischen Auffassungen, wodurch menschliche Entwicklung geprägt ist (vgl. Kap. 2 und Kap. 5), betonen auch hier die einen mehr Faktoren, die in der Person liegen (z. B. ihre genetische Ausstattung, Neurotransmitterstoffwechsel im Gehirn), und die anderen mehr Faktoren, die außerhalb des Betroffenen liegen (z. B. soziale Isolation, kritische Lebensereignisse). Es hat sich auch hier gezeigt, dass monokausale Erklärungsansätze wenig hilfreich sind. Letztendlich wird zusammengefasst, dass wir nicht *wissen, warum* jemand beispielsweise eine Depression (z. B. Brieger 2017, S. 360) oder eine Schizophrenie (z. B. Gonther 2017, S. 279f) entwickelt hat, wenngleich seit Jahrzehnten zu Ursachen, Risikofaktoren, aufrechterhaltenden sowie rückfallbegünstigenden Bedingungen geforscht wird.

Beispiel 17

Als Mitarbeiterin eines Krisendienstes sitzt Ihnen der Ehemann von Frau Yılmaz gegenüber. Seine Frau ist soeben in die psychiatrische Abteilung des Krankenhauses stationär aufgenommen worden mit der Diagnose „schwere Depressive Episode". Herr Yılmaz ist bestürzt und kann sich nicht erklären, warum seine Frau so krank geworden sei. Sie sei einst so fröhlich und lebenslustig gewesen und hätte das alles mit den Kindern und dem neuen stressigen Job in der Bank so mühelos hingekriegt. Nun würde sie morgens nicht einmal mehr aus dem Bett kommen, alles sei ihr zu viel, nichts mache ihr mehr Freude oder interessiere sie (nicht einmal ihre gemeinsamen Kinder). Um sie herum sei eine so gedrückte Stimmung, dass selbst er in ihrer Nähe Beklemmungen bekäme.

Welche Antworten können Sie Herrn Yılmaz auf seine Frage nach dem Warum einer Depression geben?

Wie bereits angedeutet, existieren eine Vielzahl an Erklärungsansätzen bzw. -versuchen, psychische Störungen, so auch Depressionen, zu erklären. Überholt ist in diesem Zusammenhang die Unterscheidung zwischen sog. endogenen und exogenen Depressionen, sie wird dementsprechend in den Klassifikationssystemen nicht mehr geführt. Als nützlich hat sich eine *biopsychosoziale Sichtweise* (vgl. Engel 1977; Gahleitner et al. 2014) als Rahmung erwiesen, die der vielschichtigen Verursachung und Genese gerechter wird als ein ausschließlich biologischer (z. B. genetische Einflüsse, körperliche Prozesse) psychologischer (z. B. Bindungserfahrungen, Lernprozesse, Traumatisierungen) oder soziologischer (z. B. Armut, Migration) Zugang. Daran anknüpfend bzw. diese Rahmung würdigend hat sich mittlerweile das sog. *Vulnerabilitäts-Stress-Modell* durchgesetzt (verkürzt auch unter Diathese-Stress-Modell unter Betonung biologischer Auslösebedingungen zu finden). Das Modell geht davon aus, dass spezifische *Vulnerabilitäten* (d. h. Verletzlichkeiten, Erkrankungsneigung, Anfälligkeit) eines jeden Individuums mit Stress zusammengekommen sind oder zusammenkommen, wenn ein Mensch eine psychische Störung entwickelt hat. *Stress(-erleben)* ist in diesem Zusammenhang nicht als objektive Auswirkung von Stressoren (Auslösern, wie Jobwechsel, Geburt von Kindern, Krankheit, Verluste) zu verstehen, sondern entsteht aus der ungünstigen Kombination aus (a) für ein Individuum zu hohen Umgebungsherausforderungen, Bedrohungen oder Anforderungen (Stressoren) und (b) individuellen Charakteristika, wie z. B. der Art und Weise, wie Stressoren und eigene psychologische Ressourcen *wahrgenommen* werden (vgl. Lazarus 1999). Stress hat dabei eine psychologische, eine soziale und eine biologische Seite und ist als Bedrohung der sog. Homöostase (als biopsychosoziales Gleichgewicht des inneren Milieus) anzusehen. Im Sinne des Vulnerabilitäts-Stress-Bewältigungs-Modells würde man also argumentieren, dass sich die Depression von Frau Yılmaz aus der Kombination ihrer individuellen Vulnerabilität (z. B. *psychisch*: ungünstige Kognitionen, wie „Ich muss alles allein schaffen!", gesteigerte Selbstaufmerksamkeit, *sozial*: Depressivität der Eltern, wenig soziale Unterstützung, eingeschränkte kommunikative Fertigkeiten haben, *biologisch*: erhöhte Erregbarkeit von Teilen des limbischen Systems und Sensibilisierung bestimmter ZNS-Strukturen im Gehirn, die bei Stress eine sog. Neurotransmitterimbalance sowie einen Cortisol-Anstieg nach sich ziehen; vgl. de Jong-Meyer et al. 2007, S. 30) mit sie *stressenden Umweltbedingungen* (z. B. Erziehung der Kinder und/oder ihr neuer Job) entwickelt hat. Der Verlauf (Genese) der depressiven Episode und Frau Yılmaz' Entwicklung nach der Erkrankung wird ferner von ihren individuellen Bewältigungsfertigkeiten (sog. *Copingstrategien*) beeinflusst. Anzunehmen ist, dass ihr für ihre aktuelle Verfassung und Situation passende Bewältigungsstrategien schlicht fehlen, diese zu gering ausgeprägt sind oder sie keinen Zugang (mehr) dazu hat.

Aus diesem Grund kann das hier skizzierte Modell auch erweitert als *Vulnerabilitäts-Stress-Bewältigungs-Modell* ausformuliert werden (vgl. bereits Nuechterlein & Dawson 1984 für schizophrene Episoden; allgemein Jensen et al. 2014), wonach psychische Krisen erst dann aus dem Zusammentreffen individueller Vulnerabilität und Stressbelastungen resultieren, wenn ein Mensch nicht in der Lage ist, für ihn individuell funktionierende Schutzfaktoren und Bewältigungsfertigkeiten einzusetzen, sobald er Frühwarnzeichen oder Symptome (z. B. Schlafstörungen, Angstgefühle) bemerkt, die regelmäßig psychischen Störungen vorausgehen. Jeder Mensch setzt Bewältigungsstrategien (sog. Copingstrategien) ein, wenn er sich als gestresst erfährt, Probleme wahrnimmt, das Gefühl hat krank zu werden usw. Meist geschieht dies automatisch und ohne weitere Reflexion (z. B. mehr Erholung durch „Schlaf nachholen", stressauslösenden Personen aus dem Weg gehen). Sofern der individuell wahrgenommene Stress jedoch nicht nachlässt, werden die Strategien üblicherweise intensiviert und/oder variiert (z. B. auf Ressourcen, die man hat und sonst selten nutzt, zurückgreifen, z. B. eine Beratungsstelle aufsuchen), um Besserung herbeizuführen. Erst wenn einem Menschen keine weiteren Copingstrategien „einfallen“ bzw. zur Verfügung stehen, kommt es im Sinne des Modells mit hoher Wahrscheinlichkeit im weiteren Verlauf zu einer psychischen Störung oder psychosozialen Krise. Frau Yılmaz aus dem Fallbeispiel hat mit Sicherheit die ihr aktuell zur Verfügung stehenden Copingstrategien eingesetzt, kombiniert, variiert (vielleicht hat sie versucht, sich Erholung zu verschaffen, hat mit einer Freundin mehrfach über ihre Sorgen und Gefühle gesprochen und/oder sich Johanneskrautkapseln in der Apotheke besorgt), im Sinne des beschriebenen Modells haben diese jedoch nicht ausgereicht, sodass es zur Entwicklung der depressiven Episode kam.

Insgesamt lässt sich also festhalten, dass das Vulnerabilitäts-Stress-Bewältigungs-Modell für die Erklärung, warum Menschen eine psychische Störung entwickeln, geeignet, allgemein anerkannt und auch im praktischen Alltag einsetzbar ist, um mögliche ätiologisch und pathogenetisch relevante Faktoren in ihrer Vielzahl zu erfassen. Der Nachteil solch heuristischer Modelle ist, dass für einzelne Störungsbilder und individuelle Lebenslagen mitunter die Antworten auf das „Warum“ zu grob und unkonkret ausfallen, wenn die Bestandteile des Modells nicht einzelfallbezogen und kreativ ausgelotet werden. Angenommen, Frau Yılmaz sei ein sehr spiritueller Mensch, dann wäre zu erkunden, inwiefern ihre Spiritualität sie vulnerabel macht, sie gegebenenfalls in besonderer Weise stresst und/oder ihr bei der Bewältigung ihres Befindens und ihrer Lebenslage hilfreich ist. Dass Spiritualität unterschiedliche Facetten hat und sich nicht beispielsweise auf Religiosität reduzieren lässt (vgl. Bucher 2014; Lübeck et al. 2018), deutet an, wie komplex auch die Arbeit mit so vermeintlich einfach anmutenden Modellen ausfallen kann, wenn man mehr Durchdringung anstrebt.

Da das vorliegende Buch psychologische Antworten auf praktische Herausforderungen in der Sozialen Arbeit verspricht, soll im Folgenden kurz auf *psychologische Erklärungsansätze* eingegangen werden. Diese können die *psychologische Vulnerabilität* für psychische Störungen, aber auch *Verläufe* einer psychischen Erkrankung und sog. *Rückfälle* (Rezidive) präziser ausleuchten (auch wenn sie im Sinne eines biopsychosozialen Verständnisses nicht ohne Berücksichtigung ihrer Verschränkung mit biologischen und sozialen Prozessen auskommen). Hierfür muss nicht allzu weit ausgeholt werden, da die psychologischen Erklärungsansätze auf die in Teil A dargestellten Sichtweisen (Paradigmen) in der Psychologie zurückgehen. So können psychische Störungen (ebenso wie menschliche Entwicklung, vgl. Teil B) grob vereinfacht tiefenpsychologisch (und psychoanalytisch), kognitiv-verhaltenstheoretisch, humanistisch und systemisch erklärt werden:

Die *tiefenpsychologische Sichtweise* geht davon aus, dass psychische Störungen auf unbewussten Konflikten, daraus resultierenden (nicht immer funktionalen) Abwehrmechanismen der Psyche (genauer des sog. ICHs) und problematischen Entwicklungen bzw. Erfahrungen aus der Kindheit/Jugend basieren. Demzufolge wären die Ursachen der Depressiven Episode von Frau Yılmaz in ihrer Vergangenheit (z. B. frühen Erfahrungen nichterfüllter Bedürfnisse, problematischen Beziehungs- und Bindungserfahrungen) und ihr nicht bewussten Prozessen (z. B. Verdrängung unliebsamer Impulse wie Wut und Aggressivität auf ihre Elternteile, ihren Mann oder ihre Kinder) zu suchen.

Die *verhaltenstheoretische Sichtweise* würde auf Lernprozesse zurückgreifen und über klassische Konditionierung (Kopplung aversiver Reize mit neutralen Reizen), operante Konditionierung (Verstärkung dysfunktionaler Verhaltensweisen, Bestrafung funktionaler Verhaltensweisen) und Modelllernen (Nachahmen problematischer Verhaltensweisen) das Entstehen einer psychischen Störung erklären. Demzufolge könnte Frau Yılmaz beispielsweise gelernt haben, dass die Äußerung „unguter Gefühle" nicht erwünscht ist und „runtergeschluckt" werden müsse (operante Konditionierung) oder bei ihren Eltern beobachtet haben, dass man am ehesten „Nestwärme" i.S.v. Zuwendung erhält oder praktische Entlastung erfährt, wenn man als gebrechlich und erschöpft wahrgenommen wird (Lernen am Modell).

Die *kognitive Sichtweise* betont bei der Erklärung psychischer Störungen dysfunktionale Denkweisen. Entsprechend könnte Frau Yılmaz die Überzeugung entwickelt haben, dass sie nichts könne und nichts wert sei, andere Menschen das auch so sehen und sich das auch nie ändern wird (sog. Kognitive Triade als negative Sicht auf sich selbst, die Umwelt und die Zukunft; vgl. Beck 1976; Beck et al. 2010).

Erklärungsansätze unter *humanistischer Sichtweise* vernachlässigen als phänomenologisches Paradigma weitgehend, wie sich psychische Probleme genau entwickeln und konzentrieren sich eher auf Interventionen (im Hier und Jetzt). Gestörtes Verhalten und psychische Krisen resultieren letztendlich aus falschen Lernprozessen, die zum Verlust der der angeborene Fähigkeit und Bedürftigkeit jedes Individuums nach persönlichem Wachstum, Selbstverwirklichung und Verantwortungsübernahme führen (vgl. Rogers 1972). So haben psychische Störungen ihren Ursprung in Frustrationen und Verleugnungen des angeborenen Guten im Menschen (vgl. Perls, Hefferline & Goodman 2015) und dem Verlust des Sinns im Leben (vgl. Frankl 1985). Entsprechend könnte angenommen werden, dass Frau Yılmaz aktuell den Bezug zu der ihr innewohnenden Fähigkeit „verloren" hat, sich selbst gesund zu entwickeln, sie ihre momentanen Bedürfnisse, Wünsche und Ängste nicht gut ganzheitlich wahrnehmen und akzeptieren kann und/oder sie bezogen auf ihr Leben keine Antworten auf die Sinnfragen im Leben findet.

Die *systemische Perspektive* rückt in ihren Grundannahmen insbesondere die Wechselwirkungen mit der sozialen Umwelt in den Mittelpunkt. Im Lichte der *systemischen Familientheorie* sind Familien als Systeme von interagierenden Teilen (den Familienmitgliedern) zu verstehen, die in konsistenter Weise wechselseitig miteinander kommunizieren und sich den für jede Familie einzigartigen (impliziten und expliziten) Regeln anpassen. Dabei interagieren die Teile so miteinander, dass das System sich erhält und überlebt (sog. Homöostase). Entsprechend kommt es vor, dass Strukturen, Regeln und Kommunikationsmuster mancher Familien einzelne Mitglieder „zwingen", sich „abweichend/gestört" zu verhalten, um das Gleichgewicht der Familie aufrechtzuerhalten. Entsprechend wäre nach den Beziehungen und wechselseitigen Interaktionsprozessen zu fragen, die Frau Yılmaz in ihrer Familie erfährt und welche impliziten Regeln, Grenzen und Erwartungen existieren, die es Frau Yılmaz nahezu unmöglich machen, sich anders zu verhalten.

Da Depressionen recht häufig auftreten, kennen Sie vermutlich auch in Ihrer Familie oder Ihrem Freundeskreis mindestens einen Menschen, der eine Depression hat oder hatte. Welcher der psychologischen Erklärungsansätze hilft ihnen, die Entstehung seiner Depression zu verstehen, und wie können Sie mithilfe des Vulnerabilitäts-Stress-Bewältigungs-Modells nachvollziehen, wie sich diese Depression entwickelt hat?

25 Psychotherapeutische Behandlung psychischer Störungen

Grundsätzlich sind psychische Störungen im Sinne eines biopsychosozialen Verständnisses multimodal zu behandeln, d. h. es gilt zu prüfen, welche körperlichen, psychologischen und sozialen Interventionen für den jeweils einzelnen Menschen indiziert und zu kombinieren sind. Im Folgenden wird der Fokus auf psychologische Behandlungsmöglichkeiten, insbesondere psychologische Psychotherapieformen, gerichtet. *Psychotherapie* ist dabei als bewusster und geplanter interaktionaler Prozess zur Beeinflussung von Verhaltensstörungen und Leidenszuständen, die für behandlungsbedürftig gehalten werden, zu verstehen und arbeitet mit psychologischen Mitteln (durch Kommunikation) in Richtung auf ein definiertes, gemeinsam erarbeitetes Ziel. Dabei werden lehr- und lernbare Techniken eingesetzt, die auf der Basis einer Theorie des normalen und pathologischen Verhaltens basieren (vgl. Strotzka 1975, S. 32). In der Logik der Krankenkassen und Sozialversicherung wird hierfür eine Diagnose erwartet, die die erwähnte Behandlungsbedürftigkeit impliziert. Damit treten andere Ziele, die Psychotherapie auch anstrebt (z. B. Prävention oder Persönlichkeitsentwicklung) – zumindest was die Finanzierung betrifft – in den Hintergrund. Entsprechend werden Erziehungs-, Ehe- oder Lebensberatungen nicht von den Krankenkassen übernommen. Die Definition weist darauf hin, dass die Kompetenz, psychotherapeutisch zu arbeiten, durch eine spezifische Ausbildung erworben werden kann und muss, also nicht als Talent daherkommt. Solche Ausbildungen werden innerhalb verschiedener Psychotherapieverfahren angeboten, die verschiedene Auffassungen darüber vertreten, wie psychische Störungen und Leidenszustände entstehen (Erklärungsmodelle), und entsprechend unterschiedliche Behandlungsansätze, Methoden und Techniken entwickelt haben.

Bislang ist in Deutschland geregelt, dass sich Ärzt*innen und Psycholog*innen zum Psychotherapeuten ausbilden und approbieren lassen können, die Ausbildung zum Kinder- und Jugendlichenpsychotherapeuten dürfen auch Sozialpädagog*innen und Pädagog*innen absolvieren. Aktuell wird das Ausbildungsverfahren für Psychotherapeut*innen gravierend umgestellt. Dabei werden voraussichtlich sog. *Psychotherapiestudiengänge* eingerichtet. Inwiefern diese nicht nur an Universitäten, sondern auch an Hochschulen für angewandte Wissenschaften zugelassen werden, und ob Sozialarbeiter*innen zukünftig die Option zu einer psychotherapeutischen Ausbildung verwehrt sein wird, wird sich in absehbarer Zukunft entscheiden.

Offen bleibt, wie sehr die inhaltliche und methodische Annäherung der Psychotherapieverfahren voranschreitet. Wer an diesem Thema interessiert ist, kann über das Stichwort *Integrative Psychotherapie* das eigene Wissen zu den damit verbundenen Fragen vertiefen (z. B. Grawe 2004; Petzold 2004).

Beispiel 18

Sie betreuen im Rahmen der Eingliederungshilfe (EGH) einen jungen Mann, der psychisch erkrankt ist, im Betreuten Einzelwohnen. Dieser spielt mit dem Gedanken, sich in psychotherapeutische Behandlung zu begeben, und fragt Sie – weil er sich schon im Internet erkundigt hat – nach den Unterschieden und Gemeinsamkeiten zwischen Tiefenpsychologischer Psychotherapie, Kognitiver Verhaltenstherapie und Systemischer Therapie.

Was würden Sie, wissend, dass jede Psychotherapie- und Beratungsrichtung auf sehr verschiedenen Grundannahmen beruht, jemandem antworten, der sich für die Gemeinsamkeiten und Unterschiede der kassenzugelassenen Psychotherapieverfahren interessiert?

Wie eingangs ausgeführt existieren verschiedene Psychotherapieverfahren, wobei die Landschaft recht aufgefächert und unübersichtlich ist. Aus diesem Grund werden im Folgenden lediglich die bekanntesten Verfahren skizziert. Für einen dezidierten Überblick sei auf Kriz (2014) und Slunecko (2009) verwiesen.

Damit ein Psychotherapeutisches Verfahren eine „Kassenzulassung“ erhält und als Richtlinienverfahren aufgenommen wird, muss dessen Wirksamkeit wissenschaftlich über empirische Studien belegt sein. Zurzeit trifft das zu für die Verhaltenstherapie bzw. Kognitive Verhaltenstherapie (KVT), die Psychoanalyse (PA) und die Tiefenpsychologisch fundierte Psychotherapie (TfP) sowie seit kurzem auch die Systemische Therapie (ST) zu. Die Klientenzentrierte Gesprächspsychotherapie ist zwar bislang wissenschaftlich anerkannt für bestimmte psychische Störungen, ist aber weiterhin nicht als eigenständiges psychotherapeutisches Verfahren zugelassen und kann somit nicht über die Krankenkassen abgerechnet werden. Insofern hat sich der junge Mann in der Eingliederungshilfe zu den drei Verfahren informiert, die ihre Wirksamkeit wissenschaftlich nachgewiesen haben und deren Kosten von der Krankenkasse übernommen werden können. Bevor eine ambulante psychotherapeutische Behandlung begonnen wird, ist verpflichtende Voraussetzung für alle gesetzlich Versicherten das Aufsuchen einer sog. psychotherapeutischen Sprechstunde, im Rahmen derer ein*e Psychotherapeut*in den psychotherapiebedürftigen Menschen berät, aufklärt und ggf. eine erste Verdachtsdiagnose stellt.

Die klassische *Verhaltenstherapie* versucht, die problemverursachenden Verhaltensweisen zu identifizieren und sie entweder zu modifizieren oder durch angemessenere Verhaltensweisen zu ersetzen. Klassische Verfahren sind hier beispielsweise die Systematische Desensibilisierung sowie weitere Expositionsverfahren insbesondere für Menschen mit Angststörungen. Auch werden kommunikative Fertigkeiten trainiert und adaptive Problemlösestile aufgezeigt. In ihrer Weiterentwicklung zur *Kognitiven Verhaltenstherapie* wurde der Verhaltensbegriff letztendlich so erweitert, dass menschliches Verhalten auf den verschiedensten Ebenen berücksichtigt wird, nämlich motorisch-behavioral (z. B. Mimik, Gestik, Körpersprache), kognitiv-verbal (z. B. Gedanken, Bewertungen, sprachliche Äußerungen), emotional (z. B. Gefühlsabläufe, wie Angst, Wut, Trauer) und physiologisch unwillkürliche Prozesse (z. B. Herzschlag, Adrenalinausschüttung, Schweißausbrüche). Entsprechend zielen ihre Methoden neben ver- und erlernbaren Verhaltens- auch auf Denk- und Emotionsveränderungen ab. Dabei werden unter anderem bestehende irrationale Überzeugungen (z. B. „Ich bin ein Versager.“) verbal umstrukturiert und dysfunktionale Annahmen (z. B. „Meine Familie liebt mich nur, wenn ich erfolgreich bin.“) erkundet, hinterfragt und durch funktionalere Annahmen ersetzt und erprobt.

Humanistische-erlebensorientierte Therapien, wovon die *Klientenzentrierte Gesprächspsychotherapie* die bekannteste ist, unterstützen Klient*innen, sich selbst genau und akzeptierend zu betrachten, damit sie ihr angeborenes Potenzial und Streben nach Selbstaktualisierung wieder adäquater verwirklichen können. Entsprechend praktizieren Klientenzentrierte Psychotherapeut*innen hier sehr ausgeprägt ein kongruentes, wertungsfreies Akzeptieren und Zuhören sowie nichtdirektives Verbalisieren der Äußerungen ihrer Klient*innen.

Tiefenpsychologische und psychoanalytisch fundierte Therapien unterstützen Klient*innen vor allem darin, frühere traumatische oder unverstandene Ereignisse und daraus resultierende innere Konflikte („tief" in der Vergangenheit und „tief" im Unbewussten) aufzudecken, die mit den psychischen Störungen und subjektivem Leiden in Verbindung gesehen werden. Die klassische Psychoanalyse geht dabei auf Freud (1940) zurück, die anderen tiefenpsychologischen Verfahren können als unterschiedliche Weiterentwicklungen der Psychoanalyse aufgefasst werden. Entsprechend analysieren tiefenpsychologisch arbeitende Psychotherapeut*innen Übertragungsprozesse und Widerstände und bemühen sich um die Aufhebung dysfunktionaler Abwehrmechanismen (z. B. Verdrängung).

In der *Systemischen Therapie* interessieren sich Therapeut*innen insbesondere für den Einbezug der Verhaltensweisen und Interaktionen aller am „Problem" beteiligten relevanten Menschen. Entsprechend wird durch bestimmte Fragetechniken die Kommunikation zwischen den Mitgliedern sozialer Systeme ins Visier genommen. So wird insbesondere zirkulär (z. B. „Wie würde Ihr Partner das Problem beschreiben?"), hypothesenverfolgend (z. B. „Welchen Sinn erfüllt das Problem?", „Wie würde das Problem sich verändern, wenn Sie XY tun würden?") und lösungsorientiert (z. B. „Was haben Sie bisher in Ihrem Leben in ähnlichen Situationen unternommen? Was hat funktioniert?") gefragt und analysiert, um eine möglichst große Perspektivenübernahme und vielschichtige, pragmatische Betrachtung zu erreichen. Fragen erfüllen dabei die Funktion als „Träger" und als „Erreger" von Informationen, die bei den Klient*innen angestoßen werden sollen, um Unterschiedsbildungen auf den Weg zu bringen (Schweitzer & Weber 1997).

Die Ziele der verschiedenen Therapieverfahren sind also aufgrund ihrer unterschiedlichen Erklärungsansätze recht unterschiedlich und ziehen somit jeweils verschiedene Ansätze, Verfahren, Methoden nach sich. Das heißt, bezogen auf das Fallbeispiel, dass es mitunter praktisch einen großen Unterschied macht, ob ein Mensch einen tiefenpsychologisch, kognitiv-verhaltenstherapeutisch oder systemisch ausgebildeten Psychotherapeuten aufsucht, um seine psychische Störung zu lindern oder zu heilen. Die erlernten und eingesetzten „psychologischen Mittel" (üblicherweise verbaler Natur), Inhalte der Fragen und Umgang mit den Antworten und Verhaltensweisen der Klient*innen variieren also zwischen den Psychotherapieverfahren. Dennoch sind auch gegenseitige Entlehnungen (z. B. wenn ein Verhaltenstherapeut eine tiefenpsychologische Technik einsetzt oder systemisch angelegte Frage stellt oder sich neuere Therapieansätze herausbilden, beispielsweise die sog. Schematherapie; vgl. Roediger 2016) und Gemeinsamkeiten festzustellen. Auf diese Gemeinsamkeiten soll im folgenden Kapitel eingegangen werden, da sie die Basis bilden dürften, die jede wirksame („erfolgreiche") Psychotherapie ausmachen.

26 Wirkfaktoren in Beratung und Psychotherapie

Wenn Menschen wegen einer psychischen Störung oder psychosozialen Krise eine Beratungsleistung oder Psychotherapie in Anspruch nehmen, verbinden sie, aber auch die Berater*innen, Psychotherapeut*innen sowie Kostenträger (z. B. Krankenkasse) damit die Hoffnung, dass es ihnen im Anschluss bessergeht, die Begleitung und Behandlung also wirksam ist. Worauf kommt es also in Beratung und Therapie an?

Die folgenden Ausführungen beziehen sich auf sowohl auf Beratungs- als auch Psychotherapieprozesse, wenngleich beide Ansätze zur Behandlung *unterschiedliche Schwerpunktsetzungen* haben: Bei psychosozialer Beratungen hat die Informationsvermittlung (Wissen, Kenntnisse) eine größere Bedeutung, sie wird oft als Unterstützung betrachtet, bereits vorhandene Möglichkeiten neu oder besser zu nutzen, die Anzahl der Sitzungen ist eher gering (eher einstelliger Bereich) und es muss keine klar definierbare psychische Störung vorliegen. Psychotherapie als bewusster und geplanter interaktioneller Prozess zur Behandlung von Verhaltensstörungen und Leidenszuständen fokussiert hingegen explizit auf Störungen und Zustände, die für behandlungsbedürftig gehalten werden, entsprechendes Ziel ist somit die Symptomminimalisierung und/oder Strukturänderung der Persönlichkeit, was mit der Erfordernis diagnostischer Kompetenz und Einschätzung über eine z. B. medikamentöse Begleitbehandlung (gemeinsam mit Mediziner*in) einhergeht. Letztendlich kann der „Krankheitswert des Problembereichs" als Unterscheidungskriterium geltend gemacht werden. Beratung und Psychotherapie weisen jedoch auch zahlreiche *Gemeinsamkeiten* auf: Es handelt sich üblicherweise um eine professionelle Helferbeziehung (in Abgrenzung zum Gespräch mit einem Freund oder eines Familienmitglieds) und beide Professionen sind in berufliche Organisationen (professional communities), die Ausbildungskriterien und Standesregeln sowie deren Kontrolle garantieren, integriert. Ferner besteht eine Verpflichtung zur besonderen Reflexion von Machtverhältnissen zwischen Menschen, es kommt teilweise zur wechselseitigen Entlehnung von Methoden und Techniken (z. B. im Rahmen Systemischer Familientherapie und Systemischer Beratung) und die wesentlichen Wirkfaktoren für ein Gelingen sind vergleichbar. Vor diesem Hintergrund sind die folgenden Ausführungen sowohl für Sozialarbeiter*innen als auch Psycholog*innen einschlägig.

Geht man davon aus, dass Menschen mit universellen *psychischen Grundbedürfnissen* ausgestattet sind (vgl. Grawe 2000; Grawe 2004; Lübeck 2017), deren Frustration oder widersprüchliches Zusammenwirken zur Entstehung psychischer Störungen beiträgt, ist es naheliegend, beraterische und psychotherapeutische Vorgehensweisen zu extrahieren, welche die jedem Menschen innewohnenden Grundbedürfnisse befriedigen (vgl. Kap. 3) und ihm so zur psychischen Genesung und Krisenbewältigung verhelfen.

Als übergeordnetes Grundprinzip des intrapsychischen Funktionierens postulierte Klaus Grawe (1943-2005) das menschliche Bestreben nach *Konsistenz.* Diese kann durch die homöostatische Ausbalancierung und Befriedigung der psychischen Grundbedürfnisse erreicht werden. Diese Konsistenzregulation und Bedürfnisbefriedigung müssen Menschen dabei als Übereinstimmung zwischen ihren aktuellen motivationalen Zielen und realen Wahrnehmungen auch *erleben* (sog. *Kongruenz*). Grawe (2004, S. 187) ging in diesem Zusammenhang auch davon aus, dass „die Ziele, die ein Mensch im Laufe seines Lebens herausbildet, letztendlich der Befriedigung bestimmter Grundbedürfnisse dienen". Hierzu bedienen Menschen sich annähernder und vermeidender „Strategien" (*Schemata*), um ihre Grundbedürfnisse zu befriedigen oder sie vor Verletzung zu schützen. Grawe (2000) differenzierte vier psychische Grundbedürfnisse aus:

(1) das Bedürfnis nach *Orientierung und Kontrolle* als Streben nach einem verstehbaren, möglichst vorhersehbaren und eigens beeinflussbaren Leben,
(2) das Bedürfnis nach *Lustgewinn/Unlustvermeidung* als Streben danach, angenehme Zustände zu erleben und aversive Zustände zu vermeiden, wobei hier die subjektive Bewertung ausschlaggebend ist,
(3) das *Bindungsbedürfnis* als langandauerndes emotionales Band zu nicht ohne weiteres austauschbaren Bezugspersonen und
(4) das Bedürfnis nach *Selbstwertschutz und Selbstwerterhöhung* in dem Sinne, dass Menschen sich selbst als gut, wertvoll und anerkannt empfinden wollen.

Sein gesundheitsorientierter Zugang gibt der Klinischen Sozialarbeit eine Antwort an die Hand, warum Menschen psychisch erkranken und wie sie mit der Erkrankung und ihren Folgen umgehen. In ihrer Reduktion auf überschaubare vier Grundbedürfnisse und Anerkennung ihrer Verwobenheit (auch) mit sozialen Bedingungen sind sie ein fruchtbarer Zugang, um die psychische Bedürfnislage eines Menschen und seine soziale Lebenslage zu erfassen. Können Menschen ihre psychischen Grundbedürfnisse nicht ausbalanciert befriedigen und somit keine Konsistenz erleben, entwickeln sie also psychische Störungen bzw. erhalten sie aufrecht.

Durch welche Vorgehensweisen in der Beratung und Psychotherapie können Sozialarbeiter*innen und Psycholog*innen dem folgend die Befriedigung psychischer Grundbedürfnisse unterstützen? Grawe (2004) extrahierte vier *zentrale Wirkfaktoren* (vgl. Grawe 2004):

- *motivationale Klärung und Motivation zur Veränderung*: um Einsicht zu gewinnen in die un-/bewussten Motive, Werte, Ziele und durch entsprechende Bezugnahme zu den Bedingungen der Leidenszustände. Nur so lassen sich anfänglich und im Prozess die *Problemlagen* analysieren und klären sowie Therapie-/*Beratungsziele* vereinbaren.
- *Ressourcenaktivierung*: als Fokussierung auf die positiven Möglichkeiten,

Eigenschaften, Fähigkeiten, um diese in den Dienst des therapeutischen Fortschritts zu stellen.
- *Problemaktualisierung*: Leidenszustände werden dann am wirksamsten verändert, wenn deren Bedeutung in der Therapie durch unmittelbare Erfahrung real erlebbar werden können (z. B. durch Expositionsverfahren, Rollenspiele, Gedankenexperimente)
- *aktive Hilfe zur Problembewältigung* durch die Auswahl wissenschaftlich begründeter, z. T. störungsspezifischer Interventionen (z. B. Selbstsicherheitstraining, Entspannungsverfahren, Hinterfragen und „Ersetzen" irrationaler Kognitionen, Modell sein für proaktives Handeln).

Als am zentralsten wird allerdings die professionelle Gestaltung und Qualität der *therapeutischen Beziehung* („Therapeutische Allianz") angesehen. Sie gilt als wichtigster Prädiktor für erwünschte Veränderungen im Laufe einer Therapie oder Beratung. Renneberg et al. (2009, S. 234) fassen folgende positive Merkmale als ausschlaggebend zusammen:
(1) klare Rollenverteilung auf beiden Seiten (professionelle Beziehung),
(2) Offenheit und Vertrauen auf Seiten des Klienten sowie
(3) Empathie, Wertschätzung und Kongruenz gepaart mit Strukturiertheit des Therapeuten.

Diese Merkmale können ebenfalls für Beratungssettings, in denen Sozialarbeiter*innen professionell gefragt sind, geltend gemacht werden, wenngleich hier natürlich auch Spezifika zu beachten sind. So ist beispielsweise die Rollenklarheit (1) seitens der Sozialarbeiter*innen und die Offenheit der Klient*innen (2) aufgrund des Triplemandats Sozialer Arbeit (vgl. Staub-Bernasconi 2007) für Klient*innen nicht immer eindeutig bestimmbar und für Sozialarbeiter*innen nur im Zuge aufmerksamer Nähe-Distanz-Regulierung möglich. Auch lassen sich Verlinkungen zum Postulat der *Koproduktion* in der Sozialen Arbeit (vgl. von Spiegel 2013, S. 170, 251) herstellen: Der Prozess der Unterstützung und die Formulierung sowie Inangriffnahme tragfähiger Ziele kann nur im motivierten, vertrauensvollen Dialog der Beteiligten erfolgen.

Die eingangs skizzierten Psychotherapieverfahren setzen mit unterschiedlicher Gewichtung an den beschriebenen Wirkfaktoren an und auch die Therapiebeziehung erfährt eine unterschiedliche Gewichtung in den verschiedenen Therapieschulen. So messen tiefenpsychologisch vorgehende Professionelle der Therapiebeziehung und Arbeit *in* den Sitzungen deutlich mehr Bedeutung bei als systemische Therapeut*innen und Berater*innen, die davon ausgehen, dass die „relevanten Veränderungen" letztlich *zwischen* den Sitzungen geschehen. Entsprechend sind tiefenpsychologisch vorgehende Professionelle mehr überzeugt von der Wirkkraft häufiger Kontakte, Systemiker*innen hingegen unterstützen eher längere Zeitraume zwischen den Sitzungen, in denen sich die Klient*innen mit den Impulsen aus ihren Antworten auf die systemischen Fragen weiterentwickeln.

Dennoch profitieren Berater*innen und Psychotherapeut*innen bzw. ihre Klient*innen am meisten, wenn die aufgeführten Wirkfaktoren bei gleichzeitiger Aufrechterhaltung einer professionellen therapeutischen Allianz realisiert werden, da sie maßgeblich die Befriedigung psychischer Grundbedürfnisse unterstützen.

27 Psychische Gesundheit

Die Klinische Psychologie und Psychiatrie waren dem Vorwurf ausgesetzt (und sind es zum Teil immer noch), dass sie eine zu sehr pathogene Sichtweise praktizieren, damit vor allem auf Störungen und ihre krankmachenden Auslöser schauen und somit vernachlässigen, was psychische Gesundheit ausmacht und welche Faktoren gesunderhaltend ist. Diese einseitige Sicht versperre den Blick auf Ressourcen, Lösungen und Schutzbedingungen und belasse den Patienten oder die Klientin in ihrer Rolle als krankes, zu behandelndes und eher passives Wesen. Entsprechend haben sich in den letzten Jahren, mittlerweile Jahrzehnten, Denkansätze etabliert, die das Gesunde und Gesunderhaltende in den Mittelpunkt ihrer Betrachtungen gerückt und damit die Sicht auf psychische Störungen und den Umgang mit ihr nachhaltig erweitert haben.

Es geht also um die Frage, was Menschen psychisch gesund erhält und welche Faktoren hierbei ausschlaggebend sind. Entsprechend wird im Folgenden auf die Annahmen des *Salutogenese-Modells* (vgl. Antonovsky 1997) eingegangen und das Konstrukt *psychische Gesundheit* beschrieben. Die uneinheitliche Verwendung der Begriffe „seelische“ und „psychische“ Gesundheit wird hier den jeweiligen Autoren folgend übernommen, wenngleich im Kontext dieses Buches „psychisch“ bevorzugt wird, da Seele auch in anderen Disziplinen (z. B. Religionswissenschaften, Philosophie) und konnotativ weitergesteckt thematisiert wird (z. B. Unsterblichkeit der Seele). Beide Themenfelder können der Programmatik der sog. *Positiven Psychologie* zugeordnet werden (vgl. Seligmann & Csikszentmihalyi 2000), vgl. auch Buchabschnitt F.

Beispiel 19

Ein junger Sozialarbeiter wundert sich über seine Kollegin, die seit 30 Jahren Menschen in verschiedensten, sehr herausfordernden Handlungsfeldern begleitet hat. Sie macht ihre Arbeit gern und steckt ihre Kolleg*innen mit ihrer Zuversicht und positiven Energie an, obwohl sie seit Jahren selbst an einer körperlich chronischen Erkrankung leidet. Bisher nahm er an, dass „man irgendwann krank“ werde, wenn man immer nur mit „traumatisierten, krisengeschüttelten oder hoffnungslosen" Menschen arbeite. Nun fragt er sich, was ihn psychisch gesund bleiben lässt und ob psychische Gesundheit schon vorliege, wenn man einfach keine psychische Störung (diagnostiziert bekommen) habe.

Das pathogenetische und das *salutogenetische Modell* unterscheiden sich grundsätzlich hinsichtlich ihrer Annahmen über das Verhältnis von Gesundheit und Krankheit zueinander (vgl. Franke 2015): Während im pathogenetischen Modell Gesundheit als Normalfall und Krankheit als davon abweichenden Zustand betrachtet wird, nimmt das salutogenetische Modell Gesundheit und Krankheit als Pole eines gemeinsamen, multifaktoriellen Kontinuums an (sog. *Gesundheits-Krankheits-Kontinuum*). Entsprechend sind Menschen nach dem salutogenetischen Modell *eher* krank oder *eher* gesund – je nachdem, ob sie sich näher am einen (*Health-ease*) und oder am anderen Pol (*Dis-ease*) befinden. Salutogenetische Fragestellungen sind demnach, warum Menschen trotz potenziell gesundheitsgefährdender Einflüsse oder extremster Belastungen gesund bleiben und wie sie es schaffen, sich trotz Erkrankung wieder zu erholen. Diese salutogenetischen Ausgangsfragen sind maßgeblich auf Aaron Antonovsky (1923-1994) zurückzuführen, der Gesundheit aus systemtheoretischer Sicht als labiles, aktives und sich dynamisch regulierendes Geschehen betrachtete. Schlüsselkonstrukt seiner Überlegungen ist das sog. *Kohärenzgefühl* (*sence of coherence* – SOC) als zentraler Erklärungsfaktor. Darunter versteht er ein Zusammenhangs- und Stimmigkeitsgefühl, das die individuelle Fähigkeit und Grundüberzeugung ausmacht, dass das Leben sinnvoll ist und dass man es meistern kann, auch wenn es manchmal schwierig ist. Das Kohärenzgefühl setzt sich aus drei Komponenten zusammen:
(1) dem Gefühl der *Verstehbarkeit* der eigenen Person und der Umwelt,
(2) Gefühlen von *Handhabbarkeit* und Bewältigbarkeit sowie
(3) von *Sinnhaftigkeit* und Bedeutsamkeit.

Je ausgeprägter das Kohärenzgefühl einer Person ist, desto gesünder sollte sie sein bzw. desto schneller sollte sie gesund werden und bleiben. Ein hohes Kohärenzgefühl entstehe dabei durch sog. *generalisierte Widerstandsressourcen* (Schutzfaktoren), die sich aus wiederholten Erfahrungen von Einflussmöglichkeiten, einer steten Balance von Über- und Unterforderung, einem ausgewogenen Verhältnis von Konsistenz und Überraschung bzw. von lohnenden und frustrierenden Ereignissen speisen. Genau genommen lassen sich generalisierte Widerstandsressourcen sowohl im Individuum als auch in seinem Umfeld und in der Gesellschaft finden (Franke 2015): Zu den individuellen Widerstandsressourcen gehören z. B. eine gute körperliche Konstitution, kognitive Ressourcen (z. B. Wissen, Intelligenz und Problemlösefähigkeit), psychische Ressourcen (z. B. Optimismus, Selbstvertrauen, Ich-Identität, Gesundheitswissen), interpersonale Ressourcen (z. B. soziale Unterstützung, soziale Integration und aktive Teilnahme an individuell bedeutsamen Entscheidungs- und Kontrollprozessen) sowie soziokulturelle Ressourcen (z. B. die Einbindung in stabile Kulturen, Orientierung an Werten und Überzeugungen, materielle Sicherheit, sicherer Arbeitsplatz). Als wichtige gesellschaftliche Widerstandsfaktoren gelten Frieden, intakte Sozialstrukturen und funktionierende gesellschaftliche Netze sowie die Sicherheit der sozialen Systeme (z. B. der Kranken- und Rentenversicherung). So dürfte im Sinne des salutogenetischen Modells die ältere Kollegin aus dem Fallbespiel über ausgeprägte generalisierte Widerstandsressourcen verfügen, die in ihr ein starkes Kohärenzgefühl bewirken, sodass sie trotz körperlicher Erkrankung und trotz anspruchsvoller Berufstätigkeit ihr Leben als verstehbar, handhabbar und sinnhaft erfährt, und die mit einem insgesamt positiven Gesundheitszustand einhergehen. Während Antonovsky das Kohärenzgefühl eines erwachsenen Menschen als eher fest ausgeprägt und wenig flexibel postulierte, gehen damit verwandte Konstrukte, z. B. das der psychischen Widerstandsfähigkeit (Kobasa 1979), von mehr Variabilität aus (vergleichend BzGA 2001, S. 55ff). Nichtsdestotrotz sollte dieser Punkt daran erinnern, wie wichtig es zu sein scheint, gerade Kinder, Jugendliche und junge Erwachsene bei der Bildung generalisierter Widerstandsressourcen zu unterstützen.

Da die salutogenetische Perspektive für ein hohes Kohärenzgefühl auf eine Stärkung der individuellen Bewältigungspotenziale sowie Förderung gesundherhaltender sozialökologische Rahmenbedingungen abzielt, geht sie sehr gut mit Zielvorstellungen der Sozialen Arbeit einher, welche sowohl gesellschaftliche Veränderungen, soziale Entwicklungen und den sozialen Zusammenhalt als auch die die Stärkung der Autonomie und Selbstbestimmung von Menschen anstrebt (also gesellschaftliche und individuelle Widerstandsressourcen, s.o.) und Menschen dabei so befähigt und ermutigt, dass sie die Herausforderungen des Lebens bewältigen können und ihr Wohlergehen verbessern (vgl. FBTS & DBSH 2016).

*In welchen Handlungsfeldern Sozialer Arbeit waren Sie bislang aktiv (z. B. als Praktikant*in, Ehrenamtliche*r oder bereits eingestellte Mitarbeiter*in) – und wie sehr wurde hier auf eine salutogenetische Ausrichtung mit Blick auf die Klient*innen als auch die Mitarbeiter*innen Wert gelegt?*

Insgesamt hat sich zwar die Vorstellung durchgesetzt, das *psychische Gesundheit* etwas Weitreichenderes ist als lediglich die Abwesenheit einer psychischen Störung oder einfach nur das Gleiche wie Wohlbefinden. Dennoch erweisen sich Unternehmungen, psychische Gesundheit präziser zu definieren, als ebenso herausfordernd, wie psychische Störungen zu beschreiben (vgl. Kap. 23). In Anbetracht der hohen Prävalenzraten für psychische Störungen kann das Kriterium „Abweichung von der Norm" auch hier kaum ausreichen („Wer sich normal verhält, ist psychisch gesund."). Auch scheinen ein hohes Kohärenzgefühl und psychische Gesundheit eng miteinander zusammenzuhängen, aber nicht unbedingt identisch zu sein (vgl. zusammenfassend BzGA 2001, S. 46). Letztendlich muss wie bei allen Gesundheitsdefinitionen berücksichtigt werden, dass diese biopsychosozial zu rahmen sind und entsprechend psychische Gesundheit neben der (weitgehenden) Symptom-, Beschwerde- und Beeinträchtigungsfreiheit (als *soziale Konstruktion,* was als psychisch gesund betrachtet wird) durch die jeweilige *Person-Umwelt-Interaktion* (als beständige, dynamische Auseinandersetzung mit umweltseitigen Informationen) und *individuelle Konstruktion* (die Selbstwahrnehmung und -reflexion voraussetzt) bestimmt wird. Systemisch betrachtet ist ein Mensch dann psychisch gesund, wenn er sich in einem *dynamischen Gleichgewicht* zwischen Person und Umwelt befindet bzw. wahrnimmt. Salutogenetisch betrachtet ist psychische Gesundheit nicht statisch (sondern dynamisch) und nicht kategorial definiert (sondern *auf einem Kontinuum* anzusiedeln).

Eine vielzitierte Zusammenstellung von Indikatoren für psychische Gesundheit (*mental health*) hat Jahoda (1958) verfasst. Sie nimmt psychische Gesundheit an bei einer

(1) positiven Einstellung zu sich selbst (Selbstakzeptanz, Selbstvertrauen), verbunden mit
(2) Wachstum, Reifung und Entwicklung,
(3) Autonomie (emotionaler Freiheit von den Anforderungen anderer, Selbstachtung),
(4) einer unverzerrten genauen Wahrnehmung der Realität,
(5) der Fähigkeit und Kompetenz zur Bewältigung von Umweltanforderungen und
(6) dem Vorliegen der zentralen Übereinstimmung und Integration psychischer Funktionen.

Man kann hierzu festhalten, dass ihre Konzeption die einer (idealen) „positiven" psychischen Gesundheit entspricht und damit weiterführende Kriterien formuliert, die nicht das Gegenteil der Kriterien einer psychischen Störung darstellen (vgl. Normabweichung, Leidensdruck, Leistungsbeeinträchtigung, Änderungsbedürfnis, verhaltensmäßige, psychische und/oder biologische Funktionsstörung definiert über Symptome, vgl. Kap. 23).

Becker (1995, S. 188f) versteht seelische Gesundheit zum einen als aktuellen Zustand und zum anderen als zeitlich relativ stabile Eigenschaft, *externen und internen Anforderungen des Lebens gerecht* werden zu können. In seinem *Modell der seelischen Gesundheit* hat er dafür drei Komponenten herausgestellt:

(1) seelisch-körperliches Wohlbefinden als Ausdruck von Sinnerfülltheit, Selbstvergessenheit und Beschwerdefreiheit,
(2) Selbstaktualisierung als Ausdruck von Expansivität und Autonomie sowie
(3) Selbst- und fremdbezogene Wertschätzung als Erfahrung von Selbstwertgefühl und Liebesfähigkeit.

Er macht hier zum einen deutlich, dass seelische Gesundheit nicht losgelöst von körperlicher Gesundheit gesehen werden kann. Zum anderen lassen sich über die Komponente Sinnerfülltheit deutliche Parallelen zu Antonovskys (1997) Teilkomponente Sinnhaftigkeit und Bedeutsamkeit, zu Frankls (1985) logotherapeutischem Zugang zur Sinnfrage des Lebens sowie zu Jahodas (1958) Auflistung erkennen.

Wie würden Sie diese Annahmen in Verbindung mit dem beschriebenen Fallbeispiel bringen?

Die Ausführungen sollten deutlich gemacht haben, dass es einen Unterschied macht, ob wir Menschen „psychopathologisch" betrachten und entsprechend Symptome und damit einhergehende Funktionseinbußen wahrnehmen und/oder ob wir eine salutogenetische Betrachtung vornehmen und damit das wahrnehmen, was jeder Mensch nutzt oder potenziell zur Verfügung hat, um psychisch gesund zu bleiben. Deutlich sollte auch geworden sein, dass eine Prozesse berücksichtigende (soziale und individuelle Konstruktionen sowie Person-Umwelt-Interaktion) und dimensionale Betrachtung (Krankheits-Gesundheits-Kontinuum) indiziert ist, um den psychischen Zustand eines Menschen angemessen erfassen zu können.

Über welche Konzeption(en) ließe sich Ihre psychische Gesundheit (als aktueller Zustand und als unterstellte Eigenschaft) am besten beschreiben?

28 Individueller Umgang mit psychischen Krisen

Nicht jede psychische oder psychosoziale Krise geht mit einer psychischen Störung einher. Jeder Mensch erfährt in seinem Leben zahlreiche Krisen, die er oder sie mit oder ohne externe Unterstützung überwindet. Gegenstand des letzten Kapitels in diesem Buchabschnitt sollen jene Krisen sein und wie Menschen damit psychisch umgehen (können).

Beispiel 20

Ein Sozialarbeiter in einem Nachbarschaftszentrum, das für Anwohner*innen verschiedenste Beratungsangebote bereitstellt, hat heute ein Gespräch mit einer jungen Frau, Anna, die sehr verzweifelt ist, weil ihr Bruder kriminell geworden sei, verhaftet wurde und sie keinen Kontakt mehr zu ihm habe. Sie mache sich große Sorgen um ihn, sei aber auch wütend und enttäuscht. Das ginge schon seit Wochen so und sie würde es nicht mehr aushalten, müsse ständig darüber nachdenken und könne sich so auf vieles nicht mehr freuen. Sie habe versucht, sich mit Sport abzulenken, aber das würde nicht funktionieren. Die Eltern, die noch nichts von der Sache wüssten, könne sie auch nicht mehr hinhalten, sie käme sich wie eine Lügnerin vor. Nun fragt sie den Sozialarbeiter, wie sie da wieder rauskäme.

Es gilt zunächst kurz zu klären, was eine *Krise* ausmacht: Dross (2001, S. 10) folgend sind krisenerfasste Menschen in einem Zustand psychischer Belastung, der für sie kaum mehr erträglich ist, sie emotional destabilisiert und ihre bisherigen Lebensgewohnheiten und Ziele massiv infrage stellt. Im Gegensatz zu einem Problem, für das auch aus Sicht der Betroffenen eine Lösung gefunden werden kann, erscheinen Krisen den Betroffenen als nicht lösbar mit den ihnen verfügbaren Strategien. Ihr gewohntes Verhaltensrepertoire ist in der Krise akut überfordert (vgl. Kunz et al. 2009, S. 181). Hier kommt in der Praxis die *Krisenintervention* zum einen als *Versorgungsmodell* (Niedrigschwelligkeit, zeitliche Begrenzung, Vernetzung und Multiprofessionalität) und zum anderen als *Handlungsmodell* (z. B. BELLA nach Sonneck 2000: *B*eziehungsaufbau, *E*rfassung der Situation, *L*inderung der Symptomatik, *L*eute einbeziehen, die unterstützen, *A*nsatz der Problembewältigung) zum Tragen (vgl. Kunz et al. 2009; Ortiz-Müller et al. 2010). Sowohl in der organisierten Versorgung als auch in der konkreten Begegnung sind jeweils auch Sozialarbeiter*innen involviert. Entsprechend kann angenommen werden, dass Anna aus dem Fallbeispiel in einer Krise steckt, eine Krisenintervention indiziert ist und sie sich an das Versorgungsangebot des Nachbarschaftszentrums wendet. Der Sozialarbeiter würde vermutlich nach dem Handlungsmodell, dem sich seine Einrichtung verschrieben hat, beratend vorgehen.

Bevor Menschen allerdings so sehr in eine Krise geraten, dass sie Nutzer von Kriseninterventionsdiensten werden, setzen sie üblicherweise die ihnen zur Verfügung stehenden Bewältigungsstrategien (*Copingstrategien*) für herausfordernde Situationen und Lebenslagen ein. Als Coping werden jegliche Maßnahmen zur Bewältigung von Stress in Form von Aktivitäten eines Individuums verstanden, um Verluste und Gefährdungen wichtiger Anliegen oder eines positiven Selbstbildes durch Schicksalsschläge, Versagen, Konflikte, unerwartete Barrieren u.a. zu meistern und/oder die dadurch ausgelösten belastenden Gefühle zu dämpfen. Grob können drei Varianten von Copingstrategien unterteilt werden:

(1) *Problemorientiertes Coping*, d. h. aktiv an das Problem (z. B. Frühwarnsymptome) herangehende Strategien mit dem Ziel der Problemlösung. Beispiele hierfür wären: Situation verändern, Klärungsgespräche führen, eine Beratungsstelle aufsuchen, eine Kur beantragen/machen etc.
(2) *Emotionsorientiertes Coping* mit dem vordergründigen Ziel, die negativen Emotionen im Zusammenhang mit Stressoren zu regulieren. Beispiele hierfür wären: Entspannungsübungen machen, über seine Gefühle sprechen, Verdrängungsversuche und Vermeidungsstrategien (Substanzkonsum, sich „einigeln“ etc.); und
(3) *Akkomodatives Verhalten*, d. h. eine Neubewertung der Situation vorzunehmen und dadurch eine Adaptation („psychische Anpassung“) an die neue Situation zu erreichen. Beispiele hierfür wären: persönliche Ziele ändern, Suchen nach besseren Reaktionen auf die Krise.

Je nach Herausforderung werden diesen Strategien unterschiedlich hohe Erfolgschancen zugestanden, psychosoziale Krisen abzuwenden, nicht gravierender werden zu lassen oder zu meistern. Insgesamt ist Coping als Prozess anzusehen, in dem Menschen verschiedene Strategien ausprobieren, einsetzen, erweitern. Mit Filipp und Aymanns (2018) sei hier darauf hinzuweisen, dass *kritische Lebensereignisse*, die in der Regel Copingstrategien erfordern, zum einen *als Stressoren* aufgefasst werden können und zum anderen *als Typus von Lebenserfahrung* (vgl. Kap. 8 zu Entwicklungsaufgaben). Sie können entsprechend „krank machen“ (vgl. Vulnerabilitäts-Stress-Bewältigungsmodell), sie können aber auch „stark machen“ (vgl. entwicklungstheoretische Perspektive, Kap. 14). Die jeweiligen Copingstrategien greifen dabei sowohl auf mentale, intrapsychische als auch auf sozial-interaktive, „nach außen sichtbare“ Prozesse zurück und können funktional und/oder dysfunktional, d. h. zur Reduktion von Stress sowie Bewältigung von kritischen Lebensereignisse und Krisen mehr oder weniger hilfreich und geeignet sein. Bezogen auf das Fallbeispiel könnte der Sozialarbeiter die bisher unternommenen Bewältigungsversuche mit Anna sortieren, hinsichtlich ihre Funktionalität besprechen und sie eventuell zu angemessenen proaktiven Strategien ermutigen, um Annas Selbstwirksamkeit zu stärken und sie zuversichtlicher zu stimmen. Oft sind zunächst emotionsregulierende Strategien (z. B. was hat bisher außer Sport geholfen?), später problemorientierte Strategien (z. B. mit den Eltern sprechen, dem Bruder einen Brief schreiben) angezeigt. Akkomodatives Verhalten würde sich beispielsweise anbahnen, wenn Anna hinterfragen würde, inwiefern sie immer und für alles ihrem Bruder beistehen müsste. Der Sozialarbeiter könnte auch thematisieren, dass solche kritischen Lebensereignisse zwar auch unangenehm und stressreich sind, dennoch zum Leben und zur wachsenden Lebenserfahrung dazu gehören.

Wenn Menschen die Fähigkeit haben, mit kritischen Lebensereignissen, extremen Belastungen und widrigen Umständen relativ unbeschadet umzugehen und Bewältigungskompetenzen aufzubauen beziehungsweise funktional und adaptiv zu handeln (Renneberg et al. 2009, S. 214), so nennt man das *Resilienz*. Sie kann auch als psychische Elastizität und Unverwüstlichkeit (Bastine 1998, S. 257) bezeichnet werden und meint die Fähigkeit, auch bei bestehender *Vulnerabilität*, bestehenden Risikofaktoren und Stress gesund zu bleiben. Filipp & Aymanns (2018, S. 288ff) weisen zu Recht darauf hin, dass der Begriff mittlerweile sehr vage geraten sei, weil er von der anfänglichen Konzeption in entwicklungspsychologischen Zusammenhängen ausgeweitet wurde auf Belastungen des Erwachsenenalters (z. B. lebensbedrohliche Erkrankungen, Gewalterfahrungen) und „erfolgreiches Altern" trotz zahlreicher Verluste. Ein weiteres Definitionsproblem gehe mit dem Umstand einher, dass Resilienz sowohl (tautologisch) als *Ergebnis* erfolgreicher Bewältigungsprozesse als auch als *Ausgangslage* für eine gelingende Bewältigung sowie ferner *als stabiles Merkmal* gehandelt werde. Gerade letzteres übersehe, dass Resilienz (wie auch Vulnerabilität) als relationale Begriffe verstanden werden müssen, die sich nur in der Auseinandersetzung mit bestimmten Herausforderungen zu einem bestimmten Zeitpunkt unter bestimmten Situationsumständen offenbaren könne. Dem folgend kann auch nicht „festgestellt" werden, ob Anna über ausreichend Resilienz verfügt, ihre Krise zu meistern und/oder resilient(er) aus der Krisenbewältigung hervorzugehen. Es kann aufgrund der transaktionalen situativen und situationsspezifischen Verknüpfungen auch nicht kausal bestimmt werden, mit welchem „Resilienzprofil" Anna hier per se am besten an und durch ihre Krise gehen sollte. Bekannt sind lediglich verschiedene Merkmale, die in Krisen und nach kritischen Lebensereignissen moderierende Puffer- oder Verstärkerwirkung haben können. Filipp und Aymanns (2018, S. 291ff) diskutieren hierzu Religiosität und Spiritualität als Ressourcen, Optimismus und Pessimismus als Lebensauffassungen, Hoffnung und Hoffnungslosigkeit, Widerstandskraft (*hardiness*) und Kontrollüberzeugungen, positive und negative Affektivität, Humor, körperliche Fitness und Funktionsstatus, Selbstaufmerksamkeit, Selbstwertgefühl, Selbstwirksamkeit und die Struktur des Selbstkonzepts sowie die Rolle früher Erfahrungen. Sie können entsprechend und für die jeweiligen Einzelfälle als Risiko- und/oder Schutzfaktoren fungieren.

Was hat Sie in den letzten Jahren resilienter (und vulnerabler) werden lassen und durch welche individuellen Ressourcen sind Sie mit dem letzten kritischen Lebensereignis in Ihrem Leben „zurecht"-gekommen? Inwiefern sind Sie daran „gewachsen"?

In der Beschäftigung mit der individuellen Auseinandersetzung mit psychischen Krisen und Störungen hat in den letzten Jahren der sog. Recovery-Ansatz zunehmend Beachtung erfahren. *Recovery* meint die *Wiedergesundung* als persönlichen Prozess und ist als Ansatz einzuordnen, der das *Genesungspotenzial* psychisch erkrankter Menschen hervorhebt. Als wichtige Kernelemente spielen hier Hoffnung, Grundsicherung (Wohnung, Finanzierung, Gewaltfreiheit, Gesundheitsversorgung), unterstützende soziale Beziehungen, eigene Copingstrategien, Empowerment und Selbstbestimmung, Lebenssinn sowie die Bewältigung von Verlusten eine maßgebliche Rolle. Amering & Schmolke (2012, S. 17) beschreiben Resilienz als dynamischen Recovery-Faktor und Recovery „als *Entwicklung aus den Beschränkungen der Patientenrolle hin zu einem selbstbestimmten, sinnerfüllten Leben.*" Gemeint ist also ein Veränderungsprozess hinsichtlich Überzeugungen, Werten, Zielen, Gefühlen, Fertigkeiten und Rollen, der es Betroffenen von „schweren" psychischen Erkrankungen und Krisen ermöglicht, wieder und auch ein befriedigendes, hoffnungserfülltes und aktives Leben zu führen, trotz der Einschränkungen und gravierenden Auswirkungen durch die Erkrankung (vgl. Anthony 1993). Es geht dabei nicht darum, zu einem Zustand vor der Erkrankung zurückzufinden, sondern um persönliches Wachstum und die Überwindung oft negativer diagnosebedingter Auswirkungen auf der individuellen und gesellschaftlichen Ebene – als Prozess, Lebensstil und Einstellung (vgl. Amering & Schmolke 2012, S. 25f). Insofern ist auch der Recovery-Ansatz assoziiert mit der Programmatik der *Positiven Psychologie* und distanziert sich wie die salutogenetische Betrachtung von pathogenetischen Sichtweisen auf psychische Erkrankungen und Krisen (vgl. Kap. 41).

*Wie würden Sie jetzt am Ende dieses Buchkapitels über die Eingangsfrage von Herrn Uraz (Beispiel 16) nachdenken? Was haben Sie aus der Lektüre des Kapitels mitgenommen – für sich persönlich und für Ihre Arbeit als Sozialarbeiter*in?*

29 Zusammenfassung: Haltung und Umgang mit psychischen Störungen

Abschließend soll eine Einordnung in die 4+1 grundlegenden Aspekte des psychischen Systems vorgenommen werden (vgl. Nolting & Paulus 2018; 4+1-Modell), welche bereits in der Einführung des Buches angesprochen wurden: Dieser Abschnitt des Buches hat besonderes „aktuelles Verhalten", nämlich jenes, das aktuell in unserem Kulturkreis in bestimmter Konstellation als psychisch gestört diagnostiziert wird, in den Fokus gerückt. Die damit einhergehenden *aktuellen psychischen Prozesse* – wie Denken, Fühlen, Wahrnehmen, Verhalten – wurden also mit Blick darauf beleuchtet, dass Menschen in ihrem

Leben psychische Störungen entwickeln und bewältigen müssen. Darauf, dass diese Betrachtungen nicht losgelöst von *Person- und Entwicklungs-* (z. B. Resilienz und Recovery) sowie *Situationsfaktoren* (z. B. aktuell zum Tragen kommende Wirkfaktoren professioneller Begleitung) sowie *interpersonalen Bezügen* (z. B. systemische Perspektive) angemessen vorgenommen werden können, sei hier abschließend noch einmal hingewiesen. Entsprechend ist die Klinische Psychologie wie die Klinische Sozialarbeit als ein spezifischer praxisbezogener Blickwinkel („Anwendungsgebiet") zu verstehen, die grundlegenden Aspekte bleiben aber auch hier ausschlaggebend.

Wie würden Sie jetzt am Ende des Kapitels die eingangs gestellten Fragen beantworten? Was ist neu oder aufschlussreich für Sie? Über welche Themen wollen Sie mehr erfahren und nachdenken?

Denjenigen, die praktisch in Handlungsfeldern der Sozialen Arbeit mit psychisch erkrankten Menschen arbeiten (wollen), werden in Bischkopf et al. (2017) theoretisch angebunden und fallbezogen „versorgt". Diejenigen, die das Thema Psychiatrie anthroposophischer bearbeitet und sozialpsychiatrisch verstanden, vertiefen wollen, sollten früher oder später im Klassiker „Irren ist menschlich" (Dörner et al. 2017) weiterlesen. Die Brücke zwischen Klinischer Sozialer Arbeit und Psychiatrie schlagen Sommerfeld et al. (2016).

Auch wenn sich das Kapitel der Begleitung von Menschen in psychischen Krisen widmet, sei abschließend noch einmal daran erinnert, dass wesentlicher Gegenstandsbereich der Sozialen Arbeit das *Verhindern und Bewältigen sozialer Probleme* ist (vgl. Staub-Bernasconi 2012) und sie dabei auf einen *gelingenden Alltag* (vgl. Thiersch 2012) sowie eine „angemessene" *Lebensbewältigung* (vgl. Böhnisch 2012) abzielt. Diese Vorhaben können kaum über psychologische Diagnostik und die Kenntnis von Psychotherapieverfahren gegenstandsadäquat umgesetzt werden. Daher enthält dieser Buchabschnitt zwar auch Ausführungen zu diesen klinischen Rahmungen, wurde aber vor allem mit Konstrukten und psychologienahen Strategien aufgefüllt, die verständlich machen sollen, warum und wie Menschen in soziale Problemlagen geraten und wie sie – mit oder ohne Sozialarbeiter*in – diese bewältigen können. Dass hierfür nicht nur (intra-)psychologische Prozesse ausreichen (z. B. Selbstwirksamkeitserwartungen, Attributionen, Copingstrategien, psychologische Erklärungsansätze), dürfte im Sinne des Person-in-Environments-Zugangs deutlich geworden sein. Sozial verortete Theorien, Konstrukte und Verfahren (von Fremdstigmatisierung und Labeling bis hin zur systemischen Einbettung) können so aufgefasst werden, dass sie ihren Ursprung letztendlich immer in psychischen Prozessen haben (z. B. intrapsychischem Denken, Wahrnehmen, Erinnern, Fühlen usw.). Allerdings wäre dies mit Blick auf das biopsychosoziale

Rahmenmodell und den dort angenommenen Wechselwirkungen nicht gegenstandsangemessen. Der Wechselwirkung intrapsychischer Prozesse mit ihren sozialen Einbettungen wird im folgenden Teil E Rechnung getragen.

Teil E

Sozialarbeiter/innen in Interaktion – Interpersonale Bezüge

In diesem Abschnitt des Buches widmen wir uns der Feststellung, dass Menschen soziale Wesen sind und Betrachtungen zu ihrem Denken, Erleben und Verhalten nur durch die Berücksichtigung ihrer sozialen Bezüge und ihres Eingebettetseins in soziale Kontexte sinnvoll erfolgen können. Insofern ist es für den Anfang nützlich, sich noch einmal auf die *systemökologische Konzeption* von Uri Bronfenbrenner (1981) zu besinnen (vgl. Kap. 2) und sich zu überlegen, in welche Mikrosysteme (z. B. die Familie oder Partnerschaft), Mesosysteme (z. B. zwischen den WG-Mitbewohner*innen und Partner*in), Exosysteme (z. B. Wohnort der Eltern in einem Krisengebiet) und Makrosysteme (z. B. staatliche Finanzierung des Studiums, kulturelle Erwartung lebenslangen Lernens) Sie eingebunden sind. Die Systeme unterliegen Bedingungen des zeitlichen Wandels, dem Chronosystem, d. h. damit einhergehenden dynamischen Veränderungen, von denen auch Sie betroffen sind, z. B. Globalisierung, Digitalisierung. Entsprechend ist hier auch das Thema *Sozialisation* zu verorten, also der sozialbezogene, kultur- sowie gesellschaftlich geformte Anteil von *Entwicklung*, der die Entstehung und andauernde Veränderung sozialen Verhaltens und sozialer Einstellungen ausmacht. Ihre aktuellen inneren Prozesse, Ihr individueller Entwicklungsstand und Ihre Persönlichkeit sind immer in situative Kontexte und interpersonale Bezüge eingebunden.

Gegenstand dieses Buchabschnitts sind also der Zusatzaspekt des 4+1-Modells (vgl. Einführung) nach Nolting & Paulus (2018, S. 123ff): die *interpersonalen Bezüge*. Damit gemeint sind nicht lediglich Individuen in Situationen, in denen auch andere Menschen anwesend sind (z. B. eine Vorlesung oder ein Zugabteil), sondern wie die aktuellen psychischen Prozesse (wie Denken, Erleben, Handeln) eines Menschen in ihrer *Bezogenheit* zu den aktuellen Prozessen eines anderen Menschen zu verstehen sind. Interpersonale Bezüge meinen also die Bezogenheit und Beeinflussung, d. h. das wechselseitige Zusammenspiel von zwei oder mehr Beteiligten, welches als *gemeinsames Geschehen* betrachtet wird. Hierbei kann man (soziale) Interaktion, Kommunikation und soziale Beziehung unterscheiden, auch wenn diese häufig synonym verwandt werden. Soziale *Interaktion* kann als Verhalten (aktueller, sichtbarer Prozess) *zueinander* definiert werden, z. B. wenn jemand einen anderen Menschen anzwinkert, einer schwangeren Frau Platz in der U-Bahn macht oder ein Radfahrer einen unaufmerksamen Autofahrer beschimpft. Üblicherweise reagiert der andere Mensch darauf, es besteht eine Wechselbeziehung, z. B. der Angezwinkerte wird rot, die Schwangere bedankt sich, der Autofahrer entschuldigt sich. Es gibt kulturell ritualisierte Interaktionen (z. B. Begrüßungsfloskeln) sowie eingespielte Interaktionsmuster (z. B. bei Streitthemen in einer Partnerschaft). Wenn der Angezwinkerte (gar) nicht reagiert oder der Autofahrer weiterfährt (weil er die Beschimpfung nicht gehört hat), handelt es sich hierbei um eine – einseitige – *Kommunikation*, bei der ein Mensch eine Information oder Botschaft *absichtlich* mitteilt (wie z. B. in einem Werbespot). Wäre das Zwinkern einem nervösen Zucken geschuldet, wollte der Platzmachende ohnehin aufstehen und aussteigen oder wäre der Radfahrer in grollende Selbstgespräche versunken, würde man dies – im engeren Sinne – nicht Kommunikation nennen. Unter sozialer *Beziehung* sind Konstellationen gemeint, in denen sich Menschen *längerfristig* zueinander verhalten (z. B. in einer Paar-, Arbeits- oder Familienbeziehung). Diese Beziehungen haben hinsichtlich ihrer Verbundenheit, Wohlgesonnenheit, Hierarchisierung und Zweckbestimmung unterschiedliche Qualitäten. Die Ausprägungen unterscheiden sich nach der Art der Beziehung und ändern sich im zeitlichen Verlauf. So sind die meisten emotionalen Paarbeziehungen vor allem am Anfang sehr eng, freundschaftlich, gleichberechtigt und Nähe genießend angelegt, hingegen Arbeitsbeziehungen anfänglich eher oberflächlich, neutral, mehr oder weniger hierarchisch und aufgabenorientiert aufgestellt. Über die Zeit spielen sich dann spezifische Interaktionsmuster ein. Ferner entwickeln die jeweils einzeln Beteiligten sog. Interaktionsskripte dahingehend, was sie in der Beziehung zum anderen passend finden und welches Bild sie von und in Beziehung zu ihm haben. Jeder Mensch denkt, fühlt, verhält sich – vor dem Hintergrund seiner Dispositionen und seiner entwicklungsbedingten Erfahrungen – also *auch als Individuum* in sozialen Beziehungen. Um es aus konstruktivistischer Perspektive zusammenzufassen:

(1) Menschen enkodieren Situationen im Hinblick auf das, was sie zu sehen *erwarten* und sehen wollen. Auch wenn wir alle dasselbe sehen, nehmen wir es jedoch unterschiedlich wahr.
(2) Menschen bringen in die Interpretation von sozialen Situationen ihr *eigenes Wissen* und ihre *Erfahrungen* mit ein.
(3) Jeder Mensch *konstruiert* seine *eigene soziale Realität*, wobei die soziale Wahrnehmung von den eigenen Überzeugungen und Erwartungen beeinflusst wird. Es kann folglich keine objektive Beschreibung konkreter Beziehungen oder sozialer Interaktionen geben.

Abschließend lässt sich festhalten, dass soziale Kommunikation als Interaktion zu verstehen ist und *wechselseitige, intentionale Verständigung und Beeinflussung* bedeutet, die mithilfe symbolischer Zeichen realisiert wird (vgl. Widulle

2012, S. 23f). Diese Kommunikationsmittel, z. B. Sprache, Mimik und Gestik, Zeichensprache, Laute und Töne, Signale und Symbole (Schrift) laufen bewusst oder unbewusst sowie einzeln oder kombiniert ab, sind aber *stets mehrdeutig*. Zum Beispiel können das Pfeifen eines Menschen oder ein auffällig „neutraler" Gesichtsausdruck sehr unterschiedlich ausgelegt werden.

Wann haben Sie zuletzt ein „kommunikatives Missverständnis" ausräumen dürfen?

In der Psychologie beschäftigt sich insbesondere das Grundlagengebiet der *Sozialpsychologie* – als Grenzwissenschaft zwischen der Psychologie und der Soziologie – mit sozialen Phänomenen, d. h. dem *sozial determinierten* Denken, Erleben und Verhalten von *Individuen* (z. B. soziale Einstellungen) und von *Gruppen* (z. B. Gruppendruck) sowie ihren *Wechselwirkungen* (z. B. Leitung von Gruppen). Diese Schwerpunkte schlagen sich in den folgenden Kapiteln nieder, vorab werden jedoch zunächst wesentliche Grundlagen der *Kommunikationspsychologie* skizziert. Wer am Ende des Kapitels mehr, aber nicht „zu viel" über sozialpsychologische Theorien und Forschungsbefunde erfahren möchte, sei auf Stürmer (2009) verwiesen. Wen der Umstand interessiert, dass alle Menschen – ob bewusst oder unbewusst – in alltäglichen sozialen Situationen immer auch *Selbstdarstellung* betreiben, sei auf den Soziologen Goffman (2011) verwiesen, der herausgearbeitet hat, dass Menschen in Interaktionen auch bestrebt sind, ein bestimmtes Bild von sich zu vermitteln und insofern „Theater spielen", also auch (situativ variierend) eine bestimmte Rolle spielen.

30 Psychologie der Kommunikation

Während bei sozialer Interaktion eher die interpersonalen Verhaltenszusammenhänge im Vordergrund stehen, geht es bei der Kommunikation eher um die Nachrichten an sich und deren Übermittlung innerhalb des Kommunikationsprozesses. Das „Senden" und „Empfangen" als kognitive, vielschichtige Prozesse stehen hier im Vordergrund (vgl. Nolting & Paulus 2018). Entsprechend der mannigfaltigen Botschaften und Bedeutungen, die in den Informationen einer Nachricht stecken, können sich zahlreiche Auslegungen, Missverständnisse und Übersetzungsfehler ergeben. Daher sind verschiedene Prozesse bei der Informationsübermittlung zu berücksichtigen: (1) Was meint der Informationssender? (2) In welcher Weise äußert er/sie das (Zeichen/Signal als Kodierung)? (3) Was davon versteht der Informationsempfänger (Dekodierung als Entschlüsselung der Zeichen, z. B. formulierten Sätze oder nonverbalen Signale, wie Körpersprache oder Blickkontakt)? Natürlich besteht Kommunikation nicht lediglich aus dem Senden und Empfangen von Zeichen, sondern es findet ein interpersonaler Austausch von ganzheitlich zu betrachtenden Menschen (mit gleichzeitig vielen aktuell laufenden Prozessen, wie Gesprächsmotivation, Gedächtnisaktivitäten, Wahrnehmung bzw. Interpretation der Situation) in bestimmten, auch variierenden sozialen Situationen statt.

Beispiel 21

Als neue Mitarbeiterin in einer Beratungsstelle kümmert sich eine junge Kollegin engagiert um Ihre Einarbeitung. Sie duzt Sie und erläutert Ihnen die Abläufe, fachlichen Anforderungen und streut hier und da Aussagen zum Kollegium ein. Eine davon ist, dass „die Leitung ziemlich fertig" sei. Eine andere Aussage ist, dass die alteingesessenen Kollegen nicht kommunizieren, man sich an die also nicht zu wenden brauche. Das habe damit zu tun, dass sie eine „ruhige Kugel" schieben wollen. Am Tag zuvor hat Ihnen einer dieser „Alteingesessenen" gesagt, die neuen Kolleginnen „stressen" immer, z. B. mit ihren ganzen neuen Ansätzen, die doch nur neue Worte für Längstbewährtes oder Verworfenes seien, und am besten man reagiere nicht, um selbst effizient zu bleiben. Sie fragen sich, wo Sie für sich anknüpfen können und wem Sie was glauben sollen...

Um Kommunikation zu verstehen, bieten sich die grundlegenden Axiome von Watzlawick et al. (2000, S. 50ff) an, die als Klassiker der Kommunikationspsychologie gelten:

(1) Man kann *nicht nicht kommunizieren*. Insofern wäre die Aussage der Kollegin zu hinterfragen, die Alteingesessenen würden nicht kommunizieren, auch nicht direktes Antworten ist – wenn absichtlich und an die neuen Kolleginnen gerichtet – Kommunikation (nonverbal und indirekt).
(2) Zwischenmenschliche Kommunikationsabläufe sind entweder *symmetrisch oder komplementär*, je nachdem, ob die Beziehung zwischen den Partnern auf Gleichheit oder Unterschiedlichkeit beruht. In welchem Verhältnis die beiden Kolleginnen zueinanderstehen, lässt sich dem Fall nicht eindeutig entnehmen, aber die Kommunikation scheint auf Symmetrie angelegt zu sein (Duzen, Mitteilung kollegialer Interna).
(3) Menschliche Kommunikation bedient sich *digitaler und analoger Modalitäten*: Digitale Kommunikationen haben eine komplexe und vielseitige logische Syntax (eher definierte Inhaltsaspekte), aber auf dem Gebiet der Beziehungen unzulängliche Semantik (die Buchstaben k, a, t, z, e ergeben das Wort Katze). Analoge Kommunikationen dagegen besitzen eher semantisches Potenzial (z. B. Beziehungsaspekte tangierend), ermangeln aber einer für eindeutige Kommunikationen erforderlichen logischen Syntax (Bild einer Katze). Das Wort „Alteingesessene" setzt sich – digital betrachtet – inhaltlich aus *alt* (nicht neu, nicht jung) und *eingesessen* (länger und fest vor-

handen) zusammen, bedeutet aber – analog betrachtet – inhaltlich etwas Bestimmtes (z. B. Wofür stehen die „Alteingesessenen"?).

(4) Jede Kommunikation hat einen *Inhalts- und einen Beziehungsaspekt*, derart, dass letzterer den ersten bestimmt. Die einarbeitende Kollegin teilt ihre Sicht der kollegialen Umstände nicht nur als sachliche Information mit, sondern will (bewusst oder unbewusst) auch etwas auf der Beziehungsebene mitteilen (z. B. ist es unklar, ob man von der Leitung Unterstützung bekommen kann, es ist nicht gewünscht, die Alteingesessenen zu behelligen und/oder „auf mich kannst du dich verlassen").

(5) Die Natur einer Beziehung ist durch die *Interpunktion* („Wer hat angefangen?") der Kommunikationsabläufe seitens der Partner bedingt. Mit Interpunktieren von Ereignisfolgen ist gemeint, dass Menschen (willkürlich) das eine Verhalten als Ursache, das andere Verhalten als Folge oder Reaktion auslegen. Dabei wird das eigene Verhalten meist als Reaktion erlebt mit der Folge, dass jede*r sich im Recht fühlt (und damit zirkuläre Kommunikationsschleifen ignoriert): *Weil* die Alteingesessenen eine ruhige Kugel schieben wollen und entsprechend nicht kommunizieren, braucht man sich an sie nicht zu wenden – versus: *Weil* die neuen Kolleginnen immer mit neuen Ansätzen daherkommen, wartet man am besten ab und reagiert nicht bei jeder neuen Idee.

Dass kommunikative Mitteilungen nicht nur sachlicher Natur sind (vgl. Axiom 4), hat Schulz von Thun (2010) ausführlich und populär unter dem Stichwort *Kommunikationsquadrat* als „Vier Seiten einer Nachricht" ausgearbeitet (vgl. auch https://www.schulz-von-thun.de/). Er hat darauf hingewiesen, dass eine Mitteilung nicht nur eine *Sachebene* und eine *Beziehungsebene* beinhaltet, sondern zusätzlich eine *Selbstoffenbarungsebene* und eine *Appellebene* mitzudenken sind, um Kommunikation hinlänglich zu verstehen. Die Aussage „Die Leitung ist ziemlich fertig." kann sowohl auf der Sprecherseite (Was will die Kollegin mitteilen?) als auch auf der Hörerseite (Was höre ich als Neuling, wenn die Kollegin das sagt?) Verschiedenes bedeuten, z. B.: „Der Leitung geht es nicht gut." (Sachebene), „Auf die Leitung kann man nicht zählen." (Beziehungsebene), „Ich bin enttäuscht von der Leitung." (Selbstoffenbarung) und/oder „Halte dich fern von der Leitung." (Appell). Es kann aber sein, dass Sie als Neuling trotz Beachtung der ganzen Botschaftsdimensionen noch ganz andere Sachen hören, z. B. „Die Leitung stellt sich gerade neu auf und steht kurz vor der Vollendung." (Sachebene), „Die Leitung ist mehr mit sich beschäftigt." (Beziehungsebene), „Sie findet, dass sie die bessere Leitung abgeben würde." (Selbstoffenbarung) und/oder „Die Leitung braucht Unterstützung!" (Appell).

 *Was haben Sie selbst beim Lesen des Fallbeispiels „gehört"?*

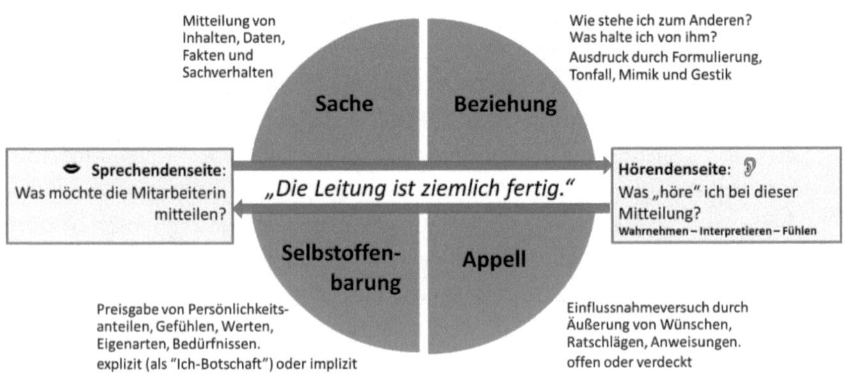

Abbildung 8: Vier Seiten einer Nachricht (nach Schulz von Thun 2010)

Warum ist das wichtig? Schulz von Thun (2010) macht hierzu deutlich, dass wenn Menschen etwas wahrnehmen („hören" mit verschiedenen Ohren), sie automatisch anfangen zu interpretieren und damit auch *emotionale Prozesse* einhergehen, die den weiteren Kommunikationsprozess beeinflussen. Die Interpretationsschleifen können dabei zu sehr unterschiedlichen Emotionen führen, von Anspannung bis Verunsicherung, von Beflügelung bis Verärgerung. Eine verunsicherte oder verängstigte neue Kollegin („Wie sind die denn hier alle drauf?") wird sich anders in die nächste Kommunikation begeben als ein beflügelter Neuling („Hier wird so viel offen angesprochen!").

Wenn Ihre Dozentin mit unbewegter Miene zu Ihnen sagt: „Lesen Sie nicht weiter, legen Sie das Buch zu Seite und denken Sie erstmal über das Gelesene nach, bis Sie es verstanden haben.": Wie würden Sie diese Aufforderung interpretieren? Welche Gefühle löst Ihre Interpretation bei Ihnen aus? Wie wird Ihre Gefühlslage Sie beeinflussen, wenn Sie demnächst wieder bei dieser Dozentin im Seminar sitzen?

Auch für die praktische Soziale Arbeit ist es wichtig, sich bewusst zu machen, dass *Wahrnehmen*, *Interpretieren* und *Fühlen* unterschiedliche Vorgänge sind, die es zu trennen gilt, um nicht allzu unreflektiert zu agieren. Ferner muss zwischen den *eigenen* Wahrnehmungen und Gefühlen und denen der begleiteten Klient*innen unterschieden und der Umstand, dass Kommunikation nicht linear, sondern zirkulär abläuft, verstanden werden.

Wie interpretieren Sie den Blick eines Klienten auf die Uhr und welche Gefühle entstehen dadurch bei Ihnen? Wie mag es wohl eine Klientin

interpretieren, wenn Sie zum Termin zehn Minuten zu spät kommen, was mag sie alles fühlen?

Vermutlich werden Sie bei der Beantwortung verschiedene Stimmen in sich hören (beispielsweise von „Gut, dass er die Zeit im Blick hat“ bis „irgendwie unhöflich“). Diese verschiedenen Stimmen werden in der Literatur als das *Innere Team* bezeichnet (vgl. Schulz von Thun 2013) und sind im 4+1-Modell als „aktuelle innere Prozesse“ einzuordnen (vgl. Nolting & Paulus 2018). Die Bezeichnung Inneres Team weist auf die innere Pluralität eines jeden Menschen hin und dass jeder in sich verschiedene Anteile bzw. „Stimmen“ trägt, wenn er sich mit den Herausforderungen und *Anliegen* des Lebens auseinandersetzt. So könnten Sie als neue Mitarbeiterin in der Beratungsstelle denken, „Ich warte erstmal ab und beobachte, wer hier mit wem gut kann.“ So denken Sie bzw. die „Teamchefin als *Oberhaupt*“ vielleicht oft in solchen Situationen. Es ist aber anzunehmen, dass es auch andere „Mitspieler“ im Inneren Team gibt, z. B. der „Zaghafte“ („Mist, das wird hier nichts.“), die „Bewacherin“ („Pass auf, dass du nicht vereinnahmt wirst!“), die „Pragmatische“ („Na mal sehen, vielleicht nützt mir das, um schneller an interessante Aufgaben zu kommen.“) und verschiedene andere. Innere Teamkonflikte sind dann unumgänglich und notwendig, sie müssen daher erkannt und durch die Teamchefin kooperativ gelöst werden, d. h. alle *Teammitglieder* (Stimmen) haben ganzheitlich betrachtet ihre Berechtigung und brauchen ihre intrapsychische Würdigung. Wenngleich die menschliche Persönlichkeit (vgl. Buchabschnitt C) für eine typische Grundaufstellung der inneren Mitglieder sorgt, variiert diese in Abhängigkeit von der jeweiligen Situation und dem Gegenüber. Entsprechend muss der Gehalt einer Situation erkannt und eine situationsgerechte Aufstellung der inneren Mitglieder angestrebt werden (Konzept der Stimmigkeit). Gefragt ist also eine *doppelte Blickrichtung*: auf das Innere Team *und* auf die Situation.

Was würde Ihr Inneres Team verlautbaren, wenn es sich mit der aktuellen Situation in der Beratungsstelle konfrontiert sehen würde? Welche Teammitglieder kennen Sie von sich, die sich regelmäßig zu Wort melden, wenn Sie sozialarbeiterisch tätig sind?

31 Das soziale Individuum

Haben wir eine eigene Identität, der wir Autonomie, Einzigartigkeit und Selbstentfaltung unterstellen können? Oder ist unsere Identität nur ein Produkt der kollektiven Diskurse, in denen wir sozialisiert werden, der Macht und Beeinflussung durch kulturell vorgegebene Erwartungen? In Buchabschnitt B wurden diese Fragen mit entwicklungspsychologischer Brille betrachtet, damit rückten andere Aspekte in den Vordergrund als wenn wir mit sozialpsychologischer Brille auf Identität schauen. Entwicklungspsychologisch betrachtet wird *Identität* als Wahrnehmung des Gleichseins der eigenen Person über die Zeit und über Situationen hinweg verstanden und eng mit dem Konstrukt des *Selbst* und dessen Entwicklung assoziiert. Hurrelmann & Bauer (2015) haben im Modell der produktiven Realitätsverarbeitung herausgearbeitet, dass Menschen sich lebenslang mit der äußeren Realität als *soziale Umwelt* (sog. soziale Integration) und zugleich integrierend mit der inneren Realität von Körper und Psyche (sog. persönliche Individualisation) auseinandersetzen müssen. Dabei sind aus sozialpsychologischer Perspektive insbesondere die soziale Umwelt Gegenstand des Interesses und die *Situativität von Identität* sowie die Bedeutung von Sprache und Kommunikation zu beachten (vgl. Krappmann 1993). Dass die *soziale Identität* auch als generalisierte Verinnerlichung der Erwartungen anderer an mich (als „Me" bzw. *Ich*) formuliert werden kann und zu unterscheiden ist von dem Ich, das als *Reaktion auf die Haltungen* anderer zu verstehen ist („I)", hat Mead (1968) schon vor einem halben Jahrhundert herausgearbeitet. Identität ist also maßgeblich sozial geschrieben.

Wie Menschen sich in ihrer sozialen Lebenswelt orientieren, untersuchen Ansätze zur *sozialen Wahrnehmung*. Hier sind insbesondere die sog. *Attributionstheorie* und die Erkenntnisse der *Vorurteilsforschung* auch für Sozialarbeiter*innen aufschlussreich, die im Folgenden skizziert werden.

Beispiel 22

Sie arbeiten als Sozialarbeiter in der Bewährungshilfe und begleiten Herrn Burg bei der Entwicklung einer straftaten- und gewaltfreien Lebensperspektive. Herr Burg findet, dass die Gesetze in Deutschland unverhältnismäßig streng seien und man schon für „Kleinigkeiten in den Knast" käme. Außerdem seien seine Eltern schuld, dass er auf die schiefe Bahn geraten sei, weil sie ihm nie etwas Anderes vorgelebt hätten. Für sein letztes Delikt (stark alkoholisiertes Autofahren im Stadtverkehr plus Gewalttätigkeit gegen einen Verkehrspolizisten) sei seine Ex-Frau verantwortlich, weil sie ihn im Streit rausgeschmissen hätte. Frauen und Polizisten solle man niemals trauen.

 *Worin sieht Herr Burg die Ursachen für seine Lebensumstände?*

Attributionen sind als Zuschreibungen von Ursachen zu Ereignissen (z. B. die eigene Inhaftierung) oder zu Verhaltensweisen (z. B. der Rausschmiss durch die Freundin) zu verstehen. Es geht also um mehr oder weniger alltägliche Handlungserklärungen: Warum ist mir oder jemand anderem das passiert? Menschen setzen verschiedene Attributionsformen ein, was in der Regel zu unterschiedlichen Wechselwirkungen mit der Umwelt führt: Herr Berg neigt anscheinend stark zu *externalen* Attributionen, d. h. er sieht seine äußere Umwelt als ursächlich für seine Erfahrungen an (Gesetze, Eltern und Freundin), wenngleich auch internale Ursachen denkbar wären (z. B. Herr Bergs Einstellungen und Verhalten). Ferner wird unterschieden zwischen variablen versus stabilen, zwischen kontrollierbaren versus unkontrollierbaren und zwischen spezifisch versus global wahrgenommenen Ursachen. Kelley (1973) hat in diesem Kontext drei Typen von Attributionen beschrieben – Personen-, Sachverhalts- und Umständeattributionen – und herausgearbeitet, dass Menschen hierfür verschiedene Informationen hinzuziehen:

(1) *Konsistenz:* Macht die beobachtete Person, z. B. Herr Berg, das immer so?
(2) *Konsensus:* Verhalten sich andere Personen, z. B. die Hafterfahrenen in Herrn Bergs Umfeld, auch so?
(3) *Distinktheit:* Verhält sich die beobachtete Person, z. B. Herr Berg, in anderen Situationen oder gegenüber anderen Menschen anders (z. B. gegenüber seinem neuen Vermieter oder seiner Schwester)?

Attributionen (Ursachenzuschreibungen) beeinflussen sowohl die Selbstwahrnehmung als auch die Wahrnehmung der Umwelt und damit auch das zukünftige Verhalten. Wenn Herr Berg seine Inhaftierung weiterhin ausschließlich und konsistent external attribuiert (zuschreibt), ist die Wahrscheinlichkeit geringer, dass er sich mit *seinen* ursächlichen Anteilen am Geschehen selbstreflexiv auseinandersetzt und dadurch Veränderungen in seiner Entwicklung anstößt. Aufgabe des Sozialpädagogen kann hier entsprechend sein, Herrn Berg aufzuzeigen, dass es auch internale Ursachen für seine Inhaftierung und den Rausschmiss geben kann, die es zu verstehen gilt und an denen er etwas ändern kann.

Mit den Konsequenzen solcher Attributionsprozesse beschäftigen sich sog. *attributionale Theorien*, woraus sich ein unmittelbarer Praxisbezug ergibt, weil sie die Folgen der Attributionsprozesse für die Akteure systematisieren. Da Menschen verschiedene Attributionsstile praktizieren, gehen damit unterschiedliche soziale Folgen und Auswirkungen auf das zukünftige Verhalten einher. Wer beispielsweise Erfolge eher internal zuschreibt (stabil: „Ich bin so schlau!"; variabel: „Ich hab mich diesmal angestrengt."), wird von anderen vermutlich selbstbewusster wahrgenommen und wird sich eher auch an die nächste Herausforderung wagen (im Sinne hoher Selbstwirksamkeitserwartungen) als jemand, der Erfolge eher external verortet (stabil: „War ja 'ne leichte Aufgabe!"; variabel: „Hat zufällig mal geklappt."). Von seinen Mitmenschen wird er dann eher als „sich kleinmachend" erlebt und zögernder an neue Herausforderungen herangehen, wenn er in dieser Weise Erfolge konstant situationen- und umständeübergreifend attribuiert. Gemeinsam scheinen viele Menschen zu haben, dass sie dazu neigen, ihr *eigenes Handeln eher situativ* zu erklären und das Handeln anderer eher auf deren persönliche Eigenschaften zurückzuführen. Insgesamt lässt sich – gerade für westliche Gesellschaften – ein *fundamentaler Attributionsfehler* dahingehend feststellen, dass grundsätzlich situative Einflussfaktoren eher unterschätzt und personale Faktoren überschätzt werden. Wenn jemand im Straßenverkehr plötzlich sehr abrupt bremst, würden spontan mehr Fahrer*innen hinter ihm finden, er sei ein schlechter Autofahrer (personal) als dass die Straßenverfassung oder der Verkehrsbedingungen (situativer) Grund seines plötzlichen Bremsens sein könnten.

In welcher Situation ist Ihnen zuletzt selbst diese Art von Attributionsfehler unterlaufen?

Vorurteile sind emotionsbesetzte Denkweisen, bei denen Menschen allgegenwärtigen Stereotypen zu zugeschriebenen Merkmalen bestimmter sozialer *Gruppen* und ihrer Mitglieder positiv oder negativ bewertend zustimmen. Sie können in diskriminierende Verhaltensweisen münden (vgl. Kap. 28). *Vorurteile* (*prejudices*) gegenüber sozialen Gruppen sind also *eine* Form von *sozialen Einstellungen* (*attitudes*), welche letztendlich alltägliche Überzeugungen, d. h. mentale Konstrukte sind, die sich in einem Werturteil gegenüber bestimmten Objekten, Subjekten, Gegebenheiten ausdrücken. Sie haben sowohl *kognitive* (Meinungen, Kenntnisse) als auch *emotionale* (Gefühle, Bewertungen) und *verhaltensbezogene* (Umgang, Handeln) *Anteile*. Einstellungen unterscheiden sich in ihrer *Konsistenz*, d. h. wir handeln nicht in allen Fällen konsistent zu unseren Einstellungen, und hinsichtlich ihrer *Stärke*, d. h. wie extrem ausgeprägt, wie wichtig, wie emotional erregend und wie handlungsleitend sie für ein Individuum sind.

Herrn Bergs Einstellung, dass man Frauen niemals trauen dürfe, kann entsprechend modifiziert betrachtet werden: Gilt diese Einstellung gegenüber allen Frauen und immer, wie radikal vertritt er sie, wie wichtig ist ihm das Thema Frauen, wie sehr wühlt es ihn gefühlsmäßig auf und lassen sich daraus resultierend konkrete Handlungsweisen erkennen?

Soziale Einstellungen sind wichtig, weil sie für unsere soziale Existenz verschiedene Funktionen erfüllen (vgl. Langfeldt & Nothdurft 2015, S. 168): Sie verschaffen uns *Orientierung* darüber, wen wir mögen (Folge: Annäherung) und was nicht (Folge: Vermeidung) sowie Gemeinsamkeiten, über die wir uns *identifizieren* und zugehörig fühlen können. Ferner ermöglichen sie uns, *uns darzustellen* und darüber unsere eigene Identität und unseren Platz in der sozialen

Welt zum Ausdruck zu bringen sowie uns zu *schützen* vor Aspekten unserer Mitwelt, die uns nicht zu nahekommen sollen. Sie sind allerdings auch kontextabhängig und veränderlich und unterliegen dabei verschiedenen Beeinflussungs- und Wirkprozessen. Angesprochen wurde bereits, dass Einstellungen nicht besonders homogen sein müssen, d. h. Menschen auch ambivalent sein können. So könnte Herr Berg aufgrund seiner Wahrnehmung und Erfahrungen die Polizei als persönlichen „Freund und Helfer" ablehnen, andererseits aber durchaus befürworten, dass auf Demonstrationen mehr Polizeipräsenz zu fordern ist. Folgen wir der Grundannahme, dass Einstellungen abhängig sind von den Beziehungen *zu anderen Einstellungen*, so lässt sich feststellen, dass Menschen systematisch dazu neigen, ihr Einstellungssystem auszubalancieren, indem sie die verschiedenen Einstellungsbeziehungen unterschiedlich gewichten und indem sie ihre Wahrnehmungen mitunter anders interpretieren. Dieses Ausbalancieren geschieht, um sog. *kognitive Dissonanz* (als unangenehmen Gefühls- und Spannungszustand beispielsweise nach Entscheidungen, nach einstellungsdiskrepantem Verhalten oder nach enttäuschten Erwartungen; vgl. Festinger 1957) gering zu halten, wenn wir feststellen, dass unser „Einstellungs- und Verhaltensgerüst" nicht stimmig ist (vgl. Abb. 9, S. 162).

Menschen empfinden konsonante Kognitionen als angenehmer und versuchen daher, dissonante Informationen auszublenden, abzuwerten oder selektiv wahrzunehmen, vor allem, wenn sie wenig veränderungsbereit und offen sind. Neben der Veränderung von Wahrnehmungen kommt auch die Veränderung von Verhalten in Frage, um dadurch wieder zu konsonanteren Kognitionen zu gelangen. Würde sich Herr Berg beispielsweise in naher Zukunft in eine Polizistin verlieben, wird er kognitive Dissonanz erfahren. Wenn diese zu spannungsreich ausfällt, wird er entweder durch sein Verhalten (z. B. ihr aus dem Weg gehen oder sie, wenn sie schon eine Frau ist, zu einem anderen Beruf überreden) oder durch Einstellungsveränderungen (z. B. „Berufe muss man nicht überbewerten.", „Privat können Polizisten ja auch nett sein.", „Es gibt auch Ausnahmen unter den Frauen.") kognitive Konsonanz herzustellen versuchen. Auch die Rechtfertigung von Verhalten kann zur Dissonanzreduktion beitragen („Gegen die Liebe kann man nichts machen!").

Eine weitere auch für die Soziale Arbeit relevante Theorie ist die der psychischen *Reaktanz* (Brehm & Brehm 1981), wonach Menschen, wenn sie zu einer Verhaltensänderung gezwungen werden, sich „erst recht" nicht bezüglich ihrer Einstellung dem „aufgedrückten" Verhalten anschließen, um sich vom wahrgenommenen Zwangscharakter der Situation zu distanzieren. Wenn Herr Berg beispielsweise genötigt werden würde, sich mit seiner Ex-Frau wieder auszusöhnen, muss mit psychischer Reaktanz dahingehend gerechnet werden, dass er sie z. B. noch mehr ablehnt als zuvor. Menschen wollen Herr ihrer Entscheidungen sein (vgl. psychische Grundbedürfnisse, Kap. 3).

Kognition:
„Fleisch essen ist ungesund."

Verhalten:
Ich esse kein Fleisch.

Verhalten:
Ich esse Fleisch.

Kognitive Konsonanz:
Passung von Einstellung und Verhalten oder verschiedenen Kognitionen
Angenehmer, stimmiger Zustand, der zum positiven Selbstbild beiträgt

Kognitive Dissonanz:
Diskrepanz zwischen Einstellung und Verhalten oder verschiedenen Kognitionen
Gefühl des Unbehagens
Unangenehmer Spannungszustand

Strategien zur Reduktion von Dissonanz oder Wiederherstellung von Konsonanz:
- **Veränderung des Verhalten** (mit dem Fleischessen aufhören)
- **Rechtfertigung des Verhaltens** z.B. Ich esse Fleisch, weil ich mir eine gesündere Ernährung nicht leisten kann. Ich brauche Fleisch, weil mein Körper Eisen und tierische Eiweiße braucht.
- **Hinzufügen neuer Kognitionen, Relativierung & „Wiederlegung"** z.B. Dass Fleisch ungesund ist, ist nicht bewiesen. Fleisch essen ist nur dann gesundheitsschädlich, wenn man sonst nichts Gesundes ist. Wer zusätzlich Sport treibt, reduziert das Risiko. Wenn Fleisch ungesund wäre, wäre die Menschheit längst ausgestorben.
- **Selbstbestätigung:** z.B. Ich lebe ansonsten gesund. Durch mein Engagement im Tierheim trage ich auf meine Weise zum Tierschutz bei.

Abbildung 9: Kognitive Dissonanz am Beispiel des Fleischkonsumierens

Wann haben Sie sich zuletzt „reaktant" erlebt, weil jemand etwas von ihnen wollte und Sie subjektiv wahrgenommen keine Entscheidungsfreiheit hatten?

Darüber hinaus ist ein weiterer Effekt festzuhalten, den es zu beachten gilt, wenn man Menschen für ein bestimmtes Verhalten, das ohnehin stark an eine Einstellung gebunden war, zu sehr lobt. Der zusätzliche äußere Anreiz verändert die subjektive Gewichtung mit der korrumpierenden Folge einer *Entwertung* (nicht Bekräftigung) und Reduzierung des mit der Einstellung verbundenen Verhaltens (z. B. Lepper et al. 1973). Theoretisch begründet wird dieser Effekt damit, dass die Einstellung an Wert verliert, weil sie nicht mehr autonom, sondern „fremdgesteuert" und kontrolliert gebildet wurde (Zuckerman et al. 1978; sog. *self-determination theory*).

Aktuell sind solche – kognitiv zu verortenden – Einstellungstheorien en vogue, die davon ausgehen, dass Menschen rational seien und in Übereinstimmung mit ihren Absichten handeln würden, z. B. die „*Theorie des geplanten Verhaltens*" (Ajzen 1991). Ihr zufolge hängen Verhaltensabsichten (z. B. ein straffreies Leben führen) von drei Einflussfaktoren ab:
(1) von der wahrgenommenen Verhaltenskontrolle („Ich krieg das hin."),
(2) der Einstellung gegenüber dem konkreten Verhalten („Es ist gut, nicht mehr kriminell zu sein.") und

(3) der subjektiven sozialen Norm („Meine Familie würde es gut finden".).

Hier wird also deutlich, dass Einstellungen und Verhaltensabsichten miteinander verwoben sind und sowohl kognitive als auch emotionale und soziale Prozesse einen Einfluss haben.

Vor diesem Hintergrund soll abschließend skizziert werden, wie Menschen in ihren *Einstellungen beeinflusst* werden können. Stürmer (2009, S. 85) verweist auf drei Möglichkeiten: (1) direkter, strukturierter *Kontakt* mit dem Einstellungsobjekt (z. B. zu Menschen, die einer stigmatisierten Gruppe angehören), (2) Veränderung einstellungsrelevanter Verhaltensweisen durch positive und negative *Verhaltensanreize* (verbunden mit der Möglichkeit, dass Menschen ihre Einstellung ihrem Verhalten anpassen, vgl. Selbstwahrnehmungstheorie nach Bem 1972) und (3) sog. *Persuasion* als argumentative Beeinflussung („Überredung"). Die Grundannahme des dahinterliegenden *Modells der Elaborationswahrscheinlichkeit* (vgl. Petty & Cacioppo 1986) ist, dass eine Einstellungsänderung über zwei Routen im Sinne einer unterschiedlichen Verarbeitungstiefe thematisch relevanter Argumente erfolgt. Der Persuasionserfolg hänge damit zusammen, wie das Beeinflussungsmaterial zu bestimmten Merkmalen der Einstellung passt, d. h. bei einem sehr ausgeprägten Interesse an einer Einstellung („Ich bin entschieden dafür, dass...") sind gut begründete, ausgefeilte, anspruchsvolle Beeinflussungen furchtbarer (sog. *„zentrale Route"* als intensives Nachdenken mit wohlüberlegter Selbstüberzeugung als Folge). Bei geringem Interesse an einer bestimmten Einstellung („Mir eigentlich egal.") sind eher auf Automatisierung, Konditionierung, Stereotype und soziale Interaktionen setzende Beeinflussungen ohne allzu großen kognitiven Aufwand erfolgreich (sog. *„periphere Rout*e"). Diese hängt wiederum damit zusammen, dass Menschen häufiger auf die zugeschriebenen Eigenschaften (wie Glaubwürdigkeit, Attraktivität, soziale Macht) der beeinflussenden Person (vgl. Professorinnen, Popstars, Politiker) achten als auf Inhalte (sog. Expertenheuristik). Auch scheint schlicht die Länge der Nachrichten dahingehend einen Einfluss zu haben, dass längere Botschaften unabhängig vom Inhalt mehr wirken als kürzere. Einstellungsänderungen über die „zentrale Route" sind stabiler und langanhaltender; Einstellungsänderungen über die „periphere Route" sind anfälliger für neue Beeinflussungen (Zusammenfassung bei Stürmer 2009, S. 85f).

Versuchen Sie, diese etwas abstrakten Ausführungen auf Ihre Erfahrungen zu beziehen: Wann haben Sie unter welchen Umständen das letzte Mal Ihre Einstellung zu einer a) Ihnen wichtigen Sache und b) Ihnen nicht wichtigen Angelegenheit geändert? Passen Ihre Erfahrungen zu den theoretischen Zugängen?

32 Prosoziales Verhalten

Dass Individuen soziale Wesen sind und bezogen auf ihre soziale Umwelt denken, erleben und handeln, wurde im vorherigen Kapitel an verschiedenen Konstrukten und theoretischen Zugängen aufgezeigt. Gerade für die Soziale Arbeit spielt das Thema prosoziales Verhalten eine besondere Rolle, weil es Grundvoraussetzung und wesentliches Motiv für das Berufsbild des Sozialarbeiters und der Sozialarbeiterin ist.

Unter *prosozialem Verhalten* werden in der Sozialpsychologie Verhaltensweisen definiert, die von einer Gesellschaft allgemein als vorteilhaft oder gewinnbringend für andere Menschen und/oder das bestehende politische System aufgefasst werden (vgl. Stürmer 2009, S. 92). Damit kommt eine Vielzahl an Verhaltensweisen – von Helfen über Kooperieren bis Schenken – in Betracht. *Helfen* beispielsweise geschieht, wenn ein Mensch etwas in der *Absicht* unternimmt, das *Wohlergehen* eines anderen Menschen zu verbessern oder aufrechtzuerhalten. Helfen kann geplant oder ungeplant geschehen, sich erheblich hinsichtlich seines Schweregrades (z. B. jemandem einen Kaffee mitbringen oder nach einem Unfall Hilfe leisten) unterscheiden und sehr persönlich (z. B. jemanden beraten) bis hin zu vermittelter Unterstützung (z. B. Spenden) erfolgen. Wie sich die Motivlage Sozialer Arbeit im Hinblick auf helfendes – professionelles – Handeln über die Jahrzehnte verändert hat, zeichnet Müller (2013) historisch nach. Wichtig ist die Feststellung, dass der Umstand, Hilfe zu erhalten, nicht immer von den Hilfeempfangenden oder -adressat*innen positiv gewertet wird, auch wenn sie in „guter Absicht" angeboten oder ausgeführt wird. In diesem Zusammenhang sei hier nur auf die Definition Sozialer Arbeit (vgl. FBTS & DBSH 2016) hingewiesen, wonach die Stärkung der Autonomie und Selbstbestimmung von Menschen sowie Befähigung und Ermutigung von Menschen zentrale Aspekte ausmachen, es also nicht zuvörderst um „schlichtes Helfen" und versorgende Fürsorge geht.

*An dieser Stelle bietet es sich auch an, kurz innezuhalten und über die eigenen Berufsmotive erneut nachzudenken: Warum wollen Sie Sozialarbeiter*in werden?*

Grundsätzlich kann zwischen altruistisch versus egoistisch motiviertem Helfen unterschieden werden: Bei altruistischem Helfen geht es dem Helfenden um das Wohlergehen des anderen (z. B. einem fremden Kind zu mehr Bildungschancen zu verhelfen), beim egoistisch motivierten Helfen dient das Helfen als Mittel, um eigene Bedürfnisse (z. B. nach sozialer oder finanzieller Anerkennung) zu befriedigen. Mischformen kommen natürlich auch vor. Warum Menschen einander helfen, wird je nach theoretischem Zugang unterschiedlich begründet. Zum einen scheinen biologische Wurzeln dahingehend eine Rolle zu spielen, dass Helfen genetisch im Verhaltensrepertoire des Menschen angelegt ist (insbesondere dem eigenen Nachwuchs sowie Verwandten zu helfen, um den eigenen Reproduktionserfolg zu erhöhen, sog. *Theorie der Verwandtschaftsselektion*). Warum Menschen auch Nichtverwandten helfen, erklärt die *Theorie des reziproken Altruismus* (Trivers 1971), wonach Menschen bereit sind, anderen zu helfen, insofern sie die Erwartung haben, dass diese Hilfeleistung in der Zukunft durch den Hilfeempfänger kompensiert werden wird. Menschen fühlen sich meist schuldig, wenn sie von anderen mehr profitieren als diese von ihnen, und reagieren verärgert, wenn sie von anderen übervorteilt werden. Solche moralischen Emotionen sind aus evolutionspsychologischer Perspektive treibend für die Reziprozität (Wechselseitigkeit) in sozialen Austauschbeziehungen (Fetchenhauer & Bierhoff 2004). Evolutionstheoretische Ansätze haben also gemeinsam, dass sie versuchen aufzuzeigen, dass die sog. „reproduktive Fitness" eines Organismus nicht sinkt, sondern steigt, wenn er altruistisches Verhalten zeigt.

Austauschtheorien gehen davon aus, dass Menschen einander dann „altruistisch" helfen, wenn der subjektiv wahrgenommene Nutzen, der aus dem Helfen resultiert, die wahrgenommenen Verhaltenskosten übersteigt. Im Fokus stehen also die Wahrung und der Ausbau des eigenen Wohlergehens nach dem egoistisch motivierten Prinzip der Nutzenmaximierung (vgl. Stürmer 2009, S. 98). Die Kosten (z. B. Aufwand, Anstrengung, Ausgrenzung, ungute Gefühle) und Nutzen (z. B. Belohnung, Stärkung, Anerkennung, Steigerung von Selbstwert und Sinnerleben) werden dabei hinsichtlich ihrer materiellen, körperlichen, sozialen und psychischen Konsequenzen abgewogen und können je nach Situation erheblich variieren. Darüber hinaus besteht die *soziale Erwartung*, dass wir Menschen helfen, die auf Hilfe angewiesen sind. Die Konsequenzen des Nicht-Helfens reichen über soziale Sanktionierungen bis hin zu strafrechtlicher Verfolgung. In die Kosten-Nutzen-Abwägungen spielen also nicht nur die Konsequenzen helfenden Handelns, sondern auch von Hilfe-Unterlassungen hinein (vgl. Piliavin et al. 1981). Zudem wird angenommen, dass Menschen auch helfen, um ihre eigenen aktuell unguten Gefühle zu reduzieren. Sie lernen im Laufe ihrer Entwicklung und Sozialisation, dass die unguten Gefühle, die eintreten, wenn Menschen in Notlagen sind, durch Hilfeverhalten reduziert werden können (Negative-State-Relief-Modell, vgl. Cialdini & Kenrick 1976). Da ungute Gefühle aber auch anders reguliert werden können, kommen auch andere Verhaltensweisen zum Tragen (z. B. Ablenkung). Allerdings gibt es mehr eindeutige Befunde für die These, dass vor allem in positiver Stimmung geholfen wird (vgl. Bierhoff 2010).

Dennoch scheint nicht jedes helfende Handeln einem egoistischen Motiv und Kosten-Nutzen-Abwägungen zu entspringen. Schlüsselkonstrukt für diesbezügliche Ansätze und Forschungsbefunde ist die *Empathie*. Darunter versteht man eine auf andere Menschen gerichtete emotionale Reaktion, die Gefühle wie Mitgefühl, Mitleid, Besorgnis und Fürsorglichkeit beinhaltet (Stürmer 2009, S. 101). Empathie wird unter anderem durch soziale Nähe, Ähnlichkeit und Kooperation genährt. Dabei wird die befördernde Wirkung von Perspektivenübernahme vor allem durch subjektiv wahrgenommene Ähnlichkeit begünstigt: Je ähnlicher sich Menschen in ihren Werten und Interessen zu den jeweils anderen Menschen sehen, desto wahrscheinlicher ist es, dass sie – unabhängig von den Kosten des Nichthelfens – helfend handeln (z. B. Batson et al. 1981). Wenngleich auch hierzu infrage gestellt werden kann, ob es sich dann um „echt" authentisches Verhalten handelt oder nicht. So kann zusammenfassend davon ausgegangen werden, dass prosoziales Verhalten durch zwei prinzipiell verschiedene Mechanismen reguliert sein kann, nämlich ein hedonistisch-egoistisches und ein empathisch-altruistisches Motivationssystem, wobei die Art der Beziehung (z. B. Verwandtschaftsgrad, wahrgenommene Ähnlichkeit) zwischen helfender und hilfeempfangender Person entscheidend für die Regulation der Systeme ist (vgl. Stürmer 2009, S. 101).

Bislang sind mit Blick auf das 4+1-Modell (vgl. Einleitung; Nolting & Paulus 2018) bei der Betrachtung prosozialen Verhaltens *entwicklungsbezogene* (z. B. Lernen, dass prosoziales Verhalten sozial erwünscht ist), *aktuelle Prozesse* (z. B. Kosten-Nutzen-Abwägungen, Regulation von Gefühlen) und *Situationsfaktoren* (z. B. die wahrgenommene Ähnlichkeit zum Hilfeempfänger, die sozialen Konsequenzen des Nichthelfens) skizziert worden. Zur Veranschaulichung, dass auch *Personfaktoren* prosoziales Verhalten beeinflussen (vgl. Buchabschnitt C), sei abschließend darauf hingewiesen, dass in der Literatur (vgl. Penner et al. 1995) zwei Merkmalsdimensionen, *dispositionelle Empathie* und *dispositionelle Hilfsbereitschaft*, diskutiert werden, um Menschen zu beschreiben, die besonders hilfsbereit handeln. Es handelt sich hier wie bei allen Dispositionen (als Eigenschaften; in Abgrenzungen zu aktuellen Zuständen) um vergleichsweise stabile Tendenzen, auf die Notlagen anderer mit Mitgefühl zu reagieren und sich für ihr Wohlergehen verantwortlich zu fühlen sowie die Selbsteinschätzung, hilfsbereit und kompetent zu sein, Hilfe zu leisten. Es gibt Menschen, die diese Dispositionen stärker ausgeprägt haben als andere. Entgegen den Annahmen traditioneller *Geschlechtsrollen* (in westlichen Kulturkreisen) zeigte sich, dass Männer und Frauen sich dadurch unterscheiden, dass sie in unterschiedlichen Bereichen helfend in Erscheinung treten, nämlich jeweils denen, die positiv sozial sanktioniert, d. h. kompatibel zu den ihnen zugeschriebenen Rollen sind (z. B. Eagly & Crowley 1986).

Wie würden Sie entsprechend die ungleiche Verteilung männlicher und weiblicher Studierender in der Sozialen Arbeit interpretieren?

Neben dispositioneller Empathie als „echter“ Perspektivübernahme (im Gegensatz zur Gefühlsansteckung) zählt auch die Ausprägung der moralischen Urteilsfähigkeit zu den Personfaktoren (vgl. Kohlberg 1996, Kap. 12). Die erwähnte Unterscheidung zwischen der Fähigkeit zur *Perspektivübernahme* als Erkenntnisprozess, bei dem die subjektive Verfassung des Gegenüber erschlossen wird, und der sog. *Gefühlsansteckung*, bei der die Stimmung des Gegenübers zum Auslöser für eigene Gefühle wird, ohne dass der andere als Auslöser bewusst wahrgenommen wird, ist eine wichtige Kompetenz für angehende Sozialarbeiter*innen, weil sie im Kontakt mit ihren Klient*innen für die sog. „professionelle Nähe“ erkennen können müssen, ob sie gerade deren tatsächliche Verfassung begreifen oder sich eher von ihren Gefühlen ergreifen lassen (vgl. Bräutigam 2018, S. 55).

Wenn Sie sich dieses Kapitel vorgenommen haben, um herauszufinden, wie man befördern kann, dass Menschen – insbesondere in Notfallsituationen – helfen, dann sollten die folgenden Ausführungen aufschlussreich sein: Wichtig ist zunächst, bestimmte Effekte zu verstehen, die in sozialen Situationen mit Notfallcharakter auftreten: den sog. (empirisch belegten) *Bystander-Effekt*, der besagt, dass die Wahrscheinlichkeit, dass irgendjemand in einer Notfallsituation hilft, umso geringer ist, desto größer die Anzahl der anwesenden Zeugen ist. Hinzu kommt die Möglichkeit sog. *pluralistischer Ignoranz*, bei der Menschen sich in nicht eindeutigen Situationen – wie einem Notfall – unsicher sind, wie sie das Ereignis einschätzen sollen und sich dabei an den anderen Anwesenden orientieren, wodurch es zur kollektiven Fehlinterpretation, es könne sich um ein harmloses Ereignis handeln, kommen kann. Ein weiterer Effekt betrifft die Herausforderung, dass unklar ist, wer von den Anwesenden die Verantwortung für die Hilfeleistung übernimmt: Es kommt zur sog. *Verantwortungsdiffusion*, d. h. der Abnahme wahrgenommener individueller Verantwortlichkeit aufgrund der Anwesenheit anderer handlungsfähiger Personen. Darüber kann sog. *Bewertungsangst* dazu führen, dass die Motivation zu helfen reduziert ist.

Beispiel 23

Ihre Kolleg*innen führen in einem Nachbarschaftstreff gemeinsam mit Erfahrungsexpert*innen (sog. „Peers“, die in ihrem Leben bereits schwere psychische Krisen gemeistert haben) ein Theaterstück auf, das in verschiedenen Szenen die Stigmatisierung psychisch erkrankter Menschen thematisiert. Plötzlich bricht ein Mitspieler weinend zusammen, rollt sich ein und rührt sich nicht mehr.

Sie sitzen als Veranstaltungsorganisatorin im Publikum. Was gilt es zu beachten, was ist zu tun?

Helfendes Handeln in Notfallsituationen ist komplex und entsprechend in mehreren Teilschritten zu betrachten (vgl. Latané & Darley 1970): (1) Bemerken des Ereignisses, (2) Interpretieren des Ereignisses als Notfall, (3) Übernahme von Verantwortung, (4) Auswahl der passenden Art der Hilfeleistung und (5) Umsetzung der Entscheidung. Sie müssten das Ereignis also zunächst als solches wahrnehmen und nicht abgelenkt sein, beispielsweise durch ein Gespräch mit ihrer Nachbarin. Weiterhin müssten Sie feststellen, ob es sich hier um einen Notfall handelt. Vermutlich werden Sie hierfür Informationen in ihrer sozialen Umwelt suchen (z. B. die anderen auf der Bühne aufmerksam beobachten, die Reaktionen des Publikums deuten), was alle anderen Anwesenden auch tun. Strahlen alle aus, dass es sich hierbei um ein stückimmanentes Verhalten handeln könnte (z. B. eine spezifische Rolle in der Aufführung), wird kein Anwesender sichtbares Handeln zeigen (vgl. pluralistische Ignoranz). Reagiert jemand anders und gibt damit die Information, es könnte sich hier um einen Notfall handeln, werden auch Sie vermutlich reagieren, vor allem in der Rolle der Veranstaltungsorganisatorin. Je mehr Menschen anwesend sind und je mehr Menschen auf der Bühne schon Handlungsimpulse zeigen, desto kleiner wird allerdings die Wahrscheinlichkeit sein, dass gerade Sie, die weit weg im Publikum sitzt, handeln (vgl. Verantwortungsdiffusion, aber auch sinnvolle Aufgabendelegation). Sollten Sie in die Situation kommen, dass Sie als Veranstaltungsorganisatorin die Verantwortung übernehmen, stehen Sie vor der Herausforderung, eine *angemessene* Hilfeleistung auszuwählen, z. B. selbst hingehen und den Sachverhalt zu klären versuchen, einen Notdienst anrufen, den Ersthelfer hinzuziehen, Taschentücher und Wasser bereitstellen und/oder einem Mitarbeiter auf der Bühne das Handeln explizit übertragen. Dabei könnten Sie von der Sorge darüber blockiert sein, etwas Falsches zu unternehmen oder von Ihren Mitarbeiter*innen als inkompetent angesehen zu werden etc. (vgl. Bewertungsangst). Sollten Sie als Veranstaltungsorganisatorin auch die Funktion der Teamleitung innehaben, so dürfte abschließend der empirische Befund hilfreich sein (vgl. Beaman et al. 1978), dass durch eine *aktive Aufklärung* über die beschriebenen Blockaden im Hilfeverhalten erreicht werden kann, dass Menschen sich in Notfallsituationen zukünftig eher anders verhalten.

Sozialarbeiter*innen können prosoziales Handeln über drei Prinzipien fördern (vgl. Brückner 2011, S. 112): (1) Stärkung von positiven Selbstkonzepten und Verantwortlichkeit, (2) Vermittlung prosozialer Normen und (3) Ausbildung von Handlungskompetenzen. Hierzu gehören die ressourcenorientierte Einschätzung und Förderung von Klient*innen hinsichtlich ihres prosozialen Potenzials, die eigene Rolle als prosoziales (und proaktives) Vorbild in Notfallsituationen und die Möglichkeiten, über die beschriebenen Effekte aufzuklären und Handlungsoptionen aufzuzeigen und anzuwenden.

33 Antisoziales Verhalten in Form von aggressivem Verhalten

Neben der prosozialen Variante sozialen Verhaltens existiert auch die sozial und gesellschaftlich üblicherweise nicht gewünschte Variante: aggressives Verhalten. Dieses wird definiert als Verhalten, das mit einer *bewussten Schädigungsabsicht* anderen gegenüber verbunden (vgl. Borg-Laufs 2011, S. 57) und vom Gegenüber nicht gewünscht ist. Bei *feindseliger Aggression* ist das Ziel die Schädigung des anderen (z. B. eine Person anbrüllen, die einen verärgert), bei der *instrumentellen Aggression* geht es um die Erreichung anderer Ziele mithilfe aggressiven Verhaltens (z. B. das Verleumden eines Mitmenschen, um daraus Vorteile für sich zu erreichen). *Gewalt* ist eine Unterform von aggressivem Verhalten, die mit tatsächlicher oder angedrohter körperlicher Schädigung einhergeht (z. B. jemanden schlagen).

Beispiel 24

Sie arbeiten in einer stationären Einrichtung für Jugendliche, die durch aggressives und teilweise kriminelles Verhalten aufgefallen sind. Neu in die Einrichtung ist Sascha, 15 Jahre, gekommen. Er war mehrfach körperlich aggressiv gegen seinen Vater geworden, welcher ihn und seine 3 Geschwister seit Jahren körperlich züchtigt und einsperrt, sodass sie zeitweise auch nicht die Schule besuchen konnten. Die Mutter hat die Familie vor Jahren verlassen. Sascha war zwischenzeitlich auch auf Trebe. Die Schulsozialarbeiterin hat das Jugendamt informiert, welches nach Scheitern anderer Hilfen zur Erziehung die stationäre Unterbringung veranlasst hat. Auf Sie macht Sascha einen intelligenten sowie sozial kompetenten Eindruck, sodass Sie verstehen möchten, wie es zu seiner Entwicklung kam und wie Sie ihn möglichst entwicklungsfördernd begleiten können.

Stürmer (2009, S. 129) fasst zusammen, dass aggressives Verhalten zum einen zum biologisch verankerten Verhaltensrepertoire gehört (wie prosoziales Verhalten auch, s.o.) und zum anderen psychologisch erklärbar ist, indem psychologische, soziale und kontextuelle Bedingungen, die aggressives Verhalten auslösen, aufrechterhalten und moderieren, zueinander in Beziehung gesetzt betrachtet werden. Eine zentrale Rolle für das Auftreten von Aggressionen nehmen sog. negative Affekte (durch Frustration oder aversive Reize ausgelöste aktuelle Gemütszustände) ein, durch die bestimmte aggressionsnahe Kognitionen, Erinnerungen, Gefühle und Verhaltensschemata aktiviert werden, die zu aggressivem Verhalten führen (sog. *Frustrations-Aggressions-Hypothese*). In neueren Ansätzen (z. B. Berkowitz 1993) wird Frustration als nur eine von vielen Ursachen aggressiven Verhaltens angesehen und interessieren vor allem die psychologischen Prozesse, die zwischen Frustration und Aggression ablaufen. So wird beispielsweise auf die tatsächliche Auslösung negativer Affekte geschaut, denen recht automatisch sowohl aggressionsbezogene als auch fluchtbezogene Kognitionen und Reaktionen folgen, die mit spezifischem emotionalen Erleben und systematischeren Informationsverarbeitungsprozessen, wie Interpretationen, Attributionen, Ergebnisantizipationen, einhergehen. Dieses sog. *kognitiv-neoassoziationistische Modell* geht nicht von einem linearen Ablauf aus, sondern davon, dass sich die drei Faktoren Reaktionstendenz, Affekt und Kognitionen gegenseitig aktivieren und dass aggressives Verhalten durch sog. situative Hinweisreize beeinflusst ist (sog. „Waffeneffekt"). Aggressives Verhalten wird unter anderem gelernt, vor allem durch Lernen am Modell (z. B. Bandura et al. 1963) und operante Konditionierung, wenn man beispielsweise durch Aggressionen bekommt, was man möchte, oder dafür gelobt wird. Psychologisch aufschlussreich ist auch das Phänomen (vgl. Marcus-Newhall et al. 2000), dass Menschen dazu neigen, Aggressionen gegen unbeteiligte Dritte zu richten, wenn sie gegenüber der eigentlichen Quelle für ihre Aggressionen nicht zum Ausdruck gebracht werden können (z. B. aus Angst vor unangenehmen Konsequenzen oder sozialer Missbilligung). Man nennt diese empirisch belegte Tendenz *Aggressionsverschiebung*.

Fallen Ihnen hierfür Beispiele ein – und wie würden Sie das Phänomen der Aggressionsverschiebung tiefenpsychologisch versus lerntheoretisch erklären (vgl. Kap. 1 und Kap. 5)?

In der Geschichte von Sascha ist von einer Vielzahl an Frustrationen auszugehen (z. B. eigene Gewalterfahrungen, Verlust der Mutter), die in ihm sowohl aggressionsbezogene (z. B. sich wehren) als auch fluchtbezogene (z. B. abhauen) Impulse nach sich gezogen haben, die er auch in der Auseinandersetzung mit seinen Erfahrungen nicht auflösen konnte und Gefühle von Ohnmacht, Wut und vermutlich auch Enttäuschung und Hoffnungslosigkeit nach sich ziehen. Ferner hat er mindestens über seinen Vater als Modell gelernt, dass Zuschlagen „eine Option" ist und anscheinend nicht hinreichend genug geahndet wird als dass es abschreckend ist. Würde er zudem seine jüngeren Geschwister oder schwächere Kinder auf dem Schulhof körperlich attackieren, würde man hier von einer Aggressionsverschiebung sprechen.

Auch auf der Personenebene unterscheiden Menschen sich hinsichtlich bestimmter Variablen. Einschlägig ist hier vor allem die Tendenz zu einem *feindseligen Attributionsstil*, womit gemeint ist, dass manche Menschen anderen, die einen Schaden verursacht haben, ausgeprägter eine feindselige oder aggressive Verhaltensabsicht unterstellen, auch wenn sie nicht wissen, ob der Schaden absichtlich herbeigeführt wurde. Beispielsweise würden diese Menschen jemanden, der ihnen einen attraktiven Parkplatz „weggeschnappt“ oder Sie in einem Lokal nicht wiedererkannt hat, automatisch unterstellen, sie würden das absichtlich und rücksichtslos tun, ohne die Möglichkeit in Betracht zu ziehen, dass der oder die andere selbst den Parkplatz aufgrund einer Verletzung dringend braucht, die anderen Parkplatzinteressierten im Umfeld einfach nicht gesehen hat oder in dem Lokal schlicht gedankenversunken war. Ferner lassen sich konsistent *Geschlechtsunterschiede* dahingehend feststellen (vgl. Kriminalstatistiken, z. B. PKS), dass Männer mehr offene und körperliche Aggressionen zeigen als Frauen. Anscheinend interpretieren Männer mehrdeutige Verhaltensweisen schneller als persönliche Provokation (vor allem unter Alkoholeinfluss) und reagieren entsprechend aggressiver, wenngleich Frauen nahezu ähnlich aggressiv reagieren, *wenn* sie sich provoziert fühlen (vgl. Bettencourt & Miller 1996). Insgesamt neigen Frauen eher zu verdeckten Formen aggressiven Verhaltens (z. B. Gerüchte verbreiten). Sascha und sein Vater verhalten sich entsprechend geschlechtsrollenkonform.

Mit Blick auf das 4+1-Modell (vgl. Einführung; Nolting & Paulus 2018) spielen neben den Personfaktoren sowie aktuellen *Prozessen* (z. B. Frustration, aggressions- und fluchtbezogene Kognitionen), *Entwicklung* (z. B. Lernprozesse) auch bestimmte *Situationsfaktoren* eine Rolle. So erhöhen aversive Umweltbedingungen (z. B. Hitze, räumliche Enge), aggressive Hinweisreize (z. B. Waffen, Schlagstöcke) und der mediale Konsum von Gewaltdarstellungen, vor allem bei Kindern und Jugendlichen, insbesondere Jungen, die Wahrscheinlichkeit aggressiven Verhaltens (z. B. Anderson & Bushman 2001). Als vermittelnde Prozesse werden Modelllernen, Verfügbarkeit aggressiver Gefühle und Gedanken durch mediale Impressionen, soziale Normen (dahingehend, dass aggressives Verhalten akzeptiert oder gar erwünscht sei), Abstumpfung und ein feindseliger Attributionsstil (durch permanente Darstellung der Welt als feindseligen, gefährlichen Ort) aufgeführt (zusammenfassend Stürmer 2009, S. 126).

Mit aggressivem Verhalten kann und muss unterschiedlich umgegangen werden, wobei wichtig ist, Maßnahmen auf *individueller Ebene* genauso im Blick zu behalten wie auf *gesellschaftlicher Ebene* (z. B. bezogen auf den Umgang mit Gewalt in den Medien, aversive Umweltbedingungen wie Leben in sog. „Problembezirken“ oder gesetzlichen Rahmenbedingungen und Auslegung von Elternrechten und -pflichten) und *systemischer Ebene* (z. B. Welche Unterstützung braucht der Vater, aber auch welche Strafe ist hier angezeigt? Wer kümmert sich wie um das Wohl der Geschwister?).

Auf individueller Ebene kommen häufig *Bestrafungsmaßnahmen* zum Tragen, die nur dann die Auftretenswahrscheinlichkeit aggressiven Verhaltens reduzieren, *wenn* die Strafe a) hinreichend unangenehm ist, b) mit hoher Wahrscheinlichkeit auf das Verhalten folgt (Konsequenzerwartung) und c) für den bestraften Menschen in einem unmittelbar nachvollziehbaren Zusammenhang mit dem aggressiven Verhalten steht. Ferner ist wichtig, dass der bestrafte Mensch erkennt bzw. ihm – als klassisch sozialpädagogisches Anliegen – aufgezeigt wird, dass *alternative Handlungsweisen* zur Verfügung stehen, die sozial akzeptierter sind. Dabei sollte die Strafdosis niedrig genug angesetzt werden, dass der bestrafte Mensch psychisch die Chance hat, sein Unterlassen weiterer aggressiver Handlungen nicht nur external auf die Strafe zurückzuführen, sondern sich „internal" auf den Weg zu machen und zu erkennen, dass er sich gar nicht so verhalten möchte (Menschen wollen üblicherweise nicht aggressiv sein, vgl. humanistische Perspektive, Kap. 1). Diesem Entwicklungsgedanken sind auch zahlreiche *Aggressionstrainings* verpflichtet, die Menschen darin begleiten, situative Auslöser von Ärger zu *erkennen*, Auslöser und kritische Situationen neu und aggressionsfreier zu *bewerten*, kompetenter in der *Kommunikation* von Ärger und Frustration zu werden und den Einsatz alternativer *Verhaltens*reaktionen zu *üben*. Aggressionstrainings setzen allerdings die Einsicht voraus, dass aggressives Verhalten mit individuell mangelnder Impulskontrolle zusammenhängt, und kann entsprechend nicht ohne Änderungsmotivation wirksam sein (vgl. Stürmer 2009, S. 129). Entsprechend wäre für Sie als Sozialpädagoge im Kontakt mit Sascha zu klären, wie es um seine Motivation bestellt ist, weniger aggressives Verhalten zu zeigen. In diesem Zusammenhang wäre vorab eine Reflexion darüber angezeigt, inwieweit die Herausnahme aus der Familie und Entfernung vom gewalttätigen Vater (aber auch den Geschwistern) für ihn eine Bestrafung, Belohnung, Entwicklungschance oder zu große Entwurzelung bedeutet. Kausale Zuschreibungen (z. B. „Sascha ist aggressiv, weil er von seinem Vater verprügelt wurde.") wären in jedem Fall verkürzt und würden auch hier ein adäquates Fallverstehen behindern. Aggressives Verhalten hat in den meisten Fällen eine individuell bedeutsame Funktion, d. h. es hat sich oftmals aus Sicht des aggressiv auftretenden Menschen „irgendwie bewährt" und kann als (dysfunktionale) Bewältigungsstrategie interpretiert werden. Deshalb sind das Herausarbeiten dieser Funktion und das Aufzeigen alternativer Möglichkeiten, sie erfüllen zu können, wichtiger Bestandteil auch sozialarbeiterischer Maßnahmen (vgl. Gollwitzer & Schmitt 2009, S. 173). Da Sozialarbeiter*innen häufig mit Menschen arbeiten, deren Biografien gefüllt sind mit Gewalterfahrungen und einer Sozialisation, im Rahmen derer aggressives Verhalten mindestens geduldet wird, lohnt es sich – trotz der sehr knappen Skizze um Saschas Situation – etwas länger über die Ausführungen nachzudenken:

*Welche Spielräume haben Sozialarbeiter*innen in welchen Handlungsfeldern und mit welchem Mandat (vgl. Staub-Bernasconi 2007), um ihren professionellen Beitrag zu leisten, dass Menschen ein*

gewaltfrei(er)es Leben führen können (Stichwort: Soziale Arbeit als eine Menschenrechtsprofession, vgl. Spatscheck & Steckelberg 2018)?

34 Sozialer Kontext: Gruppenprozesse und sozialer Einfluss

Jeder Mensch gehört verschiedenen Gruppen an, manchen davon sehr verbindlich und anderen eher lose, manchen infolge sehr bewusster Entscheidungen und anderen sogar unwissentlich. Diese Zugehörigkeiten prägen Menschen in ihren Wahrnehmungen von sich und der sozialen Welt, ihren Gefühlen und ihren Verhaltensweisen. Warum Menschen sich Gruppen anschließen, wird unterschiedlich hergeleitet und begründet. Betont werden evolutionäre Aspekte (d. h. die Gruppenzugehörigkeit verschafft Überlebensvorteile und Gruppen wurden schon immer und überall gebildet), instrumentelle Argumente (d. h. die Gruppenzugehörigkeit dient der individuellen Bedürfnisbefriedigung über gegenseitige Ressourcennutzung und gemeinsame Zielverfolgung) sowie psychologische Prozesse der Selbstkategorisierung als Grundlage individueller sozialer Identität (d. h. das Selbst und andere Menschen werden als identische und austauschbare Mitglieder einer sozialen Kategorie zusammengefasst und darüber zu Mitgliedern anderer sozialer Kategorien abgegrenzt).

Beispiel 25

Sie betreuen eine Wohngruppe, in der acht junge Mütter mit Gewalterfahrungen leben, die sich nicht angemessen allein um sich und ihre Kinder kümmern konnten und nun versuchen, sich Perspektiven für ein selbständiges und strukturiertes Leben zu erarbeiten. Beim wöchentlichen gemeinsamen Frühstück taucht Anna auf, die am längsten in der Wohngruppe lebt und von den anderen als „Urgestein" und „WG-Mutti" angesehen wird. Sie schätzen Annas Bestimmtheit und Verbindlichkeit, sind aber schon häufig mit ihr im Konflikt gewesen, wenn sie neue Bewohnerinnen auf „ihre Weise" eingeführt hat, indem sie beispielsweise geltende Regeln relativierte und die Arbeit der Sozialarbeiterinnen als „gutbezahlt und überflüssig" beschrieb. Heute findet sie, dass das Frühstück nicht schmecke, weil es so „öko" sei. Dem pflichten die anderen bei, bis auf Jenny, die „öko" gut findet wegen der Kinder. Jenny ist neu in der Wohngruppe und gilt als Außenseiterin, weil sie sich anders verhält als die anderen (z. B. früh aufstehen und auf ihre Ernährung achten).

 *Können Sie als Sozialarbeiterin hier fachlich begründet und reflektiert gruppenförderliche Impulse setzen?*

Als *soziale Gruppe* werden – im Sinne eines sozial*psychologischen* Verständnisses – Mengen von Individuen bezeichnet, die sich selbst als Mitglieder derselben *sozialen Kategorie wahrnehmen* und ein gewisses Maß an *emotionaler Bindung* mit Blick auf diese gemeinsame Selbstdefinition teilen (vgl. Stürmer 2009, S. 132). Betont wird in dieser Definition die subjektive Sicht der Gruppenmitglieder. Ferner können sich hiernach sowohl Kleingruppen (wie z. B. Arbeitsgruppen, Familien) als auch im Sinne sozialer Kategorien definierte Gruppen (z. B. Arbeitslose, Angehörige psychisch erkrankter Menschen, Hausbesetzer*innen) als Gruppe verstehen. „Typische" Kleingruppen haben deutlich eher und häufiger die Möglichkeit direkter Interaktionen (z. B. in Arbeitsbesprechungen oder per E-Mail), weil die Mitglieder üblicherweise untereinander bekannt sind. Kleingruppen (ab 3 Personen, sonst wären es Paare) wird meist eine besonders hohe *Entitativität* zugeschrieben, d. h. sie werden von anderen als kohärente soziale Einheit im Sinne einer „prototypischen" Gruppe wahrgenommen. Dem folgend wären die subjektiven Sichtweisen der jungen Frauen gefragt, ob sie sich als Gruppe wahrnehmen, als Sozialarbeiterin oder Außenstehende könnten Sie eine andere Sicht vertreten. Damit zusammenhängend ist der innere Zusammenhalt einer Gruppe zu beachten, der als *Gruppenkohäsion* bezeichnet wird. Der Begriff umschreibt die Intensität und emotionale Qualität der Beziehungen von Gruppenmitgliedern zueinander („Wir sind eine Gruppe"), welche allerdings auch situativen und zeitlichen Schwankungen unterliegt.

In Verbindung mit den zeitlichen Schwankungen stehen *Phasen der Gruppenentwicklung*, die veranschaulichen, dass Gruppen nicht „ab sofort" bestehen und abrupt „enden": Üblicherweise durchlaufen sie in Reihenfolge (vgl. Tuckman & Jensen 1977)

(1) die sog. Herausbildung (sich kennenlernen, Unsicherheit im Kontakt; „Forming"),
(2) die sog. Sturmphase (Uneinigkeit und Suche nach Einflussmöglichkeiten und Regeln, häufiger Rollenwechsel; „Storming"),
(3) die sog. Phase der Normenbildung (Aushandlung von Regeln, Erwartungen, Rangordnungen mit der Folge gefühlter Verbundenheit und Klärung; „Norming"),
(4) die sog. Leistungsphase (i.S. ziel- und leistungsorientierter Arbeit, zur Aufgabenstruktur funktionale Teamstruktur; „Performing") und unter Umständen
(5) eine sog. Rückzugs-/Auflösungsphase (Abschiede durch Gruppenmitglieder verbunden mit unterschiedlichen Gefühlen; „Adjourning").

Vor dem Hintergrund individueller Wahrnehmungen, Interpretationen und Befindlichkeiten ist die Annahme einer chronologischen Abfolge jedoch aufgrund zirkulärer Rückkopplungen kritisch zu betrachten: Beispielsweise denken manche Gruppenmitglieder ans „Gehen“ (Phase 5), ohne dass die anderen Gruppenmitglieder, die sich gerade „ganz arbeitsfähig“ wahrnehmen (Phase 4), davon Kenntnis haben. Mit Blick auf die Wohngruppe wird es immer Zeiten geben, die von häufigerem Wechsel der Bewohnerinnen geprägt sind, und Zeiten, in denen die Gruppenzusammensetzung stabil ist. Entsprechend wird die Gruppenkohäsion variieren und die Gruppe immer wieder phasenhaften Prozessen unterworfen sein, die Sie als Sozialarbeiterin im Blick haben müssen. Vor allem, wenn hierbei die „Storming“-Phase zu sehr ignoriert wird, häufen sich kohäsionshinderliche Vorfälle und die Gruppe kommt nur mühsamer auf den Weg zum sog. „Norming“ und „Performing“.

Die zwischenmenschliche Anziehung als Gradmesser für die Gruppenkohäsion bestimmt sich zudem aus vier wesentlichen Faktoren: (1) Nähe als Tendenz, Objekte und Personen aufgrund des häufigen Kontakts zu mögen („Nähe schafft Sympathie“), beispielsweise durch das „gemeinsame Schicksal“, aktuell in einer Wohngruppe zu leben, (2) physische Attraktivität (Stereotyp, dass physisch attraktive Menschen auch in anderer Hinsicht, beispielsweise sozialer Kompetenz, gut sind; sog. Halo-Effekt, vgl. Nisbett & Wilson 1977), (3) Ähnlichkeit bezüglich Überzeugungen, Einstellungen und Werten, beispielsweise wenn die Bewohnerinnen feststellen, dass sie alle gern bestimmte Serien gucken oder die gleichen Sachen gerne essen („Gleich und gleich gesellt sich gern.“), sowie (4) Reziprozität in dem Sinne, dass wir Menschen eher mögen, von denen wir glauben, dass wir von ihnen gemocht werden. Als Sozialarbeiterin könnten Sie in der Wohngruppe dafür sorgen, dass Anna und Jenny gemeinsam etwas „schaffen müssen“ (z. B. die Weihnachtsfeier organisieren), oder besprechen, was Jenny mit den anderen gemeinsam hat (d. h. nicht den Unterschieden unnötig viel Raum geben) und warum sie in der WG mit den anderen leben möchte.

An sich sind Gruppen so gut wie nie in sich homogen und gleichverteilt kohäsiv, sondern es bestehen meist *Netzwerke* und kleinere Untergruppen, vor allem in größeren Gruppen. So ist davon auszugehen, dass die acht Frauen in der Wohngruppe ebenfalls unterschiedlich miteinander „verflochten“ sind, wodurch auch Jenny über bestimmte Kategorien doch mit der Gruppe verknüpft ist. Beispielsweise steht eine andere Bewohnerin auch früh auf oder zwei andere Bewohnerinnen sind aus den gleichen Gründen wie sie in die Wohngruppe gezogen. Individuen haben darüber hinaus in Gruppen eine unterschiedlich stark ausgeprägte *soziale Identifikation* dahingehend, wie bedeutsam für sie die Gruppenmitgliedschaft ist und wie viel sie emotional in die Gruppenmitgliedschaft investieren. So ist davon auszugehen, dass die jungen Frauen in der Wohngruppe die Zugehörigkeit zu den anderen unterschiedlich wichtig (geworden) ist und sie sich in unterschiedlichem Ausmaß um ihre Zugehörigkeit bemühen.

 *Welchen Gruppen gehören Sie aktuell an und wie stark identifizieren Sie sich jeweils mit diesen Gruppen?*

Innerhalb von Gruppen existieren *soziale Normen*, die von den Gruppenmitgliedern als gemeinsame Erwartungen dahingehend geteilt werden, wie man sich in bestimmten Situationen verhält und welche Einstellungen und Gefühle (un)angemessen sind und deren Befolgung unterstützt und Abweichung davon negativ sanktioniert wird. Normen variieren zwischen Gesellschaften und Kulturen, weil sie durch sie bedingt sind. Sie dienen der gemeinsamen „Verortung", der Aufrechterhaltung der Gruppe, der gemeinschaftlich geteilten Interpretation sozialer Wirklichkeit und Abgrenzung zu anderen Gruppen. Beispielsweise wird von Sozialarbeiter*innen (als soziale Kategorie) üblicherweise erwartet, dass sie nicht im Anzug mit Krawatte zur Arbeit gehen, ihre berufliche Hauptmotivation nicht „schnell viel Geld verdienen" lautet und ihnen die Lösung sozialer Probleme individueller sowie gesellschaftlicher Natur wichtig ist. Dass man früh aufstehen und auf seine Ernährung achten sollte, scheint in der aktuellen Wohngruppenzusammensetzung keine soziale Norm zu sein (in manch anderen Gruppen sehr wohl).

Darüber hinaus existieren in Gruppen *soziale Rollen*, die als gruppenintern geteilte Erwartungen darüber, wie Menschen mit bestimmten Positionen sich innerhalb ihrer Gruppe verhalten sollen, Handlungsroutinen für soziale Interaktionen bereitstellen und durch ihre Standardisierung für Vorhersehbarkeit und koordiniertes Handeln innerhalb der Gruppe sorgen. Beispielsweise wird der fachlichen Leitung in einem Team von Sozialarbeiter*innen eine andere Erwartung entgegengebracht als dem Praktikanten oder der langjährigen Mitarbeiterin, wodurch nicht jede soziale Interaktion, Entscheidung, Projektinangriffnahme in Frage gestellt wird, allerdings den Gruppenmitgliedern ein Nachadjustieren oder Verlassen ihrer Rollen mitunter auch erschwert wird (selbst wenn es von Außenstehenden, z. B. einer Supervisorin, als angemessen beurteilt wird). Jenny wird aktuell die Rolle der „neuen Außenseiterin" zugeschrieben, Anna hingegen die Rolle der „alteingesessenen Angebotskritisiererin". Als Sozialarbeiterin können Sie in der WG die Themen soziale Normen („Woher kommen die bei uns?") sowie Rollen aufgreifen und dabei Rollenvielfalt einbringen: Welche Rollen kennen die Bewohnerinnen noch aus ihrem Leben und welche wollen sie hier mehr oder weniger ausleben, damit es ihnen gut geht und/oder sie sich weiterentwickeln können?

 *Welche Rollen nehmen Sie selbst gerne in sozialen Gruppen an?*

Welche Rollen werden häufig Adressat*innen sozialer Arbeit zugeschrieben? Eine bekannte Unterscheidung geht auf Steve de Shazer (1940-2005) zurück, der im Rahmen der von ihm entwickelten Lösungsorientierten Kurzzeittherapie je nach „Kontrakt" mit den Klient*innen diese in *Klagende, Kund*innen* und *Besucher*innen* differenzierte (de Shazer 2015, S. 102ff): Besucher*innen kommen oft nicht freiwillig und haben keine Veränderungserwartung, Klagende erwarten Veränderungen in erster Linie von anderen und Kund*innen, die eine Vorstellung mitbringen, dass auch sie etwas zur Veränderung der Probleme beitragen können (vgl. von Schlippe & Schweitzer 2016, S. 57).

*Wie ändert sich die Einschätzung Ihrer Rolle als Sozialarbeiter*in und die der Klient*innen, wenn unterschiedliche Begrifflichkeiten verwendet werden, z. B. Klagende, Kund*innen und Besucher*innen, aber auch Adressat*innen, Nutzer*innen, Klient*innen?*

Menschen passen ihr individuelles Denken, ihre Einstellungen und Gefühle sowie ihr Verhalten oft an Gruppennormen an. In der Sozialpsychologie wird dieses Phänomen als *Konformität* bezeichnet und festgestellt, dass diese Anpassung infolge der numerischen Mehrheit der Gruppenmitglieder aufgrund informationaler und normativer Einflüsse geschieht. Mit *informationalem Einfluss* ist gemeint, dass Individuen die in der Gruppe mehrheitlich vertretenen Überzeugungen als angemessene bzw. richtige Interpretation der Realität akzeptieren, weil sie das Bedürfnis nach einem korrekten Bild sozialer Realität haben („Wenn alle das so sehen, wird es richtig sein.", vgl. klassische Studie von Sherif 1936). Individuen haben aber auch das Bedürfnis nach Zugehörigkeit und sozialer Anerkennung (vgl. Kap. 3) und möchten entsprechend die Erwartungen ihrer Gruppenmitglieder erfüllen. Hier wird von *normativem Einfluss* gesprochen, wenn Individuen beispielsweise ihre Überzeugung der Sicht der Mehrheit anpassen, auch wenn diese ganz offensichtlich falsch urteilt („Wenn alle das so sehen, schließe ich mich der Auffassung lieber an.", vgl. klassische Studie von Asch 1956). Je mehr die Gruppenmitglieder bezüglich der Erreichung eines Ziels voneinander abhängig sind und je größer und einstimmiger die Mehrheit ist, desto eher verhalten sich Menschen normativ bedingt konform. Hierzu muss auch festgehalten werden, dass sich die Tendenz zur Konformität umgehend stark reduziert, sobald auch abweichende Auffassungen vertreten werden, da diese dann auch als Rollenmodelle für Widerstand/Widerspruch fungieren. Die meisten Mitbewohnerinnen stimmen vermutlich im Sinne normativen Einflusses Annas Kritik am Frühstück zu, es bleibt allerdings abzuwarten, ob Jennys Position für Veränderungen in den Wahrnehmungen und Verhaltensweisen der anderen sorgt, wenn sie diese konsequent vertritt (s.u. zum Einfluss von Minderheiten). Wahrscheinlicher ist darüber hinaus eine Beeinflussung von Mitgliedern der *eigenen* Gruppe versus Mitgliedern fremder Gruppen (vgl. Taylor et al. 1991). Auch sog. *Autoritä-*

ten gegenüber sind Menschen gehorsam, weil sie ihnen zum einen besondere Kompetenzen zuschreiben (informationaler Einfluss) und weil sie zum anderen Furcht vor Sanktionierungen haben, wenn sie nicht gehorsam sind. Dieser Umstand ist spätestens dann individuell und sozial problematisch, wenn das von einer Autorität geforderte Verhalten im Widerspruch zum individuellen Denken, Fühlen und zur eigenen Verhaltensmotivation steht. Eindrucksvoll herausgearbeitet und experimentell belegt wurden diese Prozesse in den klassischen Experimenten von Milgram (1982) und Haney et al. (1973). Letztere waren die Verantwortlichen für das sog. Stanford-Prison-Experiment, in deren Folge eine lange Auseinandersetzung auch zu ethischen Grenzen im Hinblick auf Forschungsprojekte entstand (vgl. http://www.prisonexp.org/).

Abschließend sei im Sinne der *Theorie des Minderheiteneinflusses* (vgl. Moscovici 1980) darauf hingewiesen, dass nicht nur über Mehrheiten und legitimierte Autoritäten sozialer Einfluss ausgeübt wird, sondern dass gerade minderheitlich vertretene Auffassungen als Motor für Innovation und sozialen Wandel fungieren können, sofern die Minderheit ihren gesellschaftlich abweichenden Standpunkt konsistent und stabil aufrechterhält (zusammenfassend Stürmer 2009, S. 142f).

Fallen Ihnen historische oder aktuelle Beispiele ein, in denen Minderheiten durch das beharrliche Vertreten ihres Standpunktes zu Motoren für soziale Veränderungsprozesse wurden?

Wenn Gruppen zusammenarbeiten, treten weitere einflussreiche Phänomene zutage. So neigen Individuen in Gruppen nicht nur dazu, sich der Gruppenmeinung anzuschließen, sondern die Gruppe vertritt im Zuge der Zusammenarbeit tendenziell extremere bzw. ausgeprägtere Positionen als die durchschnittliche individuell vertretene Position. Dieser Effekt wird als *Gruppenpolarisation* bezeichnet. Insbesondere Gruppenmitglieder, die vorab eher unentschlossen oder anderer Auffassung waren, lassen sich dadurch von der Mehrheit überzeugen, weil die Mehrheitsargumente üblicherweise zahlreicher (und diverser) eingebracht und damit einhergehend häufiger diskutiert und überzeugender präsentiert werden. Auch wirkt minderheitenüberzeugend, wenn das gleiche Argument von *verschiedenen* Personen vorgebracht wird. Darüber hinaus können Gruppenprozesse auch dazu führen, dass unangemessene oder reduziert bedachte Entscheidungen getroffen werden. Dieser Prozess wird als *Gruppendenken* (*groupthink*, vgl. Janis 1972) bezeichnet und meint einen defizitären Entscheidungsprozess in hochkohäsiven Gruppen, bei denen das Streben nach konsensueller Entscheidung so maßgeblich ist, dass relevante Fakten und Handlungsalternativen ignoriert oder übersehen werden. Befördert werde das Phänomen insbesondere dann, wenn die betroffenen Gruppen abgeschottet von externen Informationsquellen und ohne verbindliche Erwartungen, wie relevante Fakten systematisch zu berücksichtigen sind, arbeiten und wenn ein hoher Druck zu normativer Konformität und hoher Stress (z. B. Zeitdruck, Bedrohungen) bestehen.

Gruppendenken kann entgegengewirkt werden, wenn – beispielsweise durch die Leitung der Gruppen – Entscheidungen nicht zu schnell getroffen werden, Meinungsvielfalt explizit zugelassen und die offene Auseinandersetzung und Diskussion gefördert werden, die Bildung von Untergruppen angeregt und alle Argumente systematisch geprüft werden und darauf geachtet wird, nicht zu früh einen Konsens anzustreben. Sie können also als Sozialarbeiterin in der Wohngruppe entsprechend darauf achten, dass das „Öko-Essen" nicht vorschnell abgeschafft wird und eine vielschichtige sowie vielstimmige Diskussion um das Thema gesunde Ernährung stattfindet. Dabei sollten sowohl Annas (z. B. „Öko ist zu teuer.") und Jennys (z. B. „Lieber weniger essen, dafür dem Kind Gesundes geben.") Argumente als auch die Überlegungen aller anderen Mitbewohnerinnen berücksichtigt werden.

Über die beschriebenen Gruppenprozesse hinaus gibt es Ansätze, die sich mit dem Einfluss der Anwesenheit anderer Personen auf die individuelle Leistung beschäftigen. In diesem Zusammenhang sei festzuhalten, dass die Anwesenheit anderer – passiv oder aktiv beeinflussend – sowohl mit *Verlusten* (z. B. Koordinationsaufwand, Motivationsverluste bei einigen Mitgliedern, ungünstige Gruppendynamik) als auch *Gewinnen* (z. B. Motivationsgewinnen bei anderen Mitgliedern, höhere Qualität durch hilfreiches Feedback, Zugehörigkeit und Ausgleich verschiedener Herangehensweisen) im prozessualen Verlauf gemeinsamer Gruppenarbeiten einhergehen kann. Die Verrechnung dieser Verlust- und Gewinnfaktoren im konkreten Einzelfall ergibt das sog. *Gruppenpotenzial.* Darunter ist die höhere (oder geringere) gemeinsame Leistung zu verstehen, in Abgrenzung dazu, wenn die Gruppenmitglieder allein und unabhängig voneinander an einer Aufgabe gearbeitet hätten (Stürmer 2009, S. 148). Das Gruppenpotenzial kann durch effektive *Anleitung* (i.S.v. Führung, ohne hier weiter auf verwandte Begrifflichkeiten einzugehen) gesteigert werden, wenn unterschiedliche Führungsstile (z. B. aufgabenorientierte versus beziehungsorientierte Führung) situationsangemessen und ausgerichtet an den aktuellen individuellen Kompetenzen eingesetzt werden (vgl. Hersey & Blanchard 1982). Wenn beispielsweise die Frauen in der Wohngruppe die Aufgabe haben, gemeinsam eine gemeinsame Sommerreise zu organisieren, können Sie als anleitende, begleitende Sozialarbeiterin ausloten, (a) inwieweit situationsbezogen die einzelnen Bewohnerinnen persönlich in der Lage sind, eine solche Aufgabe zu bewerkstelligen, (b) wie komplex oder einfach strukturiert diese Aufgabe ist, (c) wie vertrauensvoll und sympathiegetragen Ihre Beziehung zu den Bewohnerinnen ist und (d) wie sanktionierungsmächtig Sie sind. Je nach Einschätzung Ihrerseits müssten sie zunächst im Sinne beziehungsorientierter Anleitung das Potenzial der Einzelnen sowie den Zusammenhalt der Gruppe stärken und die Qualität der Beziehungen der Frauen untereinander verbessern. Es kommt also auch hier auf die angemessene Balance zwischen der Berücksichtigung der *Individuen*, der *Gruppe* und der *Aufgabe* unter den gegebenen *Rahmenbedingungen* an, wie es auch in der gruppenorientierten Konzeption der Themenzentrierten Interaktion angelegt ist (Langmaack 2017).

35 Familien als Gruppengefüge

Gruppen haben unterschiedliche Entstehungszusammenhänge, z. B. Teams als Arbeits- und Beschäftigungsgruppen, Cliquen als Interessen- und Freundschaftsgruppen oder Familien als Verwandtschaftsgruppen, Da die *Familie* eine besondere Bedeutung im Leben eines jeden Menschen hat, weil sie in der Regel die Primärgruppe ausmacht, in die ein Mensch „hineinsozialisiert" wird, soll sich ihr im Folgenden etwas ausführlicher gewidmet werden.

So stellt sich zunächst die Frage, was Sie persönlich als Familie ansehen und was für Sie dabei einschlägige Definitionskriterien sind?

Beispiel 26

Herr Wanner und sein Mann sind verheiratet und haben einen Sohn und eine Tochter adoptiert. Kontakt zur Mutter der Kinder gibt es nicht mehr, weil diese nach Asien ausgewandert ist und dort in einer Art Sekte lebt. Es besteht allerdings inniger Kontakt zur Schwester der Mutter, die die Kinder manchmal als „Mama Zwo" bezeichnen. Die Wanners haben zurzeit Schwierigkeiten mit ihrer 13-jährigen Tochter, die sich zunehmend weniger an die familiären Regeln (Heimkehrzeiten, Social-Media-Nutzung, Umgangsformen) hält und nicht mit ihren homosexuellen Vätern in der Öffentlichkeit gesehen werden möchte. Sie möchte zu ihrer Mutter nach Indien ziehen. Der 12-jährige Sohn hingegen verkrieche sich immer mehr mit seinem Smartphone in seinem Zimmer und findet, dass seine Schwester nerve. Er hätte gerne eine „normale" Familie. Mit Freunden scheine er sich nie zu treffen, sondern alle Kontakte über soziale Medien „abzuwickeln". Die Wanners sind ratlos und haben entsprechend einen Termin in Ihrer Familienberatungsstelle vereinbart.

Aus familienpsychologischer Sicht sind Familien Beziehungseinheiten, die sich zum einen durch erlebte Intimität und zum anderen durch intergenerationelle Beziehungen auszeichnen (vgl. Petzold 1999, S. 29ff). So kommt auch hier der subjektiven Wahrnehmung eine besondere Rolle zu, wodurch sich die familienpsychologische Definition deutlich von beispielsweise rechtlichen, ökonomischen, medizinischen oder soziologischen Zugängen unterscheidet. Von außen betrachtet sind zumindest aus Sicht der Eltern Wanner die Kriterien für eine Familie gegeben, allerdings distanzieren sich die Kinder auf ihre Weise von den Eltern.

Familien müssen je nach Familienphase (z. B. Eltern mit Babys und Kleinkindern, mit Vorschulkindern, mit Schulkindern, mit Jugendlichen, mit erwachsenen Kindern; alte Eltern mit erwachsenen Kindern; Familien in Nachscheidungsphasen, neuentstandene Patchworkfamilien) unterschiedliche *Familienentwicklungsaufgaben* bewältigen, die sich aus Sicht der Eltern und der Kinder unterschiedlich gestalten (vgl. Jungbauer 2014, S. 32ff). So haben im Fall der Wanners die Eltern aktuell die Aufgabe, ihre Kinder bei ihrer Identitäts- und Autonomieentwicklung zu unterstützen und die Kinder die Aufgabe, sich in emotionaler Unabhängigkeit von den Eltern zu üben und sich im Zuge ihrer Identitätsentwicklung von den Eltern abzugrenzen. Warum sich die Kinder von der Familienkonstruktion distanzieren, in der sie aufwachsen, kann nur sinnvoll psychosozial erklärt werden, indem die (trotz gleicher (!) Familie unterschiedlichen) Umwelten in Beziehung zu den individuellen Wahrnehmungs- und Verarbeitungsprozessen der Tochter und des Sohnes betrachtet werden. So ist die Einschätzung, was eine „normale Familie" ausmacht, vor allem (vorläufiges) Ergebnis von Sozialisationserfahrungen in Wechselwirkung mit den Systemen in denen Menschen sich bewegen (vgl. Bronfenbrenner 1981).

Seit geraumer Zeit wird der *Familiensystemtheorie* als einer der wichtigsten Ansätze in der modernen Familienpsychologie besondere Beachtung geschenkt. Ihre Perspektive beinhaltet die Möglichkeit, je nach Anliegen *personale* (z. B. der Fokus auf die Tochter), *interpersonale* (z. B. die Beziehung zwischen den Geschwistern oder zwischen einem Vater und seiner Tochter) und *systemische* Zusammenhänge (z. B. die Gesamtdynamik des Familiensystems der Wanners) zu betrachten. Dabei wird die *Familie als Ganzes* in den Mittelpunkt der Annahmen gestellt („Eine Familie ist mehr als die Summe ihrer Mitglieder."). Zentrale Aspekte der Familiensystemtheorie sind (vgl. Jungbauer 2014, S. 22ff):

(1) *Ganzheitlichkeit:* Probleme eines Familienmitglieds werden nicht als individuelles, sondern als Familienproblem verstanden und bearbeitet, z. B. der Rückzug eines Familienmitglieds,

(2) *Unterschiedliche Durchlässigkeit:* als offene und geschlossene Familiensysteme. Hier wird als wichtig erachtet, dass die Grenzen von Familiensystemen bzw. familiären Subsystemen nicht zu vage und nicht zu durchlässig sind, z. B. ob und von wem die entschwundene Mutter oder die sehr präsente Schwester zum Familiensystem als dazugehörig wahrgenommen werden,

(3) *Zielorientierung von Familien:* Je nach Lebensumständen und Familienphase rücken andere Ziele und Entwicklungsaufgaben in den Vordergrund (s.o.),
(4) *Regelhaftigkeit* in Familiensystemen als Annahme explizit vereinbarter und implizit angenommener Familienregeln, die in Familie Wanner beispielsweise aufgrund des Verhaltens der Tochter neu zu explizieren wären,
(5) *Zirkuläre Kausalität* als Annahme, dass es keine linearen Kausalitäten für das Verhalten der Familienmitglieder gibt, sondern von sich wechselseitig bedingenden Verhaltensweisen auszugehen ist, sodass jedes Verhalten jeweils sowohl Ursache als auch Auswirkung ist. (Entsprechend ist für die Krise der Wanners nicht das Verhalten der Tochter als ursächlich anzusehen, sondern die wechselseitigen Interaktions- und Verhaltensabläufe sämtlicher Familienmitglieder mit- und zueinander),
(6) *Rückkopplungsprozesse* als Phänomen, dass Verhaltensweisen verschiedener Familienmitglieder wechselseitig aufeinander zurückwirken. Positive Rückkopplung als wechselseitiges Bedingen und Verstärken mit der Tendenz zur Eskalation, z. B. wenn sich ein Streit zwischen der Tochter und einem der Väter durch gegenseitige Schuldzuweisungen und aggressives Verhalten immer weiter aufschaukelt Negative Rückkopplung durch Verhaltensbeiträge, durch die sich eine Deeskalationsdynamik etablieren kann, z. B. indem die Väter einfühlsam-verständnisvoll und angemessen mit den Regelverstößen der Tochter oder respektvoll mit ihrer Ablehnung „öffentlicher Auftritte“ mit den Vätern umgehen,
(7) *Selbstorganisation und Homöostase* als Prinzip der Ausbalancierung und Aufrechterhaltung eines Gleichgewichtszustands durch negative Rückkopplungsprozesse (z. B. der systemischen Hypothese nachgehen, dass das Verhalten des Sohns ein Versuch der Gleichgewichtsherstellung im Familiensystem sein könnte, oder dass veränderte Arbeitszeiten eines Vaters Auswirkungen auf die Kommunikationsmöglichkeiten in der Familie haben könnten),
(8) *Wandel erster und zweiter Ordnung:* Wandel erster Ordnung, wenn sich Konstellationen und Abläufe in einer Familie ändern, aber das Familiensystem als Ganzes bleibt unverändert, z. B. die innerfamiliären Regeln neu ausgehandelt werden. Wandel zweiter Ordnung, wenn Veränderungen geschehen, die das System selbst verändern, z. B. wenn die Tochter nach Indien zieht, die Väter sich scheiden lassen oder die Schwester der Mutter mit einzieht und damit das Familiensystem explizit erweitert wird,
(9) *Interne Erfahrungsmodelle*, d. h. dass auch der und die Einzelne im System bedacht werden müssen: Wie ordnen sich die einzelnen Familienmitglieder selbst in das Bild ein? Welche subjektiven Konstruktionen des jeweiligen Familiensystems kursieren? Entsprechend werden jeweils die beiden Väter als auch die Tochter als auch der Sohn der Wanners eine andere subjektive Wirklichkeit ihres Familiensystems konstruiert haben.

Wie würden Sie Ihre eigene Familie im Sinne der Familiensystemtheorie beschreiben: Wie durchlässig ist Ihre Familie, was sind implizite und explizite Regeln, welche Aufgaben und Ziele muss Ihre Familie gerade angehen, was sind typische Rückkopplungsschleifen, wann gab es Wandel zweiter Ordnung und was denken Sie, wie sich Ihre Sichtweise von denen Ihrer Mutter und denen Ihres Vaters unterscheidet?

Viele Sozialarbeiter*innen erfahren diesen Zugang in ihrer Berufspraxis als hilfreich, weil sie damit die komplexen, vielschichtigen Interaktionen und Prozesse von Familien „fassen" und mit den Familienmitgliedern bearbeiten können. Entsprechend nutzen viele die zahlreichen Weiterbildungsangebote für Systemische Berater*innen und Systemische Therapeut*innen und teilen sich diese Quelle mit Psycholog*innen, Erziehungswissenschaftler*innen und Pädagog*innen (vgl. https://systemische-gesellschaft.de/ sowie https://www.dgsf.org/ als berufsübergreifende Fachverbände in Deutschland).

Darauf dass auch die Familiensystemtheorie trotz ihrer zahlreichen Anknüpfungspunkte und vielschichtigen Annahmen nicht jedes auffällige Verhalten von Heranwachsenden überzeugend erklären und begleiten kann, soll abschließend durch nachfolgende Zusammenstellung ungünstiger Einflüsse, die die Entwicklung und Verfestigung von Verhaltensauffälligkeiten bei Kindern und Jugendlichen wahrscheinlicher machen, hingewiesen werden (vgl. Schneewind 2010, S. 174):

- hohes Ausmaß an interparentalem Konflikt (häufig und feindselig ausgetragene Streitepisoden ohne konstruktive Konfliktlösung),
- hohes Ausmaß an elterlicher Uneinigkeit und fehlender Gemeinsamkeit (in der Ausübung der Erzieherrolle),
- wenig kontrollierendes und inkonsistentes Disziplinierungsverhalten der Eltern,
- elterlicher Erziehungsstil, der sich durch geringe emotionale Nähe und Unterstützung auszeichnet (vgl. Unterscheidung in autoritativ, autoritär, permissiv/verwöhnend, zurückweisend/vernachlässigend je nach Ausprägungsgrad elterlicher *Responsivität* als Anerkennung kindlicher Individualität und *Anforderungs*bereitschaft, für die Sozialisation aktiv zu sorgen; vgl. Maccoby & Martin 1983),
- aber auch ein „schwieriges" Kindstemperament, das den Eltern die Erziehungsaufgabe erschwert.

So wird gerade mit dem letzten Punkt deutlich, dass auch die „mitgebrachte" Persönlichkeit eines Kindes einflussreich ist und es auf das angemessene Wechselspiel zwischen Anlagen und Familien- sowie Umwelteinflüssen ankommt (vgl. Kap. 2 sowie Teil C). Ferner wird durch die Auflistung die Überschneidung mit pädagogischen Anliegen deutlich. Entsprechend postuliert Schneewind (2010, S. 178f) unterschiedliche Elternkompetenzen, die gefragt sind, und neben Pädagog*innen und Psycholog*innen ebenso durch Sozialarbeiter*innen erkannt, gefördert und stabilisiert werden können: *selbstbezogene, kindbezogene und kontextbezogene Kompetenzen.* In der sozialpädagogischen Zusammenarbeit kommen umweltseitig entsprechend nicht nur die Eltern, sondern auch Sozialarbeiter*innen als *Interaktionspartner**innen, als *Erzieher**innen und als *Arrangeure von Entwicklungsgelegenheiten* zum Einsatz. Entsprechend können die Wanners in der Stärkung ihrer selbstbezogenen Elternkompetenzen sowie in der kindbezogenen Sensibilisierung für die verschiedenen Persönlichkeiten ihrer Kinder unterstützt werden und das Familiensystem als Ganzes in Augenschein genommen werden – unter Berücksichtigung der für diese Familie spezifischen Kontextfaktoren.

Leser*innen, die mehr zu familienpsychologischen Themen erfahren möchten, finden in dem Klassiker von Schneewind (2010) ausführliche Darstellungen der hier lediglich skizzierten Zugänge. Eine kürzere Einführung gibt Jungbauer (2014). In systemisches Arbeiten wird vielschichtig in dem Klassiker von Schlippe & Schweizer (2016) eingeführt.

36 Intergruppenverhalten: Verhalten zwischen Gruppen

Bislang wurde in diesem Buchabschnitt interpersonales Verhalten beschrieben, d. h. auf unterschiedliches Denken, Erleben und Verhalten von einzelnen Menschen eingegangen, wenn sie sich in verschiedenen sozialen Situationen befinden. Im Folgenden sind die vergleichsweise gleichförmigen Einstellungen, Wahrnehmungen und Verhaltensweisen zwischen Mitgliedern unterschiedlicher Gruppen Gegenstand der Betrachtung. Dieses sogenannte *Intergruppenverhalten* meint also das Verhalten zwischen zwei oder mehreren Menschen, das weitgehend durch die (wahrgenommene) Zugehörigkeit zu unterschiedlichen Gruppen determiniert wird (vgl. Stürmer 2009, S. 154).

*Sofern Sie sich beispielsweise als Christ*in wahrnehmen: Was denken Sie jeweils über Atheist*innen, Jüd*innen, Muslime, Hinduist*innen oder Buddhist*innen? Wie nehmen Sie als Mitglied der Gruppe der Christ*innen diese unterschiedlichen Gruppen wahr? Inwiefern beeinflussen Ihre Denk- und Wahrnehmungsprozesse Ihr Verhalten gegenüber diesen Mitgliedern anderer religiöser Gruppen?*

Beispiel 27

Ein Sozialarbeiter arbeitet in einem offenen Jugendtreff in einer kleinen Stadt mit wenigen Angeboten für Jugendliche. Immer wieder gibt es Ärger, weil die Jugendlichen, die den Treff besuchen, sich unterschiedlichen Gruppen zuordnen, die recht gegensätzliche Auffassungen vertreten. Mittlerweile kommen mittwochs nur noch die „Punks", freitags die „Nazis". Wer sich als „Punk" freitags in den Jugendtreff verirrt, wird von der eigenen Gruppe mit derben Sprüchen sanktioniert und muss riskieren, von den „Nazis" attackiert zu werden. Die Jugendlichen mit weniger ausgeprägten Auffassungen und Outfits kommen nicht mehr, sondern sind auf den kirchlichen Gemeindetreff am anderen Ende der Stadt oder Tischtennisplatten hinter der Grundschule ausgewichen.

Eng mit Prozessen der Intergruppenwahrnehmung ist das Themenfeld *Stigmatisierung* verknüpft, das an anderer Stelle im Buch bereits erläutert wurde (vgl. Kap. 22). An dieser Stelle soll lediglich daran erinnert werden, dass *Stereotype* als sozial geteilte Überzeugungen (z. B. „Sozialarbeiter rauchen, trinken Kaffee und reden.") und *Vorurteile* als sozial geteilte Bewertungen und damit einhergehende Einstellungen (z. B. „Sie sind soft und haben wenig Durchsetzungskraft, wissen aber, wo man Hilfe kriegt und können gut zuhören.") die Beziehungen zwischen Gruppen maßgeblich beeinflussen. Stereotype sind also keine individuellen Konstruktionen, sondern kognitive Repräsentationen einer Gruppe. Werden Menschen aufgrund ihrer Gruppenzugehörigkeit abgelehnt, bekämpft oder benachteiligt, spricht man von sozialer *Diskriminierung* (z. B. Verhinderung von Führungspositionen für Sozialarbeiter*innen, geringere „Stimmkraft" in multiprofessionellen Teams, geringere Entlohnung im Vergleich zu anderen akademischen Berufsgruppen). Das hier gewählte Beispiel soll – bewusst etwas provozierend formuliert – deutlich machen, dass jeder Mensch Mitglied stigmatisierter Gruppen ist (oder sehr schnell werden kann).

Welche Stereotype und Vorurteile beispielsweise gegenüber „Punks" und „Nazis" kennen Sie?

Während historisch betrachtet persönlichkeitstheoretische Ansätze zur Erklärung von Stereotypen und Vorurteilen sehr populär waren (z. B. zur autoritären Persönlichkeit, vgl. Adorno 1973), betonen aktuelle Ansätze zum einen mehr kognitive und zum anderen mehr soziale Einflussprozesse. Hier wurde herausgearbeitet, dass Menschen im Zuge von kognitiven Kategorisierungsprozessen systematisch zu *assimilierenden* und *kontrastierenden Akzentuierungen* dahingehend neigen, dass sie Objekte, Personen, Ereignisse innerhalb einer Kategorie/Gruppe als ähnlicher wahrnehmen als sie es mitunter sind

(„Wir Sozialarbeiter*innen sehen das alle so!", „Wir Punks hören am liebsten…") und Unterschiede zu anderen Kategorien/Gruppen als unähnlicher wahrnehmen als sie es tatsächlich sind („Die Mediziner*innen ticken ganz anders als wir!", „Die Nazis hören ganz andere Mucke."). Diese Konstruktionen werden in sozialen Diskursen innerhalb und zwischen Gruppen verbreitet, aufrechterhalten und zum Konsens erklärt, um a) die Eigengruppe positiv aufzuwerten, b) kausale Erklärungen für soziale Phänomene abzuleiten und c) das Verhalten gegenüber Mitgliedern anderer Gruppen zu rechtfertigen (Tajfel 1984; Zusammenfassung bei Stürmer 2009, S. 159), z. B.: „Wir vertreten politisch die sinnvolleren Ziele. Weil die Punks/Nazis/Gläubigen sich so benehmen, wird der Jugendtreff bald geschlossen und weil die so rumlaufen, werden wir als Jugendliche nicht für voll genommen. Weil die Punks/Nazis neulich…, müssen wir es ihnen auch heimzahlen und zeigen, wer hier das Sagen hat."

Darüber hinaus sorgen sog. *legitimierende Mythen* (vgl. Küpper & Zick 2005) als innerhalb einer Gesellschaft weitgehend geteilte Überzeugungssysteme dafür, dass ungleiche Statusbeziehungen sowohl von statushohen als auch statusniedrigen Gruppen akzeptiert werden, z. B. dass im paternalistischen Sinne die Vorherrschaft bestimmter Gruppen vermeintlich der Stabilität gesellschaftlicher Systeme dienen, wovon auch die statusniedrigen Gruppen profitieren würden. Insgesamt entzieht sich der Einfluss von Stereotypen und Vorurteilen der bewussten Kontrolle weitaus häufiger als Menschen annehmen (vgl. Stürmer 2009, S. 162), vor allem weil die Motivation zur Kontrolle eigener Vorurteile und die Verfügbarkeit dafür notwendiger kognitiver Ressourcen oft (noch) nicht gegeben ist und über beispielsweise sensibilisierende, motivierende, edukative Maßnahmen auf den Weg gebracht werden muss.

Man weiß, dass Intergruppenkonflikte durch sogenannte *negative Interdependenz*, d. h. durch unvereinbare Gruppeninteressen und Ziele begünstigt werden und zu feindseligen und aggressiven Verhaltensweisen gegenüber Fremdgruppen führen können. Wenn solche Gruppen beispielsweise um die gleichen knappen Ressourcen konkurrieren (im Fallbeispiel z. B. den kostenlos nutzbaren Bandkeller, interessante Freizeitangebote, elternfreie Räumlichkeiten), verschärfen sich Intergruppenkonflikte rasch. Sind sie hingegen für das Erreichen ihrer jeweiligen Ziele aufeinander angewiesen, kann dies zu positiven Einstellungsänderungen und kooperativem Verhalten gegenüber der Fremdgruppe führen (vgl. klassische sog. Ferienlager-Studien von Sherif 1966). Entsprechend ist dem Sozialarbeiter des Jugendtreffs anzuraten, Ziele zu entwickeln, die nur gemeinsam erreicht werden können, z. B. den Jugendtreff zu erhalten durch positive Öffentlichkeitsarbeit oder gemeinsame Renovierungsaktionen. Diese Überlegung knüpft auch an Annahmen der sog. Kontakthypothese an, wonach strukturierter Kontakt zwischen Mitgliedern verschiedener Gruppen zum Abbau von Vorurteilen und Feindseligkeiten führen kann. Voraussetzungen hierfür sind:

- gemeinsame, übergeordnete Ziele und wiederholte und erfolgreiche Kooperation (s. o.),
- Interaktion auf Augenhöhe im Rahmen der Kontaktsituationen,
- Unterstützung durch Autoritäten,
- Normen und Regeln und sog. Freundschaftspotenzial als Möglichkeit, Freundschaften zu Mitgliedern der Fremdgruppe aufzubauen (Pettigrew 1998).

Es muss hierbei allerdings beachtet werden, dass die individualistische Logik der Kontakthypothese, dass individuelle Vorurteile beispielsweise im Zuge der Wahrnehmung unvereinbarer Ziele die Ursache für Intergruppenkonflikte seien und sich dementsprechend über positiven Kontakt reduzieren, übersieht, dass Vorurteile oft eine Konsequenz (nicht nur Ursache) von Intergruppenkonflikten sind, die auf ungleichen Ressourcen- und Statusverteilungen beruhen: Nehmen Menschen wahr, dass ihre Gruppe einer anderen Gruppe gegenüber benachteiligt ist (sog. *fraternale relative Deprivation*) oder ihre Gruppe sich nicht positiv von anderen Gruppen abhebt, aber eine hohe Identifikation mit dieser Gruppe besteht und das schwache Prestige der Eigengruppe als illegitim erachtet wird (sog. *negative soziale Identität*), so ist mit ressourcen- und statusbedingten Intergruppenkonflikten zu rechnen. Dementsprechend sollte dem Sozialarbeiter des Jugendtreffs daran gelegen sein, transparent kommunizierend allen Besucher*innen bzw. Mitgliedern der unterschiedlichen Gruppen statusmäßig auf gleicher Augenhöhe zu begegnen und ihnen die gleichen Ressourcen zur Verfügung zu stellen.

Darüber hinaus bestehen zwischen Gruppen nicht nur Konflikte, sondern es gibt vielfältige Formen von *gruppenübergreifender Solidarität*, die an verschiedenen gruppenrelevanten Prozessen anknüpfen (vgl. Stürmer 2009, S. 172f): instrumentelle Interessen (solidarisches Verhalten bringt der eigenen Gruppe Vorteile), Aufrechterhaltung, Ausdruck oder Betonung der eigenen Gruppenidentität (z. B. soziale Verantwortung übernehmen als Gruppenwert) und Erweiterung der Gruppengrenzen auf höhere soziale Einschlusskriterien im Zuge altruistischer Motive und von Empathie (z. B. weltweit-humanistische Hilfen für Kinder).

Dass die bestehenden gesellschaftlichen Schieflagen keineswegs allein über sozialpsychologische Zugänge erklärt und beseitigt werden können, ist offensichtlich. Hier profitiert die Soziale Arbeit zusätzlich von soziologischen und sozialpolitischen Zugängen, die in diesem Buch nicht vertieft werden können (einführend z. B. Neckel, Mijic, von Scheve & Titton 2010). Darüber hinaus positioniert sich die Soziale Arbeit als Disziplin zunehmend mit eigenen Zugängen ausgehend von einem Grundverständnis der Soziologie als kritischer Wissenschaft (Böhnisch & Funke 2012). Ebenso finden sich Beiträge aus der Kritischen Psychologie, die gesellschaftliche Widersprüche und Handlungsfähigkeiten der Sozialen Arbeit ins Visier nehmen (z. B. Holzkamp 2012). Folgt man den sozialarbeiterischen Zugängen über die Lebenslage (*Verhältnisse*) und die Lebensweise (*Verhalten*), so sollte dieser Buchabschnitt mit sozialpsychologischem Rüstzeug zumindest die Reflexion des eigenen Verhaltens in, mit und gegenüber anderen Gruppen anregen.

Welche Gruppen lehnen Sie warum ab? Was passiert oder müsste passieren, damit Sie nicht in Konflikte mit diesen konkreten anderen Gruppen geraten?

Darüber hinaus sollte deutlich geworden sein, dass das soziale Individuum nicht ohne die Verwobenheit mit seinen umgebenden Systemen und Gesellschaftsstrukturen angemessen betrachtet und nur bedingt ohne Änderung der gesellschaftlichen Verhältnisse gerecht und menschenwürdig begleitet werden kann.

37 Soziale Individuen, Beziehungen und Netzwerke im 21. Jahrhundert

Die Entwicklung von Social-Media-Plattformen sowie internetbasierter Kommunikationsplattformen hat dazu geführt, dass die Betrachtung der in diesem Kapitel aufgeführten sozialpsychologischen Prozesse einer immensen Erweiterung bedarf, die dieses Buch nicht leisten kann. Mit Blick auf das Fallbeispiel der Wanners sei hier entsprechend zu reflektieren, welche Qualität und Bedeutung die sozialen Kontakte des Sohnes haben unter Verschränkung der Sorgen der Väter über seine „physische Zurückgezogenheit". Auch ist denkbar, dass die Wanners für den Termin mit Ihrer Beratungsstelle ein Onlineangebot ausgewählt haben, über das sie sich beraten lassen. Denkbar ist auch, dass Sie mit Ihren Kolleg*innen einen Dienstplan haben, der nur internetbasiert abgerufen werden kann, d. h. sowohl Sie als auch Ihre älteren Kolleg*innen, von denen möglicherweise nicht alle den technischen Entwicklungen durchweg aufgeschlossen gegenüberstehen, sind gezwungen, sich die Kompetenzen für den Umgang mit diesen neuen Formen der Arbeitsorganisation anzueignen. Möglich ist auch, dass die Tochter der Wanners im Zuge der kommunikativen Globalisierung via Internet nach ihrer Mutter recherchiert, eventuell auch Kontakt zu ihr hat, und damit die Homöostase des Familiensystems „herausfordert". Mag sein, dass Herrn Wanners Mann als sog. Expat ursprünglich aus einem anderen Land stammt und über seine Firma beruflich nach Deutschland entsandt wurde, d. h. unter anderen kulturellen Normen aufgewachsen ist und eventuell andere Kommunikationskompetenzen in das Familiensystem einbringt, d. h. auch die systemische Sichtweise auf Familien einer Erweiterung bedarf.

Die Beispiele sollen skizzieren, dass im 21. Jahrhundert die Reflexion des Menschen als soziales Wesen inklusive der sozialen Prozesse, die in diesem Buchabschnitt erläutert wurden, erweitert und noch vielschichtiger erfolgen muss. Entsprechend hat sich aus psychologischer Verortung hier die *Medienpsychologie* als eigenständiges Fachgebiet etabliert. Zum Einstieg hierfür bieten sich die Werke von Bonfadelli & Friemel (2017), Katzer (2016) und Döring (2003) an. Zur Thematik der inter- und transkulturellen Kommunikation von Individuen, Gruppen und Gemeinschaften in einer globalisierten Welt und damit verschränkten Kulturpsychologie und Kommunikationswissenschaften kann mit Thomas & Kammhuber (2006) eingestiegen werden. Die Themen und Herausforderungen, die sich mit Digitalisierung und Sozialer Arbeit befassen, sind aktuell in Stüwe & Ermel (2019) dargestellt. Wie die Digitalisierung der Gesellschaft mit ihren neuen Kommunikationspraktiken und Unterhaltungsmöglichkeiten inzwischen alle Lebensbereiche der Alltags- und Berufswelt durchdrungen und nachhaltig verändert hat und welche offensichtlichen Veränderungen, aber auch versteckten Wirkungen und Nebenwirkungen damit für Sozialarbeiter*innen und Klient*innen einhergehen, thematisieren Hammerschmidt, Sagebiel, Hill & Beranek (2018).

Wie Menschen sich in einer globalisierten Welt verändern, hat Witte bereits 2003 skizziert. Insgesamt bleibt festzuhalten, dass sich die *tiefgreifenden und langfristigen Folgen* aus Globalisierung und Digitalisierung für den Menschen als soziales Wesen bislang nur häppchenweise erahnen lassen. Optimistisch betrachtet haben sich die potenziellen Möglichkeiten für soziale Individuen, Gruppen und Gemeinschaften enorm erweitert, pessimistischer betrachtet ist die technische und ökonomisch-globale Entwicklung mittlerweile schneller vorangeschritten als die „sozialpsychologische Phylogenese“ hinterherkommt. Für eine historische Einbettung und Herausforderungen der Globalisierung aus sozialarbeitswissenschaftlicher Sicht sei auf die Ausführungen von Wendt (2017, S. 351ff) verwiesen.

38 Zusammenfassung: Sozialpsychologie – Soziologie – Soziale Arbeit?!

Abschließend sollen die verschiedenen Fachdisziplinen kurz vergleichend gegenübergestellt werden, um zu veranschaulichen, wo sie schwerpunktmäßig zu verorten und wie die Inhalte dieses Buchabschnitts einzuordnen sind. *Soziale Arbeit* wird gemäß dem Deutschen Berufsverband Soziale Arbeit (DBSH) in Abstimmung mit dem Fachbereichstag Soziale Arbeit (FBTS) wie folgt definiert (https://www.dbsh.de/profession/definition-der-sozialen-arbeit/deutsche-fassung.html):

> „Soziale Arbeit fördert als praxisorientierte Profession und wissenschaftliche Disziplin gesellschaftliche Veränderungen, soziale Entwicklungen und den sozialen Zusammenhalt sowie die Stärkung der Autonomie und Selbstbestimmung von Menschen. Die Prinzipien sozialer Gerechtigkeit, die Menschenrechte, die gemeinsame Verantwortung und die Achtung der Vielfalt bilden die Grundlage der Sozialen Arbeit. Dabei stützt sie sich auf Theorien der Sozialen Arbeit, der Human- und Sozialwissenschaften und auf indigenes Wissen. Soziale Arbeit befähigt und ermutigt Menschen so, dass sie die Herausforderungen des Lebens bewältigen und das Wohlergehen verbessern, dabei bindet sie Strukturen ein."

Vornehmlicher Gegenstandsbereich der *Soziologie* sind die Gesellschaft und die in ihr ablaufenden Prozesse. Die *Sozialpsychologie* (als Teilbereich der Psychologie) hingegen fokussiert auf Ausschnitte menschlichen Handelns und Erlebens, die sich auf zwischenmenschliche Interaktionen beziehen, womit neben Gruppen auch Einzelpersonen im Mittelpunkt der Betrachtungen stehen. Sie ist sozusagen das Bindeglied zwischen Soziologie und Psychologie. Beide Wissenschaften können dabei die Soziale Arbeit unterstützen, ihre eingangs genannten Zielstellungen und Prinzipien zu verfolgen, nähern sich allerdings aus unterschiedlichen „Richtungen" dem Menschen in seinen realen oder vorgestellten sozialen Bezügen und Interaktionen. Vergegenwärtigen wir uns abschließend das ökosystemische Modell von Bronfenbrenner (1981), so setzt die Sozialpsychologie eher im Kern bei den Mikro- und Mesosystemen von Individuen an und arbeitet sich die Soziologie eher über die Makro- und Exosysteme an Individuen in Gesellschaften heran. „Typische" sozialpsychologische Theorien mit Fokus auf das Individuum, die die (realen oder vorgestellten) Mikro- und Mesosysteme eines Individuums einschließen, sind die Theorie der Kognitiven Dissonanz (Festinger 1957) und Theorie zur Erklärung von Reaktanz (Brehm & Brehm 1981) (vgl. Kap. 31), weil sie aufgreifen, wie Menschen durch die individuellen kognitiven Konstruktionen ihrer Umwelten beeinflusst werden. Dass diese individuellen Konstruktionen vor allem der Befriedigung psychischer bzw. psychosozialer Grundbedürfnisse entspringen, kann in Kapitel 3 nachgelesen werden, wenngleich auch hier verschiedene Erklärungsansätze präferiert werden (vgl. Kap. 1) und von kulturellen Färbungen als einflussnehmende Makrosysteme auszugehen ist (vgl. Kap. 4).

Teil F

Sozialarbeiter*innen reflektieren sich und ihr Wohlergehen

Was haben Psychologie und dieses Buch mit mir, meiner Haltung und meiner Berufspraxis zu tun? Dass die Psychologie ihren Beitrag zu sozialarbeiterischem Begründungswissen leistet und als Hilfe für die Reflexion eigenen Handelns herhalten kann, ist an vielen anderen Stellen im Buch angesprochen worden. Die hier folgenden Ausführungen dienen der abschließenden individuellen Einordnung, wofür das Gelesene „gut sein soll". Sie sollen Lust auf mehr „professionelle Beschäftigung" mit sich und den eigenen Vorhaben machen, auch außerhalb der aktuellen Mainstream-Diskurse. Dafür werden drei Konstrukte mit „positiven Vorzeichen" vorgestellt, wie es die *Positive Psychologie* proklamiert. Dazu gleich mehr.

39 Sinn und Soziale Arbeit

Die Beschäftigung mit Sinnfragen ist nicht nur in der Philosophie und Theologie, sondern auch der Psychologie verortet. Wer sich einen Überblick zur Psychologie des Lebenssinns verschaffen möchte, sei auf Schnell (2016) verwiesen. Wer sich philosophischer (und psychotherapiebezogen) mit Sinnsuche- und existentiellen Fragen beschäftigen möchte, wird „klassisch" in Frankl (1985) und Yalom (2010) fündig.

Nachfolgend sollen die Themen „Lebenssinn und Sinnerfüllung" konkret auf sozialarbeiterisches Handeln bezogen und mit dem Thema *sinnstiftende Arbeit* verlinkt werden. Arbeit wird psychologisch betrachtet dann als sinnvoll erlebt (Schnell, Höge & Pollet 2013),

(1) … wenn sie als *bedeutsam* erlebt wird, d. h. der wahrgenommene Nutzen der eigenen Tätigkeit für andere Menschen groß ist. Hat das, was ich tue, positive Auswirkungen auf andere Menschen?
(2) … wenn hinter der beruflichen Tätigkeit Werte, eine Mission und Vision stehen, die als selbsttranszendente-organisationale *Orientierung* beschrieben werden können. Welche Strategien und Ziele verfolge ich und verfolgt die Einrichtung, für die ich arbeite, „über mich hinaus"?
(3) … wenn sie als passend und stimmig wahrgenommen und damit *Kohärenz* zwischen dem eigenen beruflichen Handeln und den gesetzten Arbeitszie-

len erlebt wird (als sog. Job-Passung). Stimmen diese „größeren" Ziele mit meinen Lebensbedeutungen überein oder stehen sie im Widerspruch zueinander?

(4) … wenn sie mit der Gewissheit von *Zugehörigkeit* einhergeht. Damit zusammen fällt die Überzeugung, von Kolleg*innen, der Organisation oder dem Träger sowie der eigenen Profession, gebraucht zu werden und Verantwortung zu haben (sog. sozio-moralische Atmosphäre).

Unabhängig davon, ob Sie in der Eingliederungshilfe, in der Suchthilfe, mit strafgefangenen oder verschuldeten Menschen, mit Familien, im Gemeinwesen oder in sozialpolitischen Verbänden arbeiten (werden), sollten diese Umstände im Sinne eines gesunderhaltenden und menschenfreundlichen Arbeitsplatzes gegeben sein.

Grundsätzlich *ist* fast jede Arbeit sinnvoll, vor allem wenn sie zur Erreichung des vorgegebenen Arbeitsziels *beiträgt*, z. B. psychotherapeutische Arbeit zur Linderung psychischer Symptome oder psychosoziale Beratung zur Inangriffnahme und Lösung sozialer Probleme, und wenn sie dabei einen gesellschaftlichen Nutzen hat. Der Punkt, den die Auflistung oben aufgreift, ist, dass viele Menschen ihre Tätigkeit nicht als sinnvoll *erleben* und damit dem Risiko ausgesetzt sind, krank und frustriert zu werden. Im Zusammenhang mit Burnout-befördernder Überforderung und Boreout-befördernder Unterforderung wurde festgestellt, dass Arbeitnehmer*innen häufig eine *mengenmäßige Überforderung* und *fachliche Unterforderung* beschreiben (Lohmann-Haislach 2013), die mit einem sinnstiftenden Berufsleben nicht im Einklang stehen. Entsprechend sollten Sie diese Zeilen ermutigen, sich nach Arbeitsplätzen umzuschauen, die für Sie fachlich angemessen fordernd sind und deren Umfang Sie im Rahmen Ihrer Möglichkeiten gut bewältigen können. Ferner sollten Sie sich so vernetzen, dass Sie sich gebraucht fühlen und für Werte arbeiten, die Ihnen persönlich wichtig sind. Dabei beflügelt häufig auch die Zugehörigkeit zu Verbänden außerhalb des Arbeitsgebers (beispielsweise dem DBSH oder DVSG) und Settings (z. B. Arbeitskreise und Fachtagungen), deren Türen auch für Studierende und Berufseinsteiger*innen geöffnet sind.

Allerdings muss auch auf das Risiko zur *Selbstausbeutung* und zu *Burnout-Prozessen*, ungerechter Entlohnung und fragiler Work-Life-Family-Balance hingewiesen werden, das gerade *bei hoher Bedeutsamkeit und Sinnerleben* der beruflichen Tätigkeit besteht. Da fast jede Arbeit per se *sinnvoll*, aber nicht jede Arbeit *sinnstiftend* ist, sei hier angemerkt, dass die Berufstätigkeit zwar für sehr viele Menschen ein sehr wichtiger Lebensbereich ist und bleiben wird, sich *persönliche Lebensbedeutungen* aber auch außerhalb der Berufstätigkeit verwirklichen lassen: in familiären und sozialen Beziehungen, in gesellschaftlichen und künstlerischen Tätigkeiten, im Ausprobieren neuer Herausforderungen und im Bewahren sinnstiftender Umstände, im sinnlichen Genuss und in achtsamer

Begegnung mit anderen und dem gegenwärtigen Leben (vgl. Schnell 2016, S. 169).

So oder so: Fragen nach dem Sinn des Lebens und die Auseinandersetzung mit beruflichen und persönlichen *Sinnkrisen* mögen der einen oder dem anderen zwar nicht als „Kerngeschäft der Sozialen Arbeit“ vor allen anderen Aufträgen und Mandaten erscheinen, dennoch sind sowohl Sozialarbeiter*innen als auch Klient*innen stets mit Sinnfragen beschäftigt, vor allem wenn sie kritische Lebensereignisse, psychische Krisen oder chronische Erkrankungen meistern müssen oder sich im Zuge ihrer individuellen Entwicklung überlegen, wie sie „weitermachen“ wollen und auf welcher Grundlage. Viele kommen hier an den Punkt, sich mit den eigenen Lebensbedeutungen (vgl. Schnell 2016, S. 53ff) als Quellen von Lebenssinn auseinanderzusetzen.

40 Spiritualität und Soziale Arbeit

Haben Sie sich schon einmal gefragt, warum Sie sich oft oder in bestimmten Momenten mit „irgendetwas“ verbunden fühlen, das Sie nicht gut benennen können, aber dennoch vermuten, dass es „irgendetwas“ gibt, was unsere sinnliche Wahrnehmung übersteigt? Wie sehr glauben Sie, dass Sie Ihr Leben (nicht) vollständig in der Hand haben? Was machen Sie, wenn Sie nicht wissen, „wohin“ mit Ihren Hoffnungen?

Man kann sich zunächst natürlich fragen, ob Spiritualität überhaupt etwas in einem modernen Verständnis von Professionalität Sozialer Arbeit und unter der Prämisse säkularer Aufgeklärtheit zu suchen hat (Lübeck & Böhmer 2017). Spiritualität als eine Quelle Sozialer Arbeit scheint weitgehend versiegt zu sein und wird höchstens als *eine* Ressource der Klient*innen unter vielen angenommen (z. B. Wasner 2009). Lewkowicz & Lob-Hüdepohl (2003, S. 8) sehen Auswirkungen dieser Entwicklung in Orientierungslosigkeit, Ausgebranntheit und einer ausufernden Marktorientierung in der Sozialen Arbeit, die sie als Zeichen dafür werten, dass „etwas“ fehle, das dem beruflich-sozialen Engagement Sinn, Perspektive und Kraft verleihe. Lob-Hüdepohl (2003, S. 70f) geht in diesem Zusammenhang zwar auch von einer „heilsamen Entsakralisierung“ im Zuge des Einzugs fachlicher Rationalität in der Sozialen Arbeit aus, weist aber auch auf die Gefahren einer einseitig orientierten Professionalität, rein instrumentellen Vernunft und Zweckmäßigkeit hin.

Spiritualität wird häufig mit Religiosität gleichgesetzt und ist somit für viele Menschen – Klient*innen und Professionelle – in unserer ursprünglich christlich geprägten Gesellschaft im 21. Jahrhundert nicht (mehr) ansprechend, weil sie sich der „Institution Kirche" nicht zugehörig fühlen und mit den Annahmen in der Bibel aus verschiedenen Gründen nichts anfangen können. Wenngleich die Soziale Arbeit eine Berufsethik braucht und diese sich neben humanistischen und gesetzlichen auch aus jüdisch-christlichen Grundlagen speist (vgl. Maus, Nodes & Röh 2013, S. 90ff), so muss eine „spirituelle Kompetenz" der Professionellen sowie Klient*innen längst nicht als notwendig erachtet werden.

Die folgenden Ausführungen sollen dazu anregen, trotzdem über den „Spirit as Social Worker" nachzudenken und für sich zu reflektieren, inwiefern religiöse, spirituelle, weltanschauliche Überzeugungen die eigene Professionalität befördern und beschränken können. Der Schwerpunkt wird hier auf Spiritualität gelegt, weil mit diesem Begriff am ehesten konfessionsübergreifend und auch für Atheist*innen und Agnostiker*innen Anknüpfungspunkte gefunden werden können.

Sicherlich haben Sie beim Lesen dieser Zeilen bereits eigene Gedanken im Kopf, was Sie unter Spiritualität verstehen?

Es existieren verschiedene *Definitionen von Spiritualität*, die ohne einen bestimmten konfessionell-religiösen Bezug auskommen und Spiritualität nicht zwangsläufig mit einer Bezogenheit auf ein personales Gottesbild verbinden. Zur Klärung des Begriffs kann zunächst auf Walach et al. (2005) zurückgegriffen werden, die in Erfahrungen, innere Erfahrungen und spirituelle Erfahrungen differenzieren: Unter *Erfahrung* verstehen sie Erfahrungen, die im Zusammenhang mit unseren Sinnen stehen (z. B. Feststellen, dass die Sonne aufgeht) und damit Erfahrung über die äußere Welt meinen. Von *inneren Erfahrungen* gehen sie bei kognitiv-affektiven Erkenntnissen aus, die im Unterschied zu rein rational-analytischen Erkenntnissen eine affektive Komponente haben, sodass diese Form von Erkenntnissen ein stärkeres Gewicht erhält und anders im Gedächtnis repräsentiert ist (z. B. die Freude darüber, dass die Sonne aufgeht und damit ein „freundlicher" Tag verbunden wird). Als *spirituelle Erfahrungen* bezeichnen sie Erfahrungen, deren Ursprung in der Beziehung zu einer absoluten, transzendenten Wirklichkeit verstanden wird, die aber nicht notwendigerweise im Rahmen eines traditionell religiösen Systems (sonst wären es *religiöse Erfahrungen*) ausgedrückt werden (z. B. das Berührtsein davon, dass das Aufgehen der Sonne unbeeinflussbar tagtäglich geschieht, allen Menschen und Tieren dieser Erde widerfährt und „irgendwie" bedeutsam ist).

Bucher (2014, S. 69) plädiert für ein breites Verständnis von Spiritualität, „deren Kern *Verbundenheit* ist, zum einen *horizontal* mit der sozialen Mitwelt, der Natur und dem Kosmos, zum anderen *vertikal* mit einem den Menschen übersteigenden, alles umgreifenden Letztgültigen, Geistigen, Heiligen, für viele nach wie vor Gott." Er spricht hier von *Einssein* als Erfahrung allumfassender Einheit (S. 32) und weist ferner darauf hin, dass mit Blick auf *Religiosität und Spiritualität* von zwei sich *überschneidenden Konstrukten* auszugehen ist:

(1) Jemand handelt religiös, ist dabei aber nicht spirituell (z. B. Teilnahme an einem Gottesdienst, dabei aber an das Job-Center denkend).
(2) Jemand macht spirituelle Erfahrungen und denkt dabei weder an die „Schöpfung" noch an „Gott" (z. B. Empfinden zutiefster Verbundenheit und Ehrfurcht beim Anblick einer majestätischen Landschaft oder eines Neugeborenen).
(3) Spiritualität als Religiosität: Intrinsisches Bezogensein auf Gott, das Heilige (z. B. beim „expliziten" Beten).

Er nimmt ferner an, dass *Spiritualität* nicht nur *umfassender als Religiosität* sei, sondern in der Phylogenese auch chronologisch vorrangig, da er davon ausgeht, dass spirituelle Erfahrungen bereits vor der Formierung von Religionen gemacht wurden und dass Spiritualität auch von Personen erfahren und gelebt werden kann, die weder einer Religion angehören noch ausgeprägt Meditations- oder Achtsamkeitsbewegungen folgen, sich aber mit dem Kosmos verbunden fühlen oder tiefe Ehrfurcht vor dem Leben empfinden.

Schnell & Keenan (2013) haben neun psychologienahe Hauptkomponenten zusammengefasst, die *Kernelemente von Spiritualität* ausmachen: (1) Die erfahrungsbasierte Überzeugung, dass das Leben eine transzendente, also die *Grenzen der sinnlichen Erfahrung überschreitende, Dimension* hat (natürlich oder übernatürlich), (2) die Zuversicht, dass das Leben einen tiefen *Sinn* hat und dass die eigene Existenz einen Sinn hat, (3) das Gefühl einer *Berufung oder Mission* im Leben, (4) der Glaube, dass das *Leben mit Heiligkeit erfüllt* ist, (5) die ultimative Befriedigung nicht über materielle Werte anstreben, (6) einen starken Sinn für soziale *Gerechtigkeit* und das Engagement für *altruistische Liebe und Handlungen*, (7) Idealismus im Sinne eines *visionären Engagements* für die Verbesserung dieser Welt, (8) Bewusstsein für die *tragischen Realitäten der menschlichen Existenz* (Schmerz, Leiden und Tod) und (9) *Erkennen von Auswirkungen* von Spiritualität, die die Beziehungen zu sich selbst, zu anderen, zur Natur beeinflussen, zum Leben und was auch immer man für das Ultimative hält. Vielleicht fühlen Sie sich von dieser recht ausführlichen Aufzählung befremdet (z. B. weil Sie sich explizit als Atheist*in oder Agnostiker*in verorten oder noch nicht über solche Aspekte des Lebens nachgedacht haben), vielleicht fühlen Sie sich von ihr oder Teilen davon angesprochener, als Sie es zu Beginn der Lektüre dieses Kapitels erwartet haben?

Die Aufzählung soll veranschaulichen, dass auch *diese Wahrnehmungen, Überzeugungen, Erfahrungen als psychologische Prozesse vorkommen* und sowohl Sozialarbeiter*innen als auch Klient*innen in ihrem Herangehen an soziale Probleme, psychosoziale Krisen und Lebensvorhaben mindestens beeinflussen oder gar prägen (vgl. Lübeck, Böhmer & Collatz 2018). Diese über Weltanschauungen (*world views*) hinausgehenden Kernelemente werden bislang nicht explizit in den gängigen Modellen der Sozialen Arbeit herausgestellt, woraus sich viele offene Fragen ergeben, z.B: Wo ist Spiritualität im biopsychosozialen Rahmenmodell oder im Vulnerabilitäts-Stress-Bewältigungsmodell zu verorten? Wie ist Spiritualität im Person-in-Environment-Ansatz einzuordnen (unter der Berücksichtigung der Verflechtung von Religiosität/ Spiritualität und Kultur)? Sollte die lapidare Erwähnung von Spiritualität als Ressource nicht um die potenzielle Risikobehaftetheit spiritueller Erfahrungen ergänzt werden? Und so weiter. Beispielsweise wurde in der Palliativmedizin und Psychosomatik das biopsychosoziale Modell bisweilen um die spirituelle Dimension ergänzt (z. B. Hefti 2010; Berghändler 2010). Auch manche Selbsthilfegruppen, z. B. die Anonymen Alkoholiker, haben diese Dimension explizit in ihre Weltanschauung integriert (vgl. Schritt 2 im 12-Schritte-Programm: https://www.anonyme-alkoholiker.de/unsere-idee/zwoelf-schritte/). Daher wird hier dazu ermutigt, diese Dimension in *einschlägigen* Handlungsfeldern der praktischen Sozialen Arbeit expliziter aufzugreifen:

Wasner (2009) befindet kennzeichnend für die Soziale Arbeit die Fähigkeit, sich in Krisenfeldern zu bewegen. Entsprechend sollten Sozialarbeiter*innen im Kontext der Sozialanamnese auch eine *spirituelle Anamnese* vornehmen um zutage zu bringen, welchen Stellenwert Spiritualität in der Lebensführung ihres Gegenübers einnimmt und in welchen Situationen sie eher als Ressource oder als Belastung erfahren wird. Einer anschließenden *Bedarfseinschätzung* folgend können Sozialarbeiter*innen selbst Unterstützung anbieten (je nach eigener methodischer Qualifikation, z. B. in der Gesprächsführung, in der Biografiearbeit, in Meditationsverfahren u.v.m.) sowie über weitergehende Hilfsmöglichkeiten informieren oder weitervermitteln (z. B. an die Seelsorge, an spirituelle Gruppen). Ferner geht auch sie von einem Einfluss der *eigenen* Spiritualität auf das professionelle Handeln aus. Spiritualität „in der" Sozialen Arbeit gäbe es nicht, sondern die Spiritualitäten der in der Sozialen Arbeit tätigen Menschen und ihrer Adressat*innen (vgl. auch Plattig 2003).

Spiritualität kann auch *im Kontext von Institutionen* thematisiert werden (z. B. Reber 2009). Reber versteht Spiritualität nicht als Teilbereich *im* Leben und Arbeiten, sondern als Gesamtkonzept *des* Lebens und Arbeitens, worin sich letztendlich der Gedanke der Verbundenheit ausdrückt. Daher spricht auch er nicht von Spiritualität in der Sozialen Arbeit, sondern von *Spiritualität der Sozialen Arbeit.* Die Spiritualität einer Person oder Einrichtung sei die Art und Weise, wie sie ihr Leben insgesamt gestalte, die Werte, an denen sie sich ausrichte und die Dinge, die ihr heilig sind. Mit einer derart existentiell verstandenen Spiritualität sei jeder Mensch spirituell. Entsprechend wird nahegelegt, sich für die Spielarten von Spiritualität sowohl auf der *Mikroebene* (Spiritualität z. B. der Klientin, des Angehörigen, der Betreuerin) und *Mesoebene* (Spiritualität und kulturelle Kontextualität des Familiensystems sowie des Betreuungssystems) sowie der *Makroebene* (als weltanschauliches oder konfessionelles Profil der Einrichtung und des Trägers) reflexiv offen zu halten (vgl. Roser 2014).

Im vorliegenden Buch wurden an verschiedenen Stellen Ansätze vorgestellt, die eine inhaltliche Nähe zum Thema Spiritualität aufweisen. Beispielsweise sind Parallelen zum Humanismus unverkennbar, der eine *ganzheitliche Betrachtung* und das Streben nach Weiter-/Entwicklung des Menschen als wesentlich postuliert. Auch wurde immer wieder argumentiert, dass dem Menschen die Beschäftigung mit spirituellen Gehalten von Natur aus nahesteht: Frankl (1985) sah die Suche des Menschen nach dem Sinn seines Daseins und Schaffens als ausschlaggebend (vgl. Kap. 39), Antonovsky (1997) erhob in seiner salutogenetischen Konzeption das Kohärenzgefühl (*sense of coherence*) zum Dreh- und Angelpunkt erfüllender Daseinserfahrungen (vgl. Kap. 27). Grawe (2004) argumentierte mit dem übergeordneten Konsistenzbedürfnis, das dadurch reguliert wird, dass Menschen ihre Grundbedürfnisse homöostatisch reguliert befriedigen können. Maslow (1971) ging davon aus, dass dem Menschen auch ein Grundbedürfnis nach Transzendenz innewohne (vgl. Kap. 3).

Ausgangspunkt kognitiv-konstruktivistischer Denkweisen ist, dass der Mensch die Realität des Universums nicht erfassen kann, so wenig wie eine Ameise die Komplexität des ganzen Waldes versteht. Allerdings ist es Menschen möglich zu erkennen, dass sie vieles nicht verstehen. Mit dieser *konstruktivistischen Perspektive* ist die „höhere Macht", die „Transzendenz", der Bereich der Wirklichkeit, der sich unserer sinnlichen, empirisch-wissenschaftlichen Erkenntnis entzieht. Menschen haben trotzdem eine mehr oder weniger bewusste Konstruktion davon, was transzendente Wirklichkeit sein mag. Dies hat konkrete Auswirkungen auf seine biopsychosoziale Existenz: Wirklichkeit ist das, was wirkt. Es geht letztendlich um *Beziehungserfahrungen* (Verbundenheit), die – so kann man es säkular nur sagen – einseitig von Menschen kreiert werden, indem sie ihre Erfahrungen (auch) in einer Beziehung zum Transzendenten und des Transzendenten zu ihm attribuieren. Das persönlichkeitspsychologische Konzept der *Kontrollüberzeugungen* (*locus of control*) bietet sich als weiterer theoretischer Anknüpfungspunkt und als Denkgerüst für die Praxis an (Rotter 1966): Es ging dabei um das subjektive Empfinden eines Individuums, wer oder was sein Leben maßgeblich bestimme. Eine *internale Kontrollüberzeugung* entspricht der inneren Gewissheit, dass man sein Leben selbst in der Hand hat (i.S.v. Selbstwirksamkeitserwartung). Sie geht in der Regel mit Optimismus und dem Gefühl von Handlungsfähigkeit einher und ist in den sozialarbeiterischen Konzepten Empowerment und Agency verortbar. In übertriebener Form führt sie zu Überforderung und „Selbststress", da der Mensch bekanntlich nicht alles unter eigener Kontrolle hat. Bei der *external-sozialen Kontrollüberzeugung* ist als Lebenskonzept zentral, dass andere Menschen das Leben bestimmen. Das kann ressourcenbezogen bedeuten, dass man erlebt, von anderen geliebt und unterstützt zu werden. Sie kann aber auch mit Gefühlen von Abhängigkeit und Ausgeliefertsein einhergehen. Bei der *fatalistischen* (Flammer 1993) bzw. *external-transzendenten* (Böhmer 2004). *Kontrollüberzeugung* handelt es sich um die Gewissheit, dass das Leben letztlich durch beispielsweise das Schicksal, Glück/Pech, den Zufall, Astrologie, höhere Mächte, Gott oder Götter bestimmt wird. Sie kann im negativen Fall zu Passivität führen, im positiven Fall zu einem Gefühl von Vertrauen in den Lauf der Dinge, die man nicht selbst beeinflussen kann. Als entwicklungsförderlich und gesund wird ein *„idealer Grad mittlerer Kontrolle"* angesehen: Ich tue, was ich selbst tun kann, ich lasse mich von anderen Menschen unterstützen und ich vertraue darauf, dass es gut wird. Vor diesem Hintergrund ist Spiritualität der dritten Form von Kontrollüberzeugung zuzuordnen.

Für Professionelle ist als Fazit zum Thema Spiritualität letztendlich wichtig, den eigenen Standpunkt zu klären und für sich zu erkunden, inwiefern sich unter Rückbezug auf konstruktivistische Vorannahmen und „weltliche Konstrukte", wie das Kohärenzgefühl oder die Kontrollüberzeugungen, vielversprechende Antworten auf spirituelle und Haltungsfragen ergeben. Eine Zusammenfassung bezüglich psychologischer Erkenntnisse zur Spiritualität lässt sich in Krause (2015) finden, die sowohl theoretische Zugänge als auch empirische Studien einer kritischen Betrachtung unterzieht. Expliziter auf existentielle Notlagen und psychische Erkrankungen zugeschnitten ist der Herausgeberband von Armbruster et al. (2013) einzustufen, der Fragen nach der seelischen Gesundheit im Zusammenhang mit Spiritualität beleuchtet, dabei auch religiöse Aspekte aufgreift und verschiedene praxisnahe Zugänge skizziert. Ein für die Klinische Sozialarbeit im Gesundheitssystem einschlägiger Zugang mit Blick auf Menschen mit chronischen oder schweren körperlichen Erkrankungen lässt sich im Herausgeberband von Büssing et al. (2015) nachlesen.

Ziel Sozialer Arbeit ist die Unterstützung der Lebensführung von Menschen und Förderung ihrer Daseinsmächtigkeit (Röh 2013, S. 71, 261). Dabei geht es nicht nur darum, Lebensführung lediglich als Bewältigung sozialer Anforderungen zu thematisieren, sondern auch um Identitätsarbeit als basales Bedürfnis, das eigene Leben aktiv und eigensinnig zu leben und zu gestalten, d. h. nicht nur vorgegebenen Bahnen zu folgen (Scherr 2002). Sie benötigt dafür einen verstehenden Zugang zu den subjektiv-sinnhaften und komplexen Lebensentwürfen ihrer Adressat*innen und ist gehalten, zu einer bewussten Erweiterung der ihnen zugänglichen Horizonte beizutragen. Wenngleich spezifisch spirituell-innere Erfahrungen oft durch die Erfahrung aktueller, drängender, problemreicher Lebensanforderungen „überrollt" sein mögen, so sind sie dennoch vorhanden. Entsprechend spielt der sensible Umgang mit den *inneren Erfahrungen von Verbundenheit und Einssein* eine nicht unerhebliche Rolle, da sie jeden Menschen (bewusst oder unbewusst) ohnehin beschäftigen (vgl. Yalom 2010). Die „Rückendeckung" aus der Sozialen Arbeit für die reflektierte Arbeit mit spirituellen Erfahrungen ergibt sich unter anderem aus der Forderung nach bedürfnisangepasster Behandlung und Individualisierung von Hilfen (beispielsweise Clausen & Eichenbrenner 2016 für die Sozialpsychiatrie), nach Lebensweltorientierung (Grunwald & Thiersch 2004) und nach Unterstützung von daseinsmächtiger Lebensführung (Röh 2013), insbesondere in der Begleitung psychosozialer Krisen (Lübeck & Böhmer 2018).

41 Humor und Soziale Arbeit

Die Programmatik der *Positiven Psychologie* (vgl. Seligman & Csikszentmihalyi 2000) hat seit einigen Jahrzehnten die ursprünglich eher auf Defizite, Probleme und Krisen fokussierte „klassische" Psychologie bereichert, indem sie von drei Grundpfeilern getragen wird (Auhagen 2008b, S. 1):
(1) der Ausrichtung auf das Positive (z. B. Stärken, Tugenden, Ressourcen),
(2) dem Anspruch auf eine wissenschaftliche Fundierung und
(3) dem Ziel, positiv auf das Erleben und Handeln im Alltag hinzuwirken.

Natürlich hatte die „klassische" Psychologie auch vor dem Aufkommen der Positiven Psychologie den Anspruch auf Wissenschaftlichkeit und empirische Fundierung sowie das psychische Wohlergehen von Individuen. Die explizite Hinwendung zu den positiven, gesunderhaltenden, glücklich machenden, angenehmen Aspekten im Denken, Erleben und Handeln bedeutete jedoch einen deutlichen Perspektiv- bzw. Paradigmenwechsel. Damit ist sie dicht am Anspruch der Sozialen Arbeit dran, die sich im professionellen Handeln ebenfalls einer ressourcenorientierten Sicht verschrieben hat (z. B. Möbius & Friedrich 2010) und zu einer besseren Lebensbewältigung auch im Sinne eines subjektbezogenen Bewältigungskonzepts (vgl. Böhnisch 2012) beitragen will.

Die zuvor dargestellten Konzepte Sinnerfahrung (vgl. Kap. 39) und Spiritualität (vgl. Kap. 40) werden auch im Kontext der Positiven Psychologie thematisiert (z. B. Auhagen 2008a). Darüber hinaus werden viele weitere Konzepte und Konstrukte beforscht, beispielsweise Achtsamkeit, Vertrauen, Glück, Kreativität und Humor (vgl. Steinebach et al. 2012) sowie Gelassenheit, Geborgenheit, Verzeihen und Solidarität (vgl. Auhagen 2008a) und andere. Das hier vorliegende Buch soll mit einigen Ausführungen zum positiven Konzept *Humor* abschließen. Zum einen, weil in vielen professionellen Begegnungen in der Sozialen Arbeit gerade Humor eine bereichernde Komponente einbringen und mitunter eingefahrene Situationen „entwaffnen“ kann und zum anderen, damit Sie in positiver Konnotation aus der Lektüre herausgehen.

Welche Situationen fallen Ihnen spontan ein, in denen Ihnen Humor oder eine humorvolle Intervention weitergeholfen haben?

Humor kann als Überbegriff für alle Arten des Komischen verstanden werden und beinhaltet positive, neutrale und negative Aspekte (z. B. herabsetzender oder bösartiger Humor, der im Folgenden ausgeklammert wird). Entsprechend gehören zum Humor *Heiterkeit* (als Temperamentsmerkmal), *Erheiterbarkeit* und *Sinn für Humor* (als Fähigkeit, spontan humorvolle Bemerkungen hervorzubringen und Absurditäten im Alltag und an sich, selbst in unangenehmen Dingen, wahrzunehmen), Erheiterung (als aktuelle Emotion, wenn man etwas lustig findet) sowie *Lächeln und Lachen* (als erheiterter Verhaltensausdruck). Menschen mit einem gutmütigen und herzlichen Humorstil schaffen es in besonderer Weise, Nähe herzustellen, andere Menschen aufzuheitern und eine Gelassenheit gegenüber den Widrigkeiten im Leben auszudrücken und zu praktizieren (Beermann & Samson 2012). Als Wesenszug scheint Humor zu Wohlbefinden und Lebenszufriedenheit beizutragen (Peterson et al. 2007) und dürfte damit sowohl für Sozialarbeiter*innen als auch Klient*innen hilfreich für die Lebensmeisterung und für schwierige Begegnungen miteinander sein. Effinger (2009, S. 11) beschreibt Humor als anspruchsvolle, humanistische Haltung und als Versuch, auch unzulängliche und ambivalente Konstellationen aufzugreifen. Ihm zufolge ließen sich mit Humor mitunter auch leichter neue Wege entwickeln und vermag Humor dabei die natürlichen Widerstände gegen Veränderungen aufzugreifen und Energien für Veränderungen freizusetzen. McGee (1999) betrachtet den Sinn für Humor wie eine Art Spiel, das sogar schrittweise erlernbar und nach einem Trainingsprogramm zu mehr Heiterkeit und Lebenszufriedenheit führen könne. Dass Humor und Heiterkeit in verschiedener Weise gesundheitsförderlich wirken können, haben Papoušek& Schulter (2008) herausgestellt, als sie ein Heiterkeitstraining hinsichtlich seiner Auswirkungen evaluierten.

Natürlich ist Humor nicht in jeder Situation angemessen und kann auch negative Gefühle auslösen, beispielsweise wenn sich ein Mensch durch humorvolle Bemerkungen ausgelacht oder eingeschüchtert fühlt oder durch die Heiterkeit seine eigentliche Verfassung „übersehen“ wird. Auch können nicht alle Menschen humorvolle Zwischentöne und ironische Bemerkungen erkennen oder fühlen sich durch sie belächelt, genervt oder vorgeführt. Diese Konstellationen sind selbstredend mitzubedenken, in diesem Buchabschnitt aber nicht gemeint.

Gemeint sind vielmehr eine *heitere Sichtweise auf das Leben im Ganzen und Gelassenheit* gegenüber den Missgeschicken, Widrigkeiten und unvorhersehbaren Zwischenvorkommnissen, die neben aller Ernsthaftigkeit schwieriger Lebenslagen und bedrohlicher Vorkommnisse auch zum Leben gehören (Beermann & Samson 2012) und von denen manchmal auch die sog. Professionellen von ihren sog. Klient*innen lernen können. Es gibt viele Klient*innen, die eine so humorvolle Gelassenheit in ihrem Leben praktizieren, dass sie andere Menschen damit bereichern und anstecken können. Und es gibt (sehr wenige) Studierende der Sozialen Arbeit, die sich in ihrer Abschluss-Thesis mit dem Verhältnis der Sozialen Arbeit zum Humor und seinem Nutzen für Sozialarbeiter*innen (v.a. in der Beratung) beschäftigen (z. B. Frittum 2012). Er greift dabei unter Einbezug empirischer Daten die Bedeutung von Humor für die Stabilität von Sozialarbeiter*innen, fürs Team und für die Arbeit mit Klient*innen auf, diskutiert aber auch die Rahmenbedingungen Sozialer Arbeit, unter denen der Einsatz von Humor in der professionellen Ausbildung und Ausübung zum Tragen kommt bzw. kommen kann.

Fühlen Sie sich also auch hier ermutigt, sich für Themen wie freundlicher Humor, Spaß und Freude in der Sozialen Arbeit (noch mehr) mehr Raum zu erlauben – Ihnen, Ihren zukünftigen Kolleg*innen und Klient*innen dürfte dies guttun.

Beispiel 28 Kennen Sie den schon? (abgewandelt)

Ein paar Psycholog*innen und Sozialarbeiter*innen laufen durch eine Stadt. Sie werden nach dem Weg zum Bahnhof gefragt. Wer antwortet was?

- „Gut, dass Sie das ansprechen!"
- „Keine Ahnung, aber ich fahr' Dich schnell mal hin. Kein Problem!"
- „Was ich verstanden habe, ist, dass Sie wissen möchten, wo der Bahnhof ist, richtig?"
- „Ich weiß, dass du das Zeug dafür hast, den Weg dorthin allein zu finden."
- „Auf welche Ressourcen haben Sie bisher zurückgegriffen, wenn Sie vom Weg abgekommen sind?"
- „Erzählen Sie mehr über dieses dunkle Gebäude. Was verbinden Sie damit?"
- „Ich begleite dich diesmal hin, beim nächsten Mal schaffst du es bestimmt schon allein."
- „Ist es wirklich Ihr wichtigstes Ziel im Moment, den Bahnhof zu erreichen?"

An welche Theorien müssen Sie hier denken? Fallen Ihnen noch ein paar lustige „einschlägige Antworten" ein? Haben Sie einen Lieblingssozialarbeiterwitz?

Danksagung und Bitte um Rückmeldung

Ein Buch entsteht nicht von allein. Ich hätte beim Schreiben nicht so viel Freude gehabt und meine anfänglichen Gedanken nicht in dieser Weise erweitern und sortieren können, wenn mich nicht andere Menschen dabei unterstützt hätten. Mein Dank gilt jenen Studierenden, die mir nach der Lektüre des Manuskripts sehr konstruktive Anregungen gaben (vor allem Katja Saller sowie Diana Pischler, Jennifer Weßling, Martina Heeke), meinen an dem Buchprojekt so interessierten, z. T. ehemaligen Kolleginnen (vor allem Anne Grohn, Aristi Born, Barbara Block), meinem wertschätzenden Lektor Konrad Bronberger und meiner Familie, die mir den nötigen und wunderbaren Ausgleich zum Schreiben und Lehren verschafft.

Bücher können besser werden. Entsprechend freue ich mich über jede Form von anregender Rückmeldung, von Diskussion zur Aufbereitung der Themen sowie Hinweise auf „blinde Flecken“. Schreiben Sie mir einfach an luebeck@eh-berlin.de.

Dietrun Lübeck, Berlin im März 2020

Literatur

Adorno, T. (1973). *Studien zum autoritären Charakter.* Frankfurt a.M.: Suhrkamp.

Ainsworth, M. (1979). Infant-mother attachment. *American Psychologist 34,* S. 932-937.

Ajzen, I. (1991). The Theory of Planned Behavior. *Organizational Behavior and Human Decision Processes 50 (2),* S. 179-211.

Alsaker, F. & Kroger, J. (2007). Identitätsentwicklung. In M. Hasselhorn & W. Schneider, *Handbuch der Entwicklungspsychologie* (S. 371-380). Göttingen: Hogrefe.

Ambridge, B. (2015). *Das Psycho-Test-Buch.* München: Knaur.

AMDP. (2016). *Das AMDP-System. Manual zur Dokumenation psychiatrischer Befunde* (9. Aufl.). Göttingen: Hogrefe.

Amering, M. & Schmolke, M. (2012). *Recovery – Das Ende der Unheilbarkeit (5. Aufl.).* Bonn: Psychiatrie Verlag.

Anderson, C. A. & Bushman, B. J. (2001). Effects of violent video games on aggressive behavior, aggressive cognition, aggressive affect, physiological arousal, and prosocial behavior: A meta-analytic review of the scientific literature. *Psychological science 12 (5),* S. 353-359.

Anhorn, R. & Balzereit, M. (2016) (Hrsg.). *Handbuch Therapeutisierung und Soziale Arbeit.* Wiesbaden: Springer VS.

Anthony, W. (1993). Recovery from Mental Illness: The Guiding Vision of the Mental Health Service System in the 1990s. *Psychosocial Rehabilitation Journal 16 (4),* S. 11-23.

Antonovsky, A. (1997). *Salutogenese. Zur Entmystifizierung von Gesundheit.* Tübingen: dgvt.

Armbruster, J., Petersen, J. P. & Ratzke, K. (2013). *Spiritualität und seelische Gesundheit.* Bonn: Psychiatrie Verlag.

Asch, S. (1956). Studies of independence and conformity: A minority of one against a unanimous majority. *Psychological monographs: General and applied 70 (9),* S. 1-70.

Asendorpf, J. (2019). *Persönlichkeit.* Von M. A. Wirtz (Hrsg.), Dorsch – Lexikon der Psychologie. https://portal.hogrefe.com/dorsch/persoenlichkeit/ (27.02.2019)

Asendorpf, J. & Neyer, F. (2018). *Psychologie der Persönlichkeit* (6. Aufl.). Heidelberg: Springer-Verlag.

Auhagen, A. E. (2008a). (Hrsg.) *Positive Psychologie. Anleitung zum „besseren" Leben (2. Aufl.).* Weinheim: Beltz PVU.

Auhagen, A. E. (2008b). Das Positive mehren. Herausforderungen für die Positive Psychologie. In A. E. Auhagen, *Positive Psychologie. Anleitung zum „besseren" Leben (2. Aufl.)* (S. 1-14). Weinheim: Beltz PVU.

Baillargeon, R. & DeVos, J. (1991). Object Permanence in young infant: Further evidence. *Child Development 62,* S. 1227-1246.

Baldwin, M. W. (1999). Relational schemas: Research into social-cognitive aspect of interpersonal experience. In D. Cervone & Y. Shoda, *The coherence of personality: Social-cognitive bases of consistency, variability, and organization* (S. 127-154). New York: Guilford Press.

Baltes, P. (1990). Entwicklungspsychologie der Lebensspanne. Theoretische Leitsätze. *Psychologische Rundschau 41,* S. 1-24.

Baltes, P. & Baltes, M. (1990). Psychological perspektives on successful aging: The model of selective optimization with compensation. In P. Baltes & M. Baltes, *Successful aging: Perspectives from the behavioral sciences* (S. 1-34). New York: Cambridge.

Baltes, P. & Smith, J. (2008). The fascination of wisdom: Its Nature, Ontogeny, and Function. *Perspectives on Psychological Science 3 (1)*, S. 56-64.

Baltes, P. & Smith, J. (2003). New frontiers in the future of aging: From successful aging of the young old to the dilemmas of the fourth age. *Gerontology 49*, S. 123-135.

Baltes, P. & Staudinger, U. (1993). The search for a psychology of wisdom. *Current Directions of Psychological Science 2 (3)*, S. 75-80.

Bandura, A. (2001). Social cognitive theory: An agentic perspective. *Annual Review of psychology 52*, S. 1-26.

Bandura, A. (1997). *Self-efficacy: The exercise of control.* New York: W. H. Freeman.

Bandura, A. (1986). *Social foundations of thought and action.* Englewood Cliffs: Prentice Hall.

Bandura, A. (1979). *Sozial-kognitive Lerntheorie.* Stuttgart: Klett-Cotta.

Bandura, A., Ross, D. & Ross, S. A. (1963). Vicarious reinforcement and imitative learning. *Journal of Abnormal and Social Psychology 67 (6)*, S. 601-607.

Bartholomew, K. (1990). Avoidance of Intimacy: An Attachment Perspective. *Journal of Social and Personal Relationships 7*, S. 147-178.

Bastine, R. (1998). *Klinische Psychologie (Band 1).* Stuttgart: Kohlhammer.

Batson, C. D., Duncan, B., Ackerman, P., Buckley, T. & Birch, K. (1981). Is Empathic Emotion a Source of Altruistic Motivation? *Journal of Personality and Social Psychology 40 (2)*, S. 290-302.

Bauer, J. (2004). *Das Gedächtnis des Körpers: Wie Beziehungen und Lebensstile unsere Gene steuern.* Frankfurt a.M.: Eichborn.

Beaman, A. L., Barnes, P. J., Klentz, B. & Mcquirk, B. (1978). Increasing helping rates through information dissemination: Teaching pays. *Personality and Social Psychology Bulletin 4 (3)*, S. 406-411.

Beck, A. (1976). *Cognitive therapy and the emotional disorders.* New York: International Universities Press.

Beck, A., Rush, A., Shaw, B. & Emery, G. (2010). *Kognitive Therapie der Depression (5. Aufl.).* Weinheim: Beltz.

Becker, P. (1995). *Seelische Gesundheit und Verhaltenskontrolle.* Göttingen: Hogrefe.

Beermann, U. & Samson, A. (2012). Humor: Haben Sie bitte Spaß! In C. Steinebach, D. Jungo & R. Zihlmann, *Positive Psychologie in der Praxis. Anwendung in Psychotherapie, Beratung und Coaching* (S. 68-75). Weinheim: Beltz PVU.

Bem, D. (1972). Self-Perception Theory. In L. Berkowitz, *Advances in Experimental Social Psychology 6*, S. 1-62. New York: Academic Press.

Berghändler, T. (2010). Spiritualität als Ergänzung des bio-psycho-sozialen Modells. *PrimaryCare (10) 9*, S. 162-164.

Berk, L. (2011). *Entwicklungspsychologie (5. Aufl.).* München: Pearson.

Berkowitz, L. (1993). *Aggression: Its causes, consequences, and control.* New York, England: Mcgraw-Hill Book Company.

Berzonsky, M. (2004). Identity, style, parental authority, and identity commitment. *Journal of Youth and Adolescence 33*, S. 213-220.

Bettencourt, A. & Miller, N. (1996). Gender differences in aggression as a function of provocation: a meta-analysis. *Psychological Bulletin 119 (3)*, S. 422-447.

Bierhoff, H. W. (2010). *Psychologie prosozialen Verhaltens (2. Aufl.).* Stuttgart: Kohlhammer.

Bierhoff, H.-W. & Rohmann, E. (2003). Bindung in Partnerschaften. In Staatsinstiut für Frühpädagogik, *Online-Familienhandbuch.* München: IFP. https://www.familienhandbuch.de/familie-leben/partnerschaft/gelingend/bindunginpartnerschaften.php. (04.09.2019)

Bischkopf, J., Deimel, D., Walther, C. & Zimmermann, R.-B. (2017). *Soziale Arbeit in der Psychiatrie.* Köln: Psychiatrie Verlag.

Blank, B., Gögercin, S., Sauer, K. & Schramkowski, B. (2018). (Hrsg.) *Soziale Arbeit in der Migrationsgesellschaft.* Wiesbaden: Springer VS.

Böhmer, A. (2004). *Psychologische Theorien in den Diskussionen um Ethikunterricht. Ein Blick über den Zaun – Religionspsychologie.* Berlin: Digitale Dissertation, FU Berlin. (verfügbar unter: http://www.diss.fu-berlin.de/diss/receive/FUDISS_thesis_000000001215).

Böhnisch, L. (2012). Lebensbewältigung. Ein sozialpolitisch inspiriertes Paradigma für die Soziale Arbeit. In W. Thole, *Grundriss Soziale Arbeit. Ein einführendes Handbuch (4. Aufl.)* (S. 219-233). Opladen: Leske+Budrich.

Böhnisch, L. (2011). Lebenslagenkonzept und Capability Approach. *neue praxis (Sonderheft 10)*, S. 70-73.

Böhnisch, L. & Funk, H. (2012). *Soziologie – Eine Einführung für die Soziale Arbeit.* Weinheim, Basel: Beltz Juventa.

Bonfadelli, H. & Friemel, T. (2017). *Medienwirkungsforschung (6. Aufl.).* Konstanz: utb.

Borg-Laufs, M. (2014). Psychische Grundbedürfnisse bei Jugendlichen. *Sozialmagazin (9-10)*, S. 14-20.

Borg-Laufs, M. (2011). Menschliche Entwicklung – Entwicklungspsychologie und Entwicklungspsychopathologie. In D. Wälte, M. Borg-Laufs & B. Brückner, *Psychologische Grundlagen der Sozialen Arbeit* (S. 13-67). Stuttgart: Kohlhammer.

Borg-Laufs, M. & Dittrich, K. (2010). Die Befriedigung psychischer Grundbedürfnisse als Ziel psychosozialer Arbeit. In M. Borg-Laufs & K. Dittrich, *Psychische Grundbedürfnisse in Kindheit und Jugend. Perspektiven für Soziale Arbeit und Psychiatrie* (S. 7-22). Tübingen: DGVT Verlag.

Boring, E. (June 1923). Intelligence as the tests test it. *The New Republic*, S. 35-36.

Borke, J., Döge, P. & Kärtner, J. (2011). Kulturelle Vielfalt bei Kindern in den ersten drei Lebensjahren. Anforderungen an frühpädagogische Fachkräfte. München: Deutsches Jugendinstitut

https://www.weiterbildungsinitiative.de/uploads/media/WiFF_Expertise_Nr_16_Borke_Doege_Kaertner_Internet_PDF.pdf. (04.09.2019)

Bouchard, T. J., Lykken D. T., McGue M., Segal N. L. & Tellegen A. (1990). Sources of human psychological differences: The Minnesota study of Twins Reared apart. *Science 250*, S. 223-228.

Bowlby, J. (1975). *Bindung. Eine Analyse der Mutter-Kind-Beziehung.* München: Kindler.

Bowlby, J. (1969). *Attachment.* London: Hogarth (dt. Bindung. München: Kindler, 1975).

Brandtstädter, J. (2007a). Entwicklungspsychologie der Lebensspanne: Leitvostellungen und paradigmatische Orientierungen. In J. Brandtstädter & U. Lindenberger, *Entwicklungspsychologie der Lebensspanne* (S. 34-66). Stuttgart: Kohlhammer.

Brandtstädter, J. (2007b). *Das flexible Selbst: Selbstentwicklung zwischen Zielbindung und Ablösung.* Heidelberg: Spektrum.

Bräutigam, B. (2018). *Grundkurs Psychologie für die Soziale Arbeit.* München: Ernst Reinhardt Verlag.

Bredenkamp, J. & Bredenkamp, K. (1991). Was ist Lernen? In F. Weinert, C. Heckhausen & M. Hofer, *Pädagogische Psychologie Bd. 2* (S. 605-630). Frankfurt a.M.: Fischer.

Brehm, S. S. & Brehm J. W. (1981). *Psychological reactance: A theory of freedom and control.* New York: Academic Press.

Brenssell, A. & Weber, K. (2017). *Psychologie – Schulen und Praxen.* Hamburg: Argument Verlag.

Bronfenbrenner, U. (1981). *Ökologie der menschlichen Entwicklung: natürliche und geplante Experimente.* Stuttgart: Klett-Cotta.

Brückner, B. (2011). Der Mensch im sozialen Kontext – Sozialpsychologie. In D. Wälte, M. Borg-Laufs & B. Brückner, *Psychologische Grundlagen der Sozialen Arbeit* (S. 69-124). Stuttgart: Kohlhammer.

Bucher, A. (2014). *Psychologie der Spiritualität (2. Aufl.).* Weinheim: Beltz.

Burmeister, K., Höschel, K., von Auer, A. K., Reiske, S., Schweiger, U., Sipos, V. & Bohus, M. (2014). Dialektisch Behaviorale Therapie–Weiterentwicklungen und empirische Evidenz. *Psychiatrische Praxis 41 (05),* S. 242-249.

Büssing, A., Surzykiewicz, J. & Zimowski, Z. (2015). *(Hrsg.) Dem Gutes tun, der leidet. Spiritualität in der Behandlung und Begleitung kranker Menschen – Interdisziplinäre Perspektiven.* Berlin, Heidelberg: Springer.

Butcher, J., Mineka, S. & Hooley, J. (2009). *Klinische Psychologie (13. Aufl.).* München: Pearson.

Buttner, P., Gahleitner, S.-B., Hochuli Freund, U. & Röh, D. H. (2018). *Handbuch Soziale Diagnostik – Perspektiven und Konzepte für die Soziale Arbeit.* Berlin: Deutscher Verein für öffentliche und private Fürsorge.

BzGA, H. (2001). *Was erhält Menschen gesund? Antonovskys Modell der Salutogenese.* Köln: BzGA.

Carstensen, L., Isaacowitz, D. & Charles, S. (1999). Taking time seriously: A theory of socioemotional selectivity. *American Psychologist 54 (3),* S. 165-181.

Caspi, A., Roberts, B. & Shiner, R. L. (2005). Personality development: Stability and change. *Annual Review of Psychology 56,* S. 453-484.

Cialdini, R. & Kenrick, D. (1976). Altruism as hedonism: A social development perspective on the relationship of negative mood state and helping. *Journal of Personality and Social Psychology 34,* S. 907-914.

Clausen, J. & Eichenbrenner, I. (2016). *Soziale Psychiatrie – Grundlagen, Zielgruppen, Hilfeformen.* Stuttgart: Kohlhammer

Colby, A. & Kohlberg, L. et al. (1987). *The measurement of judgement (Vol. 1).* Cambridge: Cambridge University Press.

Colby, A. & Kohlberg, L. (1986). Das moralische Urteil: Der kognitionszentrierte entwicklungspsychologische Ansatz. In H. Bertram, W. Edelstein, G. Noam & F. Oser, *Gesellschaftlicher Zwang und moralische Autonomie* (S. 130-162). Frankfurt a.M.: Suhrkamp.

Comer, R. (2008). *Klinische Psychologie (6. Aufl.).* Heidelberg: Spektrum.

Costa, P. T. & McCrae, R. R. (1992). *Revised NEO Personality inventory and NEO five-factor inventory (Professional Manual).* Odessa: Psychological Assessment Resources.

Crump, C., Sundquist, K. & Winkleby, M. (5th. March 2013). Mental disorders and vulnerability to homicidal death: Swedish nationwide cohort study. *The BMJ,* BMJ 2013;346:f557. https://www.bmj.com/content/346/bmj.f557. (04.09.2019)

Dahle, K.-P. & Volbert, R. (2005). *Entwicklungspsychologische Aspekte der Rechtspsychologie.* Göttingen: Hogrefe.

Daniels, J. (2008). Sekundäre Traumatisierung. *Psychotherapeut 53 (2),* 100-107.

DBSH. (2009). *Grundlagen für die Arbeit des DBSH e.V.* Essen, Berlin: DBSH (Hrsg.).

de Jong-Meyer, R., Hautzinger, R., Kühner, C. & Schramm, E. (2007). *Evidenzbasierte Leitlinie zur Psychotherapie Affektiver Störungen.* Göttingen: Hogrefe.

de Shazer, S. (2015). *Der Dreh. Überraschende Wendungen und Lösungen in der Kurzzeittherapie (13. Aufl.).* Heidelberg: Carl Auer Verlag.

Deci, E. & Ryan, R. (2008). Self-Determination Theory: A Macrotheory of Human Motivation, Development, and Health. *Canadian Psychology (49)*, S. 182-185.

Deci, E. & Ryan, R. (1993). Die Selbstbestimmungstheorie der Motivation und ihre Bedeutung für die Pädagogik. *Zeitschrift für Pädagogik (39) 2*, S. 223-238.

Döring, N. (2003). *Sozialpsychologie des Internet. Die Bedeutung des Internet für Kommunikationsprozesse, Identitäten, soziale Beziehungen und Gruppen (2. Aufl.)*. Göttingen: Hogrefe.

Dörner, K., Plog, U., Bock, T., Brieger, P., Heinz, A. & Wendt, F. (2017). *Irren ist menschlich - Lehrbuch der Psychiatrie und Psychotherapie (24. Aufl.)*. Köln: Psychiatrie Verlag.

Dross, M. (2001). *Krisenintervention*. Göttingen: Hogrefe.

Eagly, A. H. & Crowley, M. (1986). Gender and helping behavior: A meta-analytic review of the social psychological literature. *Psychological Bulletin 100 (3)*, S. 283-308.

Edelmann, W. & Wittmann, S. (2012). *Lernpsychologie (7. Aufl.)*. Weinheim: Beltz PVU.

Edelstein, W. & Nunner-Winkler, G. (2000). *Moral im sozialen Kontext*. Frankfurt a.M.: Suhrkamp.

Eink, M. & Haltenhof, H. (2017). *Umgang mit suizidgefährdeten Menschen (5. Aufl.)*. Köln: Psychiatrie Verlag.

Effinger, H. (2009). (Hrsg.) *„Die Wahrheit zum Lachen bringen". Humor als Medium in der Sozialen Arbeit*. Weinheim, München: Juventa.

Ekman, P. & Friesen, W. (1986). A new pan-cultural facial expression of emotion. *Motivation and Emotion 10*, S. 159-168.

Engel, G. (1977). The need for a new medical model: A challenge for biomedicine. *Science, Vol. 196 (4286)*, S. 129-136.

Epstein, S. (1990). Cognitive-experimental Self Theory. In L. Pervin, *Handbook of Personality: Theory and Research* (S. 165-192). New York: Guilford.

Erikson, E. (1984). *Kindheit und Gesellschaft (9. Aufl.)*. Stuttgart: Klett Cotta.

Erikson, E. (1982). *The life cycle completed* (dt. Der vollständige Lebenszyklus. Frankfurt a.M.: Suhrkamp, 1988). New York: Norton.

Erpenbeck, J. & von Rosenstiel, L. (2005). Kompetenz: Modische Worthülse oder innovatives Konzept? *Wirtschaftspsychologie aktuell 3*, S. 39-42.

Eysenck, H. (1991). Dimensions of personality: 16, 5 or 3? Criteria for a taxonomic paradigm. *Personality and individual differences 12 (8)*, S. 773-790

Eysenck, H. (1990). Biological dimensions of personality. In L. Pervin, *Handbook of personality. Theory and research* (S. 244-276). New York: Guilford Press.

FBTS & DBSH. (2016). Deutschsprachige Definition Sozialer Arbeit des Fachbereichstags Soziale Arbeit und DBSH. https://www.dbsh.de/fileadmin/downloads/20161114_Dt_Def_Sozialer_Arbeit_FBTS_DBSH_02.pdf. (09.01.2017)

Fend, H. (2005). *Entwicklungspsychologie des Jugendalters (3. Aufl.)*. Wiesbaden: VS Verlag für Sozialwissenschaften.

Festinger, L. (1957). *A theory of cognitive dissonance*. Stanford: Stanford University Press.

Fetchenhauer, D. & Bierhoff, H.-W. (2004). Altruismus aus evolutionstheoretischer Perspektive. *Zeitschrift für Sozialpsychologie, 35 (3)*, S. 131-141.

Fiedler, P. (2018). Epidemiologie und Verlauf von Persönlichkeitsstörungen. *Zeitschrift für Psychiatrie, Psychologie und Psychotherapie 66 (2)*, S. 85-94

Filipp, S.-H. & Aymanns, P. (2018). *Kritische Lebensereignisse und Lebenskrisen: Vom Umgang mit den Schattenseiten des Lebens (2. Aufl.)*. Stuttgart: Kohlhammer.

Flammer, A. (2009). *Entwicklungstheorien. Psychologische Theorien der menschlichen Entwicklung(4. Aufl.)*. Bern: Huber.

Flammer, A. (1993). Mit Risiko und Ungewissheit leben. Zur psychologischen Funktionalität der Religiosität in der Entwicklung. In G. Klosinski, *Religion als Chance oder Risiko. Entwicklungsfördernde und entwicklungshemmende Aspekte religiöser Erziehung.* (S. 20-34). Bern: Huber.

Fonagy, P., Gergely, G., Jurist, E. L. & Target, M. (2018). *Affektregulierung. Mentalisierung und die Entwicklung des Selbst (6. Aufl.).* Stuttgart: Klett-Cotta.

Franke, A. (2015). Salutogenetische Perspektive. In BzGA, *Leitbegriffe der Gesundheitsförderung und Prävention* (S. 878-882). Köln. https://www.leitbegriffe.bzga.de/ (10.09.2018)

Frankl, V. (1985). *Der Mensch vor der Frage nach dem Sinn: Eine Auswahl aus dem Gesamtwerk.* München: Piper.

Freud, S. (1994 (Original 1940)). *Abriss der Psychoanalyse.* Frankfurt a.M.: Fischer.

Friedman, H. & Schustack, M. (2004). *Persönlichkeitspsychologie und Differentielle Psychologie.* München: Pearson.

Frittum, M. (2012). *Humor und sein Nutzen für SozialarbeiterInnen.* Wiesbaden: VS College.

Gahleitner, S., Pauls, H., Hintenberger, G. & Leitner, A. (2014). „Biopsychosozial" revisited. In S. Gahleitner, G. Hahn & R. Glemser, *Psychosoziale Interventionen – Klinische Sozialarbeit. Beiträge zur psychosozialen Praxis und Forschung 6* (S. 16-35). Köln: Psychiatrie Verlag.

Gardner, H. (1989). *Dem Denken auf der Spur: Der Weg der Kognitionswissenschaft.* Stuttgart: Klett-Cotta.

Geertz, C. (1973). *The interpretation of cultures.* New York: Basic Books.

Gerrig, R. & Zimbardo, P. (2014). *Psychologie (20. Aufl.).* München: Pearson.

Gildemeister, R. (1983). *Als Helfer überleben. Beruf und Identität in der Sozialarbeit/ Sozialpädagogik.* Neuwied: Darmstadt.

Gilligan, C. (1990). One action, two moral orientations. *New Ideas in Psychology 8,* S. 189-203.

Gilligan, C. (1984). *Die andere Stimme. Lebenskonflikte und die Moral der Frau.* München: Piper.

Glöckler, U. (2011). *Soziale Arbei der Ermöglichung.* Wiesbaden: VS Verlag für Sozialwissenschaften.

Gloger-Tippelt, G., Vetter, J. & Rauh, H. (2000). Untersuchungen mit der „Fremden Situation" in deutschsprachigen Ländern: Ein Überblick. *Psychologie in Erziehung und Unterricht 47,* S. 87-98.

Glück, J. (2016). *Weisheit – die fünf Prinzipien des gelingenden Lebens.* München: Kösel.

Goffman, E. (2011). *Wir alle spielen Theater. Die Selbstdarstellung im Alltag (10. Aufl.).* München: Piper.

Gollwitzer, M. & Schmitt, M. (2009). *Sozialpsychologie kompakt.* Weinheim: Beltz PVU.

Gonther, U. (2017). Der sich und Anderen fremd werdende Mensch (Schizophrenie). In K. Dörner, U. Plog, T. Bock, P. Brieger, A. Heinz & F. Wendt, *Irren ist menschlich. Lehrbuch der Psychiatrie und Psychotherapie (24. Aufl.),* S. 233-284. Köln: Psychiatrie Verlag.

Grawe, K. (2004). *Neuropsychotherapie.* Göttingen: Hogrefe.

Grawe, K. (2000). *Psychologische Therapie.* Göttingen: Hogrefe.

Greve, W. (2007). Selbst und Identität im Lebenslauf. In J. Brandtstädter & U. Lindenberger, *Entwicklungspsychologie der Lebensspanne* (S. 305-336). Stuttgart: Kohlhammer.

Greenfield, P. (1997). You can't take it with you: Why ability assessments don't cross cultures. *American Psychologist 52 (10),* S. 1115-1124.

Greenfield, P. & Suzuki, L. (1998). Culture and human development: Implications for parenting, education, pediatrics, and mental health. In I. Sigel & K. Renninger (Hrsg.),

Handbook of child psychology. Vol. 4: Child psychology in practice (5th Ed.) (S. 1059-1109). New York: Wiley

Griffin, D. & Bartholomew, K. (1994). Models of the self and other: Fundamental dimensions underlying measures of adult attachment. *Journal of personality and social psychology 67 (3)*, S. 430-445.

Grob, A., Flammer, A. & Rhyn, H. (1995). Entwicklungsaufgaben als soziale Normsetzung: Reaktionen Erwachsener auf Lösungsmodi von Entwicklungsaufgaben Jugendlicher. *Zeitschrift für Sozialisationsforschung und Erziehungssoziologie 15*, S. 45-62.

Grossmann, K. & Grossmann, K. (2004). *Bindungen: das Gefüge psychischer Sicherheit.* Stuttgart: Klett-Cotta.

Grossmann, K., Grossmann, K. & Waters, E. (2005). *Attachment from infancy to adulthood: The major longitudinal studies.* New York: Guilford Press.

Grunwald, K. & Thiersch, H. (2004). *Praxis Lebensweltorientierter Sozialer Arbeit. Handlungszugänge und Methoden in unterschiedlichen Arbeitsfeldern.* Weinheim, München: Juventa.

Hammer, M. & Plößl, I. (2012). *Irre verständlich – Menschen mit psychischer Erkrankung wirksam unterstützen.* Köln: Psychiatrie Verlag.

Hammerschmidt, P., Sagebiel, J., Hill, B. & Beranek, A. (2018). *(Hrsg.) Big Data, Facebook, Twitter & Co. und Soziale Arbeit.* Weinheim: Beltz.

Haney, C., Banks, W. & Zimbardo, P. (1973). Interpersonal dynamics in a simulated prison. *International Journal of Criminology and Penology 1*, S. 69-97.

Harary, K. & Donahue, E. (1994). *Who Do You Think You Are? Explore Your Many-Sided Self with the Berkeley Personality Profile.* San Fransisco: Harper.

Harlow, H. & Zimmermann, R. (1959). Affectional responses in the infant monkey. *Science 130*, S. 421-432.

Havighurst, R. (1972). *Developmental Tasks and Education (3rd. ed.).* New York: McKay.

Heckhausen, J. & Schulz, R. (1995). A life-span theory of control. *Psychological Review 102*, S. 284-304.

Hefti, R. (2010). Spiritualität – die vierte Dimension oder der vergessene Faktor im biopsychosozialen Modell. *PrimaryCare 10 Nr. 14*, S. 259-260.

Hegemann, T. & Salman, R. (2010). *Handbuch Transkulturelle Psychiatrie (Hrsg.).* Köln: Psychiatrie Verlag.

Heine, S. J., Lehman D. R., Markus H. R. & Kitayama S. (1999). Is there a universal need for positive self-regard? *Psychological review 106 (4)*, S. 766-794.

Heinrichs, N. & Lohaus, A. (2011). *Klinische Entwicklungspsychologie kompakt: Psychische Störungen im Kindes- und Jugendalter.* Weinheim: Beltz PVU.

Hepfer, K. (2008). *Philosophische Ethik. Eine Einführung.* Göttingen: UTB.

Herpertz, S. (2018). Neue Wege der Klassifikation von Persönlichkeitsstörungen in ICD-11. *Fortschritte der Neurologie – Psychiatrie 86 (3)*, S. 150-155.

Herrmann, U. (2006). *Neurodidaktik. Grundlagen und Vorschläge für gehirngerechtes Lehren und Lernen (2. Aufl.) (Hrsg.).* Weinheim, Basel: Beltz.

Hersey, P. & Blanchard, K. (1982). *Management of Organizational Behavior: Utilizing Human Resources (4. Aufl.).* New York: Prentice Hall.

Herwig-Lempp, J. & Kühling, L. (2012). Sozialarbeit ist anspruchsvoller als Therapie. *Zeitschrift für systemische Therapie und Beratung 30 (2)*, S. 51-56.

Heubrock, D. & Petermann, F. (2000). *Lehrbuch der Klinischen Kinderneuropsychologie: Grundlagen, Syndrome, Diagnostik und Intervention.* Bern: Hogrefe.

Hochuli Freund, U. & Stotz, W. (2011). *Kooperative Prozessgestaltung in der Sozialen Arbeit.* Stuttgart: Kohlhammer.

Holzkamp, K. (2012). Gesellschaftliche Widersprüche und Handlungsfähigkeit – am Beispiel der Sozialarbeit. In U. Eichinger & K. Weber, *Soziale Arbeit (texte kritische psychologie 3)* (S. 16-40). Hamburg: Argument Verlag.

Holzkamp, K. (1985). *Grundlegung der Psychologie*. Frankfurt a.M.: Campus.

Holzkamp, K. (1973). *Sinnliche Erkenntnis: historischer Ursprung und gesellschaftliche Funktion der Wahrnehmung*. Frankfurt a.M.: Athäneum Verlag.

Hong, Y., Morris, M., Chiu, C. & Benet-Martinez, V. (2000). Multicultural minds: A dynamic constructivist approach to culture and cognition. *American psychologist 55 (7)*, S. 709-720.

Horney, K. (1973). *Feminine Psychology*. New York: Norton.

Hüppe, M. & Janke, W. (1998). Emotional reactivity in the elderly: Some basic problems and results. *Psychologische Beiträge 40 (1)*, S. 113-135.

Hurrelmann, K. & Bauer, U. (2015). *Einführung in die Sozialisationstheorie: Das Modell der produktiven Realitätsverarbeitung (11. Aufl.)*. Weinheim, Basel: Beltz.

Hurrelmann, K. & Quenzel, G. (2013). *Lebensphase Jugend: Eine Einführung in die sozialwissenschaftliche Jugendforschung (12. Aufl.)*. Weinheim, Basel: Beltz Juventa.

Jacobi, F., Klose, K. & Wittchen, H.-U. (2004). Psychische Störungen in der deutschen Allgemeinbevölkerung. Inanspruchnahme und Ausfalltage. *Bundesgesundheitsblatt 47*, S. 736-744.

Jäger, A. O., Süß, H. M. & Beauducel, A. (1997). *Berliner Intelligenzstruktur-Test: BIS-Test*. Göttingen: Hogrefe.

Jaeggi, E. (2014). *Wer bin ich? Frag doch die anderen. Wie Identität entsteht und wie sie sich verändert*. Bern: Huber.

Jahoda, M. (1958). *Current concepts of positive mental health*. New York: Basic Books.

Janis, I. L. (1972). *Victims of groupthink: a psychological study of foreign-policy decisions and fiascoes*. Boston: Houghton Mifflin.

Janke, B. (2007). Entwicklung von Emotionen. In M. Hasselhorn & W. Schneider, *Handbuch der Entwicklungspsychologie* (S. 347-358). Göttingen: Hogrefe.

Jensen, M., Hoffmann, G., Spreitz, J. & Sadre Chirazi-Stark, M. (2014). *Diagnosenübergreifende Psychoedukation – Ein Manual für Patienten- und Angehörigengruppen (2. Aufl.)*. Köln: Psychiatrie Verlag.

Jungbauer, J. (2014). *Familienpsychologie kompakt (2. Aufl.)*. Weinheim: BeltzPVU.

Jürgens, B. (2015). *Psychologie für die Soziale Arbeit*. Baden Baden: Nomos.

Karls, J. & Wandrei, K. (1992). A New Language for Social Work. *Social Work 37*, 80-85.

Katzer, C. (2016). *Cyberpsychologie – Leben im Netz: Wie das Internet uns verändert*. München: dtv.

Kauffeld, S. & Grohmann, A. (2019). Personalauswahl. In S. Kauffeld, *Arbeits-, Organisations- und Personalpsychologie für Bachelor (3. Aufl.)* (S. 139-165). Berlin, Heidelberg: Springer.

Keller, H. (2011). *Kinderalltag: Kulturen der Kindheit und ihre Bedeutung für Bindung, Bildung und Erziehung*. Heidelberg: Springer.

Keller, H. & Kärtner, J. (2013). Die untrennbare Allianz von Entwicklung und Kultur. In L. Ahnert, *Theorien in der Entwicklungspsychologie*, S. 502-519. Heidelberg: Springer.

Kelley, H. (1973). The process of causal attribution. *American Psychologist 28*, S. 107-128.

Kelly, G. (1955). *The psychology of personal constructs (deutsch: Psychologie der persönlichen Konstrukte 1986)*. New York: Norton.

Kernberg, O. (1974). Contrasting viewpoints regarding the nature and psychoanalytic treatment of narcissistic personalities: A preliminary communication. *Journal of the American Psychoanalytic Association 22 (2)*, S. 255-267.

Keupp, H., Ahbe, T., Gmür, W., Höfer, R., Kraus, W., Mitzscherlich, B. & Straus, F. (2008). *Identitätskonstruktionen. Das Patchwork der Identitäten in der Spätmoderne (Hrsg.).* Hamburg: Rowohlt.

Klemenz, B. (2012). Klinische Ressourcendiagnostik. *Psychotherapie im Dialog 13 (1)*, S. 22-26.

Kobasa, S. (1979). Stressful life events, personality and health: An inquiry in hardiness. *Journal of Personality and Social Psychology 34*, S. 839-850.

Köckeritz, C. (2004). *Entwicklungspsychologie für die Jugendhilfe: Eine Einführung in Entwicklungsprozesse, Risikofaktoren und Umsetzung in Praxisfeldern.* Weinheim, München: Juventa.

Kohlberg, L. (1996). *Die Psychologie der Moralentwicklung.* Frankfurt a.M.: Suhrkamp.

Kohut, H. (1981). *Die Heilung des Selbst.* Frankfurt a.M.: Suhrkamp.

Kondrat, M. (2008). Person in enviroment. In T. Mizrahi & I. Davis, *Encyclopedia of Social Work (Bd. 3)* (S. 348-354). New York: Oxford Press.

Körner, A., Geyer, M., Roth, M., Drapeau, M., Schmutzer, G., Albani, C. & Brähler, E. (2008). Persönlichkeitsdiagnostik mit dem Neo-Fünf-Faktoren-Inventar: Die 30-Iem-Kurzversion (Neo-FFI-30). *PPmP-Psychotherapie-Psychosomatik-Medizinische Psychologie 58 (6)*, S. 238-245.

Krappmann, L. (1993). *Soziologische Dimensionen der Identität. Strukturelle Bedingungen für die Teilnahme an Interaktionsprozessen (8. Aufl.).* Stuttgart: Klett-Cotta.

Krause, C. (2015). *Mit dem Glauben Berge versetzen? Psychologische Erkenntnisse zur Spiritualität.* Heidelberg: Springer.

Kriz, J. (2014). *Grundkonzepte der Psychotherapie (7. Aufl.).* Weinheim: BeltzPVU.

Kriz, J. (2001). *Grundkonzepte der Psychotherapie (5. Aufl.).* Weinheim: BeltzPVU.

Kuhn, T. (1967). *Die Struktur wissenschaftlicher Revolutionen.* Frankfurt a.M.: Suhrkamp.

Kunz, S., Scheuermann, U. & Schürmann, I. (2009). *Krisenintervention – Ein fallorientiertes Arbeitsbuch für Praxis und Weiterbildung.* Weinheim, München: Juventa.

Küpper, B. & Zick, A. (2005). Status, Dominanz und legitimierende Mythen. Eine kritische Bestandsaufnahme der Theorie der Sozialen Dominanz. *Zeitschrift für Politische Psychologie 13*, S. 31-53.

Laabdallaoui, M. & Rüschoff, S. I. (2017). *Umgang mit muslimischen Patienten (2. Aufl.).* Köln: Psychiatrie Verlag.

Lang, D. (2009). *Soziale Kompetenz und Persönlichkeit: Zusammenhänge zwischen sozialer Kompetenz und der Big Five der Persönlichkeitbei jungen Erwachsenen.* Landau: Verlag Empirische Pädagogik (Dissertation abrufbar unter: https://kola.opus.hbz-nrw.de/frontdoor/index/index/docId/264 (15.03.2019)

Lang, F., Martin, M. & Punquart, M. (2012). *Entwicklungspsychologie – Erwachsenenalter.* Göttingen: Hogrefe.

Langfeldt, H.-P. & Nothdurft, W. (2015). *Psychologie. Grundlagen und Perspektiven für die Soziale Arbeit (5. Aufl.).* München: Reinhardt.

Langmaack, B. (2017). *Einführung in die Themenzentrierte Interaktion (TZI): Das Leiten von Lern- und Arbeitsgruppen erklärt und praktisch angewandt (6. Aufl.).* Weinheim: Beltz.

Latané, B. & Darley, J. (1970). *The unresponsive bystander: Why doesn't he help?* New York: Appleton-Century Crofts.

Lazarus, R. (1999). *Stress and Emotion. A new Synthesis.* New York: Springer Publ.

Lepper, M., Greene, D. & Nisbett, R. (1973). Undermining children's intrinsic interest with extrinsic reward: A test of the „overjustification" hypothesis. *Journal of Personality and Social Psychology, Vol 28 (1)*, S. 129-137.

Lewkowicz, M. & Lob-Hüdepohl, A. (2003). *Spiritualität in der sozialen Arbeit.* Freiburg: Lambertus.

Lind, G. (1993). *Moral und Bildung: zur Kritik von Kohlbergs Theorie der moralisch-kognitiven Entwicklung.* Heidelberg: Asanger.

Linehan, M. (1996). *Dialektisch-Behaviorale Therapie der Borderline-Persönlichkeitsstörung.* München: CIP Medien.

Lob-Hüdepohl, A. (2003). Kritik der instrumentellen Vernunft – Soziale Arbeit in einer entsakralisierten Gesellschaft. In M. Lewkowicz & A. Lob-Hüdepohl, *Spiritualität in der sozialen Arbeit* (S. 69-86). Freiburg: Lambertus.

Lohmann-Haislach, A. (2013). *Stressreport Deutschland 2012. Psychische Anforderungen, Ressourcen und Befinden.* Berlin: Bundesanstalt für Arbeitsschutz und Arbeitsmedizin

Lorenz, K. (1965). *Über tierisches und menschliches Verhalten. Gesammelte Abhandlungen II.* München: Piper.

Lübeck, D. (2017). Bedürfnisorientierung in der Klinischen Sozialarbeit. Zum Einbezug psychischer Grundbedürfnisse in die psychosoziale Arbeit mit psychisch erkrankten Erwachsenen. *Klinische Sozialarbeit – Zeitschrift für psychosoziale Praxis und Forschung 13 (4)*, S. 8-10.

Lübeck, D. & Böhmer, A. (2018). Zur Bedeutung von Spiritualität in der Begleitung von Krisen. *Klinische Sozialarbeit – Zeitschrift für psychosoziale Praxis und Forschung 14 (1)*, S. 14-15.

Lübeck, D. & Böhmer, A. (2017). Spiritualität als professionelle Dimension in der Sozialen Arbeit? *Soziale Arbeit 11/2017*, S. 410-417.

Lübeck, D., Böhmer, A. & Collatz, M. (2018). Spiritualität mit Blick auf die Leitgedanken Sozialer Psychiatrie. *Sozialpsychiatrische Informationen 48 (2)*, S. 8-12.

Maccoby, E. & Martin, J. (1983). Socialization in the context of the family: Parent-child interaction. In E. Hetherington, *Handbook of child psychology (Vol. 4) – Sozialization, personality, and social development, S.* 1-101. New York: Wiley.

Maier, W., Lichtermann, D., Klingler, T., Heun, R. & Hallmayer, J. (1992). Prevalences of personality disorders (DSM-III-R) in the community. *Journal of Personality Disorders 6 (3)*, S. 187-196.

Main, M. (2009). Desorganisation im Bindungsverhalten. In G. Spangler & P. Zimmermann, *Die Bindungstheorie. Grundlagen, Forschung und Anwendung (5. Aufl.), S.* 120-139. Stuttgart: Klett-Cotta.

Main, M., Kaplan, N. & Cassidy, J. (1985). Security in infancy, childhood, and adulthood. In I. Bretherton & E. Waters, *Growing point in attachment theory and research. Monographs of the Society for Research in Child Development 50,*S. 66-106.

Marcia, J. (1966). Development and validation of ego-identity status. *Journal of Personlity and Social Psychology 3*, S. 551-558.

Marcus-Newhall, A., Pedersen, W. C., Carlson, M. & Miller, N. (2000). Displaced aggression is alive and well: a meta-analytic review. *Journal of personality and social psychology 78 (4)*, S. 670-689.

Markus, H. & Kitayama, S. (2010). Cultures and selves: A cycle of mutual constitution. *Perspectives on psychological science, 5 (4)*, S. 420-430.

Markus, H. & Kitayama, S. (1991). Culture and the self: Implications for cognition, emotion, and motivation. *Psychological review 98 (2)*, S. 224-253.

Maslow, A. (1970). *Motivation and Personality (rev. Ausg.).* New York: Harper & Row.

Maslow, A. (1971). *Farther Reaches of Human Nature.* New York: Viking Press.

Maslow, A. (1994). *Psychologie des Seins: Ein Entwurf* (5. Aufl.). Frankfurt a.M.: Fischer.

Mattejat, F. (2008). Entwicklungsorientierte Verhaltenstherapie mit Kindern, Jugendlichen und ihren Familien. *Verhaltenstherapie mit Kindern & Jugendlichen. Zeitschrift für die psychosoziale Praxis Jg. 4 (Heft 2)*, S. 77-88.

Maus, F., Nodes, W. & Röh, D. (2013). *Schlüsselkompetenzen der Sozialen Arbeit für die Tätigkeitsfelder Sozialarbeit und Sozialpädagogik (4. Aufl.).* Schwalbach: Wochenschau-Verlag.

Mazur, J. (2006). *Lernen und Verhalten (6. Aufl.).* München: Pearson.

McAdams, D. (1990). Unity and purpuse in human lives: The emergence of identity as a life story. In A. Rabin, R. Zucker, R. Emmons & S. Frank, *Studying persons and lives, S.* 148-200. New York: Springer.

McGhee, P. E. (1999). *Health, healing and the amuse system: Humor as survival training (3rd. Edition).* Dubuque: Kendall/Hunt Publ.

Mead, G. (1968). *Geist, Identität und Gesellschaft aus der Sicht des Sozialbehaviorismus (postum hrsg. von C.Morris).* Frankfurt a.M.: Suhrkamp.

Miethe, I. (2017). *Biografiearbeit – Lehr- und Handbuch für Studium und Praxis (3. Aufl.).* Weinheim, Basel: Beltz Juventa.

Mietzel, G. (2002). *Wege in die Entwicklungspsychologie. Kindheit und Jugend.* Weinheim: Beltz PVU.

Milgram, S. (1982). *Das Milgram-Experiment. Zur Gehorsamsbereitschaft gegenüber Autorität.* Hamburg: rororo.

Mischel, W. (1968). *Personality and assessment.* New York: Wiley.

Mischel, W. & Shoda, Y. (1995). A cognitive-affective system theory of personality: reconceptualizing situations, dispositions, dynamics, and invariance in personality structure. *Psychological review, 102 (2)*, S. 246-286.

Möbius, T. & Friedrich, S. (2010). *(Hrsg.) Ressourcenorientiert arbeiten. Anleitung zu einem gelingenden Praxistransfer im Sozialbereich.* Wiesbaden: Verlag für Sozialwissenschaften.

Moscovici, S. (1980). Toward a theory of conversion behavior. *Advances in experimental social psychology 13*, S. 209-239.

Müller, B. (2017). *Sozialpädagogisches Können. Ein Lehrbuch zur multiperspektivischen Fallarbeit* (8. Aufl.). Freiburg: Lambertus.

Müller, C. W. (2013). *Wie Helfen zum Beruf wurde – Eine Methodengeschichte der Sozialen Arbeit (6. Aufl.).* Weinheim, Basel: Beltz Juventa.

Neckel, S., Mijic, A., von Scheve, C. & Titton, M. (2010). *(Hrsg.) Sternstunden der Soziologie. Wegweisende Theoriemodelle des soziologischen Denkens.* Frankfurt a.M.: Campus.

Neugarten, B. (1972). Personality and the aging process. *The Gerontologist 12 (1)*, S. 9-15.

Niehaus, S., Volbert, R. & Fegert, J. (2017). *Entwicklungsgerechte Befragung von Kindern im Strafverfahren.* Berlin: Springer.

Nisbett, R. E. & Wilson, T. D. (1977). The halo effect: evidence for unconscious alteration of judgments. *Journal of personality and social psychology 35 (4)*, S. 250-256.

Nolting, H.-P. & Paulus, P. (2018). *Psychologie lernen – eine Einführung und Anleitung* (15. Aufl.). Weinheim, Basel: Beltz.

Noyon, A. & Heidenreich, T. (2009). *Schwierige Situationen in Therapie und Beratung.* Weinheim: Beltz PVU.

Nuechterlein, K. & Dawson, M. (1984). A Heuristic Vulnerability/Stress Model of Schizophrenic Episodes. *Schizophrenia Bulletin 10 (2)*, S. 300-312.

Obrecht, W. (2006). Interprofessionelle Kooperation als professionelle Methode. In B. Schmocker, *Liebe, Macht und Erkenntnis. Silvia Staub-Bernasconi und das Spannungsfeld Soziale Arbeit, S.* 408-445. Luzern: Lambertus.

Oerter, R. (2008). Kultur, Ökologie, Entwicklung. In R. Oerter & L. Montada, *Entwicklungspsychologie, S.* 85-116. Weinheim: Beltz PVU.

Oerter, R. & Montada, L. (2008). *Entwicklungspsychologie (6. Aufl.).* Weinheim: Beltz PVU.

Ortiz-Müller, W., Scheuermann, U. & Gahleitner, S.-B. (2010). *Praxis Krisenintervention.* Stuttgart: Kohlhammer.

Ortmann, K. (2018). *Soziale Arbeit als Beratung.* Göttingen: Vandenhoeck & Ruprecht.

Pantucek, P. (2009). *Soziale Diagnostik. Verfahren für die Praxis Sozialer Arbeit (2. Aufl.).* Wien: Böhlau Verlag.

Papousek, M. (1994). *Vom ersten Schrei zum ersten Wort. Anfänge der Sprachentwicklung in der vorsprachlichen Kommunikation.* Bern: Huber.

Pauls, H. (2013). Das biopsychosoziale Modell – Herkunft und Aktualität. *Resonanzen – E-Journal für biopsychosoziale Dialoge in Psychotherapie, Supervision und Beratung 1 (1),* S. 15-31.

Pauls, H., Stockmann, P. & Reicherts, M. (2013). *Beratungskompetenzen für die psychosoziale Fallarbeit. Ein sozialtherapeutisches Profil.* Freiburg: Lambertus.

Penner, L. A., Fritzsche, B. A., Craiger, J. P. & Freifeld, T. R. (1995). Measuring the prosocial personality. In J. Butcher & C. Spielberger. *Advances in personality assessment Vol. 10, S.* 147-163. Hillsdale: Lawrence Erlbaum Associates.

Perls, F., Hefferline, R. & Goodman, P. (2015). *Gestalttherapie. Grundlagen der Lebensfreude und Persönlichkeitsentfaltung (7. Aufl.).* Stuttgart: Klett-Cotta.

Perls, F., Hefferline, R. F. & Goodman, P. (1988). *Gestalt-Therapie: Lebensfreude und Persönlichkeitsentfaltung (4. Aufl.).* Stuttgart: Klett-Cotta.

Pervin, L., Cervone, D. & John, O. (2005). *Persönlichkeitstheorien (5. Aufl.).* München, Basel: Ernst Reinhardt Verlag.

Petermann, F., Niebank, K. & Scheithauer, H. (2004). *Entwicklungswissenschaft: Entwicklungspsychologie — Genetik – Neuropsychologie.* Berlin, Heidelberg: Springer.

Peterson, C., Ruch, W., Beermann, U., Park, N. & Seligman, M. (2007). Strengths of character, orientations to happiness, and life satisfaction. *Journal of Positive Psychology 2 (3),* 149-156.

Pettigrew, T. (1998). Intergroup contact theory. *Annual review of psychology 49 (1),* S. 65-85.

Petty, R. & Cacioppo, J. (1986). The elaboration likelihood model of persuasion. In R. Petty & J. Cacioppo, *Communication and persuasion, S.* 1-24. New York: Springer.

Petzold, H. (2004). *Integrative Therapie. Modelle, Theorien und Methoden einer schulenübergreifenden Psychotherapie (2. Aufl.) – 3 Bände.* Paderborn: Junfermann Verlag.

Petzold, M. (1999). *Entwicklung und Erziehung in der Familie: Familienentwicklungspsychologie im Überblick.* Baltmannsweiler: Schneider-Verlag Hohengehren.

Piaget, J. (2003). *Meine Theorie der geistigen Entwicklung (Hrsg. von R. Fatke).* Weinheim: Beltz.

Piaget, J. & Inhelder, B. (1986). *Die Psychologie des Kindes.* München: DTV.

Piliavin, J., Dovidio, J., Gaertner, S. & Clark, R. (1981). *Emergency intervention.* New York: Academic Press.

Pinquart, M., Schwarzer, G. & Zimmermann, P. (2011). *Entwicklungspsychologie – Kindes- und Jugendalter.* Göttingen: Hogrefe.

Plattig, M. (2003). „Was ist Spiritualität?". In M. Lewkowicz & A. Lob-Hüdepohl, *Spiritualität in der sozialen Arbeit* (S. 12-32). Freiburg: Lambertus.

Reber, J. (2009). *Spiritualität in sozialen Unternehmen.* Stuttgart: Kohlhammer.

Renneberg, B., Heidenreich, T. & Noyon, A. (2009). *Einführung Klinische Psychologie.* München: UTB Reinhardt.

Roediger, E. (2018). *Was ist Schematherapie? Eine Einführung in Grundlagen, Modell und Anwendung (3. Aufl.).* Paderborn: Jungfermann.

Roediger, E. (2016). *Schematherapie. Grundlagen, Modell und Praxis (3. Aufl.).* Stuttgart: Schattauer.

Röh, D. (2013). *Soziale Arbeit, Gerechtigkeit und das gute Leben. Eine Handlungstheorie zur daseinsmächtigen Lebensführung.* Wiesbaden: Springer VS-Verlag.

Rogers, C. (1991). *Entwicklung der Persönlichkeit (8. Aufl.) (Erstausgabe 1961: On becoming a person).* Stuttgart: Klett-Cotta.

Rogers, C. (1972). *Die klientenzentrierte Psychotherapie.* Frankfurt a.M.: Fischer.

Rogers, C. (1970). *On encounter groups.* New York: Harper.

Rogers, C. (1947). Some observations on the organization of personality. *American Psychologist 2 (9),* S. 358-368.

Roser, T. (2014). Spirituelle Begleitung. In M. Wasner & S. Pankofer, *Soziale Arbeit in Palliative Care. Ein Handbuch für Studium und Praxis* (S. 134-140). Stuttgart: Kohlhammer.

Rotter, J. B. (1966). Generalized expectancies for internal versus external control of reinforcement. *Psychological Monographs 80 (1),* S. 1-28.

Rupp, M. (2012). *Psychiatrische Krisenintervention.* Köln: Psychiatrie Verlag.

Sader, M. & Weber, H. (1996). *Psychologie der Persönlichkeit.* Weinheim, München: Juventa.

Scarr, S. & McCartney, K. (1983). How people make their own environment: A Theory of Genotype - Environment Effects. *Child Development 54 (2),* S. 424-435.

Schachl, H. (2006). *Was haben wir im Kopf. Die Grundlagen für gehirngerechtes Lehren und Lernen.* Linz: Veritas.

Schaie, W. (1994). The cource of adult intellectual development. *American Psychologist 49,* S. 304-313.

Scharlau, I. (2013). *Jean Piaget zur Einführung (3. Aufl.).* Hamburg: Junius.

Scheff, T. (1980). *Das Etikett „Geisteskrankheit" - Soziale Interaktion und psychische Störung.* Frankfurt a.M.: Fischer.

Scherr, A. (2002). Soziale Probleme, Soziale Arbeit und menschliche Würde. *Sozial Extra (6),* S. 35-40.

Schmidt, M., Petermann, F. & Schipper, M. (2012). Epigenetik–Revolution der Entwicklungspsychopathologie? *Kindheit und Entwicklung 21 (4),* S. 245-253.

Schneewind, K. (2010). *Familienpsychologie (3. Aufl.).* Stuttgart: Kohlhammer.

Schneewind, K., Graf, J. & Gerhard, A.-K. (2000). Entwicklung von Paarbeziehungen. In P. Kaier, *Partnerschaft und Paartherapie, S.* 97-111. Göttingen: Hogrefe.

Schnell, T. (2016). *Psychologie des Lebenssinns.* Heidelberg: Springer.

Schnell, T. & Keenan, W. (2013). The Construction of Atheist Spirituality: A Survey-Based Study. In H. Westerink, *Constructs of Meaning and Religious Transformation - Current Issues in the Psychology of Religion* (S. 101-118). Wien: Vandenhoeck & Ruprecht unipress.

Schnell, T., Höge, T. & Pollet, E. (2013). Predicting meaning in in work: Theory, data, implications. *The Journal of Positive Psychology 16 (9),* S. 543-554.

Schulz von Thun, F. (2013). *Miteinander reden (Band 3): Das „Innere Team" und situationsgerechte Kommunikation.* Hamburg: Rowohlt.

Schulz von Thun, F. (2010). *Miteinander reden (Band 1): Störungen und Klärungen: Allgemeine Psychologie der Kommunikation (48. Aufl.).* Hamburg: Rowohlt.

Schumacher, T. (2011). Prolog. Das Studium der Sozialen Arbeit als Puzzle. In T. Schumacher, *Die Soziale Arbeit und ihre Bezugswissenschaften, S.* 1-5. Stuttgart: Lucius & Lucius.

Schütz, A., Rentzsch, K. & Rüdiger, M. (2016). *Lehrbuch Persönlichkeitspsychologie.* Bern: Hogrefe.

Schweitzer, J. & Weber, G. (1997). „Störe meine Kreise!" Zur Theorie, Praxis und kritischen Einschätzung der Systemischen Therapie. *Psychotherapeut 42 (4)*, S. 197-210.

Seithe, M. (2012). *Schwarzbuch Soziale Arbeit (2. Aufl.).* Wiesbaden: VS Verlag.

Seligman, M. & Csikszentmihalyi, M. (2000). Positive psychology: An introduction. *American psychologist 55 (1)*, 5-14

Settersten, G. & Hagestad, R. (1996a). What's the Latest? Cultural Age Deadlines for Family Transitions. *The Gerontologist 36 (2)*, S. 178-188.

Settersten, G. & Hagestad, R. (1996b). What's the Latest? II Cultural Age Deadlines for Educational and Work Transitions. *The Gerontologist 36 (5)*, S. 602-613.

Sherif, M. (1966). *Group conflict and co-operation: Their social psychology.* London: Routledge & Kegan Paul.

Sherif, M. (1936). *The psychology of social norms.* New York: Haper.

Siegler, R. (1994). Cognitive variability: A key to understanding cognitive development. *Current Directions in Psychological Science 3*, S. 1-5.

Slunecko, T. (2009). *Psychotherapie. Eine Einführung.* Wien: Facultas.

Sommerfeld, P., Dällenbach, R., Rüegger, C. & Hollenstein, L. (2016). *Klinische Soziale Arbei und Psychiatrie – Entwicklungslinien einer handlungstheoretischen Wissensbasis.* Wiesbaden: Springer VS.

Sonneck, G. (2000). *Krisenintervention und Suizidverhütung.* Wien: Facultas.

Spatscheck, C. & Steckelberg, C. (2018). *(Hrsg.) Menschenrechte und Soziale Arbeit: Konzeptionelle Grundlagen, Gestaltungsfelder und Umsetzung einer Realutopie.* Opladen: Budrich.

Spitz, R. (1945). Hospitalism. *Psychoanalytic Study of the Child 1*, S. 53-74.

Sroufe, A. (1977). Wariness of strangers and the study of infant development. *Child Development 48*, S. 731-746.

Staub-Bernasconi, S. (2012). Soziale Arbeit und soziale Probleme. In W. Thole, *Grundriss Soziale Arbeit. Ein einführendes Handbuch (4. Aufl.), S.* 267-282. Opladen: Leske+ Budrich.

Staub-Bernasconi, S. (2007). Vom beruflichen Doppel- zum professionellen Triplemandat – Wissenschaft und Menschenrechte als Begründungsbasis der Profession Soziale Arbeit. *Zeitschrift für Sozialarbeit in Österreich (2) (Schwerpunkt)*, S. 8-17.

Staudinger, U. (2007). Lebensspannen-Psychologie. In M. Hasselhorn & W. Schneider, *Handbuch der Enwicklungspsychologie, S.* 71-82. Göttingen: Hogrefe.

Staudinger, U. & Glück, J. (2011). Psychological wisdom research: Commonalities and differences in a growing field. *Annual Review of Psychology 62*, S. 215-241.

Staudinger, U. & Kessler, E.-M. (2012). Produktives Leben im Alter. In W. Schneider & U. Lindenberger, *Entwicklungspsychologie (7. Aufl.), S.* 733-746. Weinheim: Beltz PVU.

Staudinger, U., Marsiske, M. & Baltes, P. (1995). Resilience and reserve capacity in later adulthood: Potentials and limits of development across the life span. In D. Cicchetti & D. Cohen, *Developmental psychopathology (Vol. 2), S.* 801-847. New York: Wiley.

Steinebach, C., Jungo, D. & Zihlmann, R. (2012). *(Hrsg.) Positive Psychologie in der Praxis. Anwendung in Psychotherapie, Beratung und Coaching.* Weinheim: Beltz PVU.

Steinert, T. & Traub, H.-J. (2016). Gewalt durch psychisch Kranke und gegen psychisch Kranke. *Bundesgesundheitsblatt – Gesundheitsforschung – Gesundheitsschutz 59 (1)*, S. 98-104.

Strotzka, H. (1975). *Psychotherapie.* München: Urban & Schwarzenberg.

Stürmer, S. (2009). *Sozialpsychologie.* München: Reinhardt.

Stüwe, G. & Ermel, N. (2019). *Lehrbuch Soziale Arbeit und Digitalisierung*. Weinheim, Basel: Beltz Juventa.

Super, Ch. M. & Harkness, S. (1986). The Developmental Niche: A Conceptualization at the Interface of Child and Culture. *International Journal of Behavioral Development 9*, S. 545-569.

Szasz, T. (1960). The Myth of Mental Illness. *American Psychologist 15*, S. 113-118.

Tajfel, H. (1984). Intergroup Relations, Social Myths and Social Justice in Social Psychology. In H. Tajfel, *The Social Dimension: European Developments in Social Psychology, S.* 695-716. Cambridge: Cambridge University Press.

Taylor, M., Cartwright, B. & Bowden, T. (1991). Perspective taking and theory of mind: Do children predict interpretive diversity as a function of differences in observers' knowledge? *Child Development 62*, S. 1334-1351.

Thiersch, H. (2012). Lebensweltorientierte Soziale Arbeit. In W. Thole, *Grundriss Soziale Arbeit. Ein einführendes Handbuch (4. Aufl.), S.* 175-196. Opladen: Leske+Budrich.

Thiersch, H., Grunwald, K. & Köngeter, S. (2010). Lebensweltorientierte Soziale Arbeit. In W. Thole, *Grundriss Soziale Arbeit. Ein einführendes Handbuch (3. Aufl.), S.* 175-196. Opladen: Leske + Budrich.

Thomas, A. & Kammhuber, S. (2006). Globalisierung der Kommunikation. In H. Bierhoff & D. D. Frey, *Handbuch der Sozialpsychologie und Kommunikationspsychologie* (S. 595-601). Göttingen: Hogrefe.

Thomas, M. & Feldmann, B. (2002). *Die Entwicklung des Kindes: Ein Lehr- und Praxisbuch.* Weinheim: Beltz.

Thompson, R. (1999). Early Attachment and later development. In J. Cassidy & P. Shaver, *Handbook of attachment: Theory, research and clinical applications, S.* 265-286. New York: Guilford Press.

Triandis, H. (2001). Individualism-collectivism and personality. *Journal of personality 69 (6)*, S. 907-924.

Trivers, R. (1971). The evolution of reciprocal altruism. *Quarterly Review of Biology 46*, S. 35-57.

Tuckman, B. & Jensen, M. (1977). Stages of small-group development revisited. *Group & Organization Studies 2 (4)*, S. 419-427.

von Schlippe, A. & Schweitzer, J. (2016). *Lehrbuch der systemischen Therapie und Beratung (Band I) (3. Aufl.).* Göttingen: Vandenhoeck & Ruprecht.

von Salisch, M. & Kunzmann, U. (2005). Emotionale Entwicklung über die Lebensspanne. In J. Asendorpf, *Soziale, emotionale und Persönlichkeitsentwicklung (Reihe: Enzyklopädie der Psychologie – Entwicklungspsychologie 3), S.* 1-73. Göttingen: Hogrefe.

von Spiegel, H. (2013). *Methodisches Handeln in der Sozialen Arbeit (5. Aufl.).* München: Reinhardt.

Vygotskij, L. (1934/2002). *Denken und Sprechen. (Hrsg. J. Lompscher und G. Rückriem).* Weinheim und Basel: Beltz.

Walach, H., Kohls, N. & Belschner, W. (2005). Transpersonale Psychologie – Psychologie des Bewusstseins: Chancen und Probleme. *Psychotherapie, Psychosomatik, medizinische Psychologie (55)*, S. 405-415.

Walter, J. & Hümpel, A. (2017). *Epigenetik: Implikationen für die Lebens- und Geisteswissenschaften.* Nomos.

Walther, C. (2017). Soziale Arbeit und Psychiatrie. In J. Bischkopf, D. Deimel, C. Walther & R.-B. Zimmermann, *Soziale Arbeit in der Psychiatrie, S.* 18-37. Köln: Psychiatrie Verlag.

Wartner, U., Grossmann, K., Fremmer-Bombik, E. & Suess, G. (1994). Attachment patterns at age six in south Germany: Predictability from infancy and implications for preschool behavior. *Child Development 65*, S. 1014-1027.

Wasner, M. (2009). Spiritualität und Soziale Arbeit. In E. Frick & T. Roser, *Spiritualität und Medizin. Gemeinsame Sorge für den Menschen* (S. 244-250). Stuttgart: Kohlhammer.

Watzlawick, P. (1976). *Wie wirklich ist die Wirklichkeit - Wahn, Täuschung, Verstehen.* München: Piper.

Watzlawick, P., Beavin, J. & Jackson, D. (2000). *Menschliche Kommunikation: Formen, Störungen, Paradoxien (12. Aufl.).* Bern: Huber.

Wendt, W. R. (2017). *Geschichte der Sozialen Arbeit 2: Die Profession im Wandel ihrer Verhältnisse (2. Aufl.).* Wiesbaden: Springer VS.

Wheaton, B. & Gotlib, I. (1997). Trajectories and turning points over the life course: Concepts and themes. In I. Gotlib & B. Wheaton, *Stress and adversity across the life course: Trajectories and turning points,* S. 2-15. New York: Cambridge University Press.

Widulle, W. (2012). *Gesprächsführung in der Sozialen Arbeit - Grundlagen und Gestaltungshilfen (2. Aufl.).* Wiesbaden: VS Verlag für Sozialwissenschaften.

Wilkening, F., Freund, A. & Martin, M. (2013). *Entwicklungspsychologie kompakt.* Weinheim: Beltz PVU.

Willutzki, U. (2008). Ressourcendiagnostik in der Klinischen Psychologie und Psychotherapie. *Klinische Diagnostik und Evaluation 1 (2),* S. 126-145.

Wirtz, M.A. (2014, Hrsg.). Konstrukt. In M. A. Wirtz, *Dorsch - Lexikon der Psychologie (18. Aufl.)* (S. 871). Bern: Hogrefe.

Wittchen, H.-U. & Hoyer, J. (2011). Was ist Klinische Psychologie? Definitionen, Konzepte und Modelle. In H.-U. Wittchen & J. Hoyer, *Klinische Psychologie & Psychotherapie (2. Aufl.),* S. 3-25. Heidelberg: Springer.

Wittchen, H.-U. & Jacobi, F. (2001). Die Versorgungssituation psychischer Störungen in Deutschland. Eine klinisch-epidemiologische Abschätzung anhand des Bundes-Gesundheitssurveys 1998. *Bundesgesundheitsblatt 44 (10),* S. 993-1000.

Witte, E. (2003). Wie verändern Globalisierungsprozesse den Menschen in seinen Beziehungen? Eine sozialpsychologische Perspektive. *Hamburger Forschungsberichte* HAFOS NR. 43. http://psydok.psycharchives.de/jspui/handle/20.500. 11780/569 (04.09.2019)

Wolfersdorf, M. (2000). *Der suizidale Patient in Klinik und Praxis - Suizidalität und Suizidprävention.* Stuttgart: Wiss. Verlagsgesellschaft.

Wüsten, G. (2016). Soziale Ressourcen - ein Schlüssel zur Gesundheit. *Psychotherapie im Dialog 17 (02),* S. 48-52.

Yalom, I. (2010). *Existentielle Psychotherapie (5. Aufl.).* Bergisch Gladbach: Edition Humanistische Psychologie.

Zander, M. (2011). *Handbuch Resilienzförderung.* Wiesbaden: Verlag für Sozialwissenschaften.

Zimbardo, P. & Gerrig, R. (2004). *Psychologie* (16. Aufl.). München: Pearson.

Zimmermann, P. (2007). Bindungsentwicklung im Lebenslauf. In M. Hasselhorn & W. Schneider, *Handbuch der Entwicklungspsychologie,* S. 326-235. Göttingen: Hogrefe.

Zuckerman, M., Porac, J., Lathin, D., Smith, R. & Deci, E. (1978). On the importance of self-determination for intrinsically motivated behavior. *Personality and Social Psychology Bulletin 4,* S. 443-446.

Sachregister

Dominik Farrenberg | Marc Schulz
Handlungsfelder Sozialer Arbeit
Eine systematisierende Einfürhung
2020, 224 Seiten, broschiert
ISBN: 978-3-7799-6216-8
Auch als E-BOOK erhältlich

Das Lehrbuch vermittelt eine kompakte Einführung in die Handlungsfelder Sozialer Arbeit, das heißt in die Ordnung und Systematisierung eines vielgestaltigen und dynamischen Praxiszusammenhangs. Dies geschieht auf Basis von Fallportraits sowie Einblicken in historische Entwicklungen, aktuelle Fragestellungen und zentrale Theoriefiguren. Der Begriff des Handlungsfeldes stellt einen analytischen Rahmen bereit. Dieser erlaubt, die Perspektiven ›Akteur_in‹ (Handlung) und ›Struktur‹ (Feld) wechselseitig aufeinander zu beziehen und einer sozialpädagogisch informierten Reflexion zugänglich zu machen.